该专著为全国教育科学"十三五"规划2017年度教育部重点课题"质量导向的区域教育整体联动发展研究"（课题批准号DHA170342)的研究成果

优质教育长出来

高质量实施学校课程建设的区域实践

徐志彤 等 | 编著

光明日报出版社

图书在版编目（CIP）数据

优质教育长出来：高质量实施学校课程建设的区域
实践 / 徐志彤等编著. -- 北京：光明日报出版社，
2020.3

ISBN 978－7－5194－5638－2

Ⅰ.①优… Ⅱ.①徐… Ⅲ.①中小学—课程建设—研
究—常州 Ⅳ.①G632.3

中国版本图书馆 CIP 数据核字（2020）第 036357 号

优质教育长出来：高质量实施学校课程建设的区域实践
YOUZHI JIAOYU ZHANGCHULAI：GAOZHILIANG SHISHI XUEXIAO
KECHENG JIANSHE DE QUYU SHIJIAN

编　　著：徐志彤 等	
责任编辑：李月娥	责任校对：龚彩虹
封面设计：中联学林	责任印制：曹　净

出版发行：光明日报出版社

地　　址：北京市西城区永安路 106 号，100050

电　　话：010－63139890（咨询），010－63131930（邮购）

传　　真：010－63131930

网　　址：http：//book. gmw. cn

E － mail：liyuee@ gmw. cn

法律顾问：北京德恒律师事务所龚柳方律师

印　　刷：三河市华东印刷有限公司

装　　订：三河市华东印刷有限公司

本书如有破损、缺页、装订错误，请与本社联系调换，电话：010－63131930

开　　本：170mm×240mm	
字　　数：278 千字	印　　张：15.5
版　　次：2020 年 3 月第 1 版	印　　次：2020 年 3 月第 1 次印刷
书　　号：ISBN 978－7－5194－5638－2	
定　　价：59.00 元	

前　言

为儿童幸福前行铺设好"跑道"

课程是一个永恒的课题，它是在不断地被追问的过程中向前发展的。其实，对课程的追问就是对我们自己的追问，我们发展了，课程才会有发展。课程的原意为"跑道"，这一生动、形象、浅显的比喻，暗含着丰富的课程意义。道者，规范也，要求有目的、有计划地开发与实施；跑者，过程也，要求学生去经历、去探究、去体验、去发现和去生成。静态的道、动态的跑，规范的道、生成的跑，形成了课程的规定性。我们该怎样为儿童的幸福前行设计或铺设好"跑道"，让学生在"跑道"上行走得自由而规范、快捷而有效呢？

近年来，常州市钟楼区以坚守儿童立场，关注每个学生的成长、促进学生全面健康发展为基本价值追求，聚焦于"高质量推进学校课程的实践研究"，充分调动学校课程建设的主动性，实现学校办学水平的内涵提升。各校立足自身实际，进行课程体系的优化、课程内容的重构与丰富、课程实施方式的改善与创新，走出一条独具特色的内涵发展之路。

在施瓦布实践性理论指导下，我们厘清了学校课程建设的有关概念，进一步明确了我区课程建设的价值取向和目标追求，丰富了我区课程建设的理论；整体性、校本化确立课程建设目标，让学生核心素养的培养落地生根，基于自身的文化传统、办学理念，整体性、校本化地设定学校课程建设的总目标，具体化、清晰化、结构化地厘清核心素养和培养目标、课程建设目标之间的关系，实现育人目标和课程目标的统整；各校基于自身课程建设的实际，高质量、创造性地进行课程建设的研究，"做我们自己的学校课程"，开展课程实施策略、方式方法的研究，课程建设样态丰富灵动、生动多样；尊重和发现每一个孩子的特点和价值，创造性地开发、尝试更多元的学习方式，并进入学生日常化的学习中，使学生具备面对不同的内容选择恰当的学习方式的能力，培养学生的综合素养及适应未来社会的能力；通过整体联动的机制建设，努力做到师资、教材、设备、场地与网络等资源共享，用成果引领推进研究过程，增强研究能力，提炼实践经验，促进了区域课程建设的"共同体"的形成，促进区域课程有机生态系统的建设，使得不同学校都能获得相应提升。

"跑道"是为儿童铺设的，既是为了他们今天的快乐，也是为了他们明天的幸福。一切为了儿童的发展，一切为了中华民族的振兴，这是课程改革的核心理念，也是课程改革的最高境界。基于儿童，为了儿童，创造出优质的课程，为儿童幸福前行设计、铺设好"跑道"，是钟楼教育人永远的追求。

常州市钟楼区委教育工委书记、教育局局长　　杨文娟

2019 年 4 月

目　录
CONTENTS

第一章　我们的课程理解 ……………………………………… 1

第一节　对课程本质的看法 ………………………………… 1

第二节　对课程类型的理解 ………………………………… 7

第三节　对课程结构的理解 ……………………………… 10

第四节　"实践性课程理论"的理解 …………………… 14

第五节　对"学校课程"的概念解读 …………………… 18

第二章　我们的课程实践 …………………………………… 21

第一节　区域推进式的学校课程建设 …………………… 21

第二节　学科变革式的学校课程建设 …………………… 24

第三节　项目推进式的学校课程建设 …………………… 29

第四节　丰富的课程形态 ………………………………… 33

第五节　多样的学习方式 ………………………………… 39

第六节　多元的课程评价 ………………………………… 47

第三章　我们的管理变革 …………………………………… 58

第一节　教师课程自觉力建设 …………………………… 58

第二节　课时管理的变革 ………………………………… 63

第三节　课程领导力建设 ………………………………… 66

第四章　我们的资源建设 …………………………………… 70

第一节　课程基地建设 …………………………………… 70

　　第二节　课程人力资源建设 ···················· 72

　　第三节　信息化课程资源建设 ···················· 76

第五章　我们的课程案例 ···················· 81

　　第一节　整体构建学校课程 ···················· 81

　　第二节　学科课程方案列举 ···················· 95

　　第三节　校本课程方案例举 ···················· 181

第六章　我们的课程故事 ···················· 200

　　第一节　聚焦学校的课程建设 ···················· 200

　　第二节　丰富教师的课程实践 ···················· 218

后　记 ···················· 237

第一章

我们的课程理解

第一节　对课程本质的看法

众所周知，"课程"是现代教育学中的一个非常重要的基本概念，然而要给"课程"下一个公认定义，却并不容易。综观课程概念发展简史，可以明确地看到，随着社会发展，对哲学观、教育观（思想）、儿童观、学习观的理解不同，对"课程本质"的理解也不同。在课程理论界，存在各种各样的课程观，而且"随着课程领域的不断扩张而逐渐扩展"①。或强调内容与经验，或注重组织过程，或着眼于课目、时间安排等。关于"课程"的真正含义，无论是在我国，还是在外国的课程理论研究中，都没有达成共识，日益多样化的理解促进了课程本质的拓展与丰富。

一、国外学者的"课程"观

在国外，"课程"的界定是多样的。

Lewy，A. 在主编的《国际课程百科全书》一书中列出了 7 种对"课程"的典型定义，即课程是学校为了训练团体中儿童和青年思维及行动方式而组织的一系列可能的经验（Smith，et al.，1957）；课程是在学校指导下学习者所获得的所有经验（Foshay，1969）；课程是为了使学生取得毕业资格、获取证书及进入职业领域，学校应提供给学生的教学内容及特定材料的总体计划（Good，1959）；课程是一种方法论的探究（Westbury&Steimer，1971）；课程是学校生活和计划——一种有指导的生活事业，课程成为构成人类生活能动活动的长河

---

① 威廉姆·F·派纳，等. 理解课程：历史与当代课程话语研究导论［M］. 北京：教育科学出版社，2003：25.

（Rugg，1947）；课程是一种学习计划（Taba，1962）；课程是学校指导下，为了使学习者在个人的、社会的能力方面获得不断的、有意识的发展，通过对知识和经验的系统改造而形成的有计划和有指导的学习经验及预期的学习结果（Tanner，1975）。① 胡森（Husen）等人在主编的《国际教育百科全书》中曾经列举过9种课程定义，与Lewy，A. 的列举的也有重复的地方，这里不再赘述。

美国课程概念专家菲利普·W·杰克逊（Philp·W·Jackson）在总结了20世纪下半叶有特点的课程定义。本书有选择地摘录3种：课程是儿童在教师的指导下所获得的所有经验（Caswell&Campbell，1935）；课程包括学校所提供的所有学习机会；课程是一种规划或计划，指向于学习者学校的指导下所际遇的所有经验（Oliva，1982）。

杜威也认为，课程必须沟通儿童与经验。② 克鲁格把课程称为"学校为给学生提供称心如意的学习经验的机会所使用的一切手段。"③ 多尔认为，"课程已从学程的内容、科目及学程表，变为在学校领导或指导下给学习者提供的一切经验。"④ 佐藤学指出，课程是"课程重新界定为'学习经验之履历'的课题"。⑤ 博比特指出，"课程及教育性经验"，并把"课程"的界定扩展到包括"校外"等广阔的经验。⑥ 另外，还有一些专家指出，课程是"由学校计划和指导的发生在个人或集体、校内或校外的一切学习活动"；"学生在学校提供的教育条件下所接受的整体经验"。⑦

二、国内学者的"课程"观

在国内，有研究者指出，课程是学校教学内容及其进程安排的计划。例如，早在20世纪30年代，朱智贤认为，"学校的课程，是使受教育者在校里规定的

① Lewy，A. The International Ency clopedia of Curriculum［M］. Oxford：Pergamum Press，1991：15.
② Dewey，J. The Child and the Curriculum［M］. Chicago：Uniwersity of Chicago Press，1902：11.
③ Krug，E. A. Administering Curriculum Planning［M］. New York：Harper and Brothers，1956：4.
④ Doll，R. C. Curriculum Improwemenl：Decisiorr Msking and Process［M］. Boston：Allyn and Bacon，1964：15.
⑤ 佐藤学. 学习的快乐——走向对话［M］. 北京：教育科学出版社，2004：13.
⑥ Bobbitt，J. F. The Curriculum［M］. Montana：Kessinger Pablishing，2010.
⑦ 胡乐乐，肖川在. 再论课程定义与内涵：从词源考古到现代释义［J］. 教育学报，2009（2）.

期限内，循序继续着各种应得的智识和训练，以求达到一种圆满生活的精密计划。"① 华中师范大学廖泽勋认为，"课程是由一定育人目标、基本文化成果及学习活动方式组成的用以指导学校育人规划和引导学生认识世界、了解自己、提高自己的媒体。"② 西南师范大学李臣之认为，"课程是指指导学生获得全部教育性经验的计划。"③ 华北师范大学郝德永提出，"课程的本质内涵是指在学校教育环境中，旨在使学生获得的、促进其迁移的、进而促使学生全面发展的、具有教育性的经验的计划。"④

深受苏联教育学影响，20 世纪 50 年代开始，我国长期把课程看作与学科等同或学科的总和。上海师范大学《教育学》认为，学生学习的全部学科称为课程。《教育大辞典》中指出，课程是为实现学校教育目标而选择的教育内容的总和。《中国大百科全书》（教育卷）中指出，广义的课程指所有学科（教育科目）的总和，狭义的课程指一门学科。《辞海》中对课程的解释意思也差不多。《词汇》中指出，课程是指课业的进程，包括进修学业的科目和程序。⑤

对于"课程"的观点，甚为多样，各有歧见。因此，有的学者放弃了对课程精确的定义追寻，开始研究各种课程定义的背景和内涵。例如，华东师范大学施良方归纳了 6 种类型的课程观点：课程即教学科目；课程即有计划的教学活动；课程即预期的学习结果；课程即学习经验；课程即社会文化的再生产；课程即社会改造。⑥ 张志勇在《中小学课程建设的哲学思考》一文中指出，课程有以下四个属性：价值属性，即任何课程都是为实现特定的教育价值而设计的。我国基础教育长期追求基本知识和基本技能；20 世纪初，开始主张"三维目标"；现在，正推进到第三个阶段，培育学生的核心素养。知识属性，即任何课程都以知识为载体来展开教育过程，这里的知识，包括间接知识和直接知识，间接知识是书本知识，直接知识是通过自身实践得到的体验和感知。活动属性，任何课程的实施，其外在形态，都以师生活动的形式进行呈现，这构成了师生教育生活的主要方式。条件属性，即任何课程都会在特定的时间、空间和条件

① 朱智贤. 小学课程研究 [M]. 上海：上海商务印书馆，1931：2.
② 廖泽勋. 课程学 [M]. 武汉：华中师范大学出版社，1991：28.
③ 李臣之. 试论活动课程的本质 [J]. 课程·教材·教法，1995 (12).
④ 郝德永. 关于课程本质内涵的探讨 [J]. 课程·教材·教法，1997 (8).
⑤ 胡乐乐，肖川在. 再论课程定义与内涵：从词源考古到现代释义 [J]. 教育学报，2009 (2).
⑥ 施良方. 课程理论——课程是基础、原理与问题 [M]. 北京：人民教育出版社，1996：2 - 10.

下实施,时间、空间和条件,构成了课程实施的物理环境。①

三、本书理解的"课程"观

如前所述,在国内外,比较有影响和有代表性的观点归纳起来主要有三种:课程是知识,课程是经验,课程是活动。丛立新在《课程论问题》一书中梳理了这样的观念,本书赞同这种观点。

课程是知识。课程是知识,认为"学校开设的每门课程是从相应学科中精心选择的,并且按照学习认知水平加以编排"。具有以下特点:"课程体系是以科学逻辑组织的;课程是社会选择和社会意志的体现;课程是既定的、先验的、静态的;课程是外在于学习者的,并且基本上是凌驾于学习者之上的——学习者服从课程,在课程面前是接受者的角色"②。这样的课程主要关注并依赖学习者的认知品质和过程。在世界范围内,近代的课程体系主要是在这种观点影响下建立起来的,并已被人们普遍接受。

课程是知识的观点有利于课程内容的系统化选择及组织,但容易割裂知识的联系和忽视变化的经验,特别是容易忽视学习者的个别性,容易导致"见物不见人"的倾向。我们理解的"课程是知识",要避免过于强调课程本身的严密、完整、系统、权威,忽略学习者的实际学习体验和学习过程;突出科学知识的地位,也要注意知识的学习不要偏离学生的发展;强调知识,同时不能轻视实践。

课程是经验。课程是经验,强调"教育者"到"学习者"的转变。认为只有那些真正为学生经历、理解和接受了的东西,才称得上是课程。具有以下特点:"课程往往是从学习者角度出发和设计的;课程是与学习者个人经验相联系、相结合的;强调学习者作为学习主体的角色"③。我们理解的"课程是经验",要把握三个方面的要义:第一,作为课程的经验,不仅要考虑最终获得的经验,还要考虑学习经验的过程——体验、感受、获得、占有的过程。第二,作为课程经验,是教育者经过选择和计划,是对个人和社会的存在及发展最有价值的,并在教育者干预下实现的。第三,作为课程的经验,是在教育环境中实现的,区别于日常生活中自发的、随意的、偶然发生的。这样的课程跳出了认识论的范畴,强调和依赖学习者个性的全面参与:主动性、积极性、选择性、

---

① 张志勇. 中小学课程建设的哲学思考［EB/OL］. 搜狐网,2019 – 11 – 12.
② 丛立新. 课程论问题［M］. 北京:科学教育出版社,2009:77.
③ 丛立新. 课程论问题［M］. 北京:科学教育出版社,2009:78 – 79.

感情、兴趣、态度等。这种观点在学术界影响较大，并且逐渐地被越来越多的人所接受。

"课程是经验"的观点明确了学习者与课程的关系，突出了学习者在课程中不可缺少的地位，有利于解决"教育中无儿童"的问题。扩大了课程内容的范围，将课程由"静态"变为"动态"，考虑到学习者的兴趣、需要。课程是教育过程的本身，课程是连续的经验累积和改造过程，指向学习者有益经验的获得与身心健全发展。

课程是活动。课程是活动，是学习者在教育者有意识指导下与教育情境交互作用的活动。学习者通过与活动对象的相互作用实现自身各方面的发展。具有以下特点："强调学习者是课程的主体，以及作为主体的能动性；强调以学习者的兴趣、需要、能力、经验为中介实施课程；强调活动的完整性，突出课程的综合性和整体性，反对过于详细的分科；强调活动是人心理发生发展的基础，重视学习活动的水平、结构、方式，特别是学习者与课程各因素的关系"①。课程不仅仅是包括了知识，而且包括了学习者占有和获取知识的主体活动过程。

用活动解释课程，有利于改变教育者的视角，促使他们同时注意问题的两个方面：学习对象（教学内容）和学习主体（学生）。活动自身是一种存在方式，教师看得见，也比较容易把握和控制。活动具有双重转换性，外在的客观对象和活动方式通过主体活动内化为主观经验，主体的主观经验也可以"外化"为态度、动作方式、技能等。活动一词能反映学生学习的本质和特点。

基于以上观点，我们反思课程给孩子的是什么？毋庸置疑，课程给孩子的是知识、经验、活动。作为一门课程的学习来说，它必定要以知识为载体，以学生的经验为重，然后指向于通过学生的活动来体验和经验。

四、对"课程是经验"的再认识

我们认为，对课程本质理解要强调"课程是知识"，要强调"课程是活动"，更要强调"课程是经验"。虽然每一门课程作为是知识、经验、活动的重心有所侧重，但我们认为，在这三种课程观中，"课程是经验"的观点相对于"课程是知识""课程是活动"更优越，能比较深刻和清楚地解释课程的本质和存在，特别是对于今天的中国基础教育而言，在课程的改革实践和健康发展上更能代表和体现方向性，更具有指导价值。

"经验"从词的语义分析，在中文中有三层意思：第一，经历，亲身体验的

---

① 丛立新. 课程论问题 [M]. 北京：科学教育出版社，2009：78－79.

过程；第二，泛指由实践得来的知识或技能；第三，哲学名词，通常指感觉经验，即感性认识。在英文里的意思，主要区别在于名词和动词的不同，形式是一样的。第一，名词：经验、体验、经历、阅历；第二，动词：经历、体验、感觉、遭受。作为名词与动词复合使用，有两层含义：一是课程内容是经验；二是课程要让学习者亲身去经验。

如前所述，这和课程论的发展也是一脉相承的，我们再来理一理"课程是经验"的观点发展过程，卢梭在《爱弥儿》一书中选择了"经验"这个概念来表达他关于课程或者说教学内容的主张，表现出将个人经验作为课程基础的倾向。随后福禄倍尔也提倡围绕儿童的本性建立课程，强调作为学习者的儿童的主观体验和亲身经历的重要性。到了杜威时代，有意识地使用经验并且力图用它取代知识来说明和定义课程，这时的"经验"就兼有名词与动词的双重含义了，尤其是动词的意义。巴比特在他的《课程》一书中谈道："课程将是系列的经验，是儿童和青年达到那些目的所必须有的。"① 课程理论之父泰勒曾经十分明确地从动词意义上对学习经验做出诠释："学习经验是指学习者与他对做出反应的环境中的外部条件之间的相互作用。"② 卡斯威尔和坎贝尔、多尔、杰克逊等也都提出课程是经验的观点。福谢依也指出，"课程是学习者在学校指导下的一切经验"③；蔡斯也说："把课程设想为有计划的学习经验，在今天的课程专家中是一种普遍持有的概念。"④ 博比特的课程开发理论也认为，"教育应是促进儿童恰当地从事生活中诸种活动并取得相应经验的过程，学习者在教育过程中应是一个'行动者'。"⑤ 施瓦布的实践性课程开发理论的本质，即"实践兴趣"⑥。包括前面所述国内专家的"课程即学习经验"的观点，等等。因此，教育是促进儿童的活动与经验发展的过程，只有被孩子个体建构起来的经验，才是有意义的。

"课程是经验"的观点，使课程本质观从静态走向动态：从把课程理解为静态的知识、内容、结构化、系统化的知识经验，到把课程理解为动态的活动或学习过程。夸美纽斯强调"要把一切知识教给一切孩子"⑦。卢梭强调"尊重儿

① 丛立新. 课程论问题 [M]. 北京：科学教育出版社，2009：89.
② 丛立新. 课程论问题 [M]. 北京：科学教育出版社，2009：89.
③ 丛立新. 课程论问题 [M]. 北京：科学教育出版社，2009：89.
④ 丛立新. 课程论问题 [M]. 北京：科学教育出版社，2009：89.
⑤ 张华. 课程与教学论 [M]. 上海：上海教育出版社，2014：4-24.
⑥ 张华. 课程与教学论 [M]. 上海：上海教育出版社，2014：4-24.
⑦ 夸美纽斯. 大教学论 [M]. 傅任敢，译. 北京：人民教育出版社，教育科学出版社，2001.

童"，杜威提出"儿童中心论"，泰勒强调"教学就是一种对话，课程就是一种理解"①，这些观点都离不开课程与学习者的关系，突出了学习者在课程中不可缺少的地位。如果没有将学习内容转化为学习者的个人经验（名词）的经验（动词）过程，学习就很难做到真正有意义。比如音乐课程，更多地倾向于孩子的经历、体验。一所学校的音乐课程实施得好，学校里可以提供小舞台，经常让学生去唱，去体验；乐理知识通过在表演过程中去体会，让他们去弹奏乐器，参与地方戏曲的表演，让每一个孩子都有上台的机会和经历。活动和经验相比，指向的结果不是特别明显，如常州市实验小学的"100 个分享经历"，强调的也有经历、经验。假设参加了这个活动，也就获得了相关的"经验"。要把学生的学习过程和教师的教育过程有机统一起来，强调师生双方的主体性发挥与发展。

"课程是经验"的观点，使课程的物性减弱，人性增强；从强调学习对象到强调学习过程和学习者，即由重物转变为重人；在重人方面，又由强调"教育者"转向强调学习者。课程不仅包括理性内容，也包括情意、动机、态度等非理性内容。培育学生，既要采取强迫性、主观性措施，也要采用隐喻式、潜在性方式，利用教育环境感染熏陶学生。

第二节　对课程类型的理解

麦克尼尔认为，不同的课程理论流派和不同的教育思潮基于其课程价值观，对课程类型与组织结构也有不同的要求。② 典型的课程类型主要有以下四类：学科课程和活动课程、分科课程和综合课程、选修课程和必修课程、显性课程和隐性课程。探寻每一组课程类型之间的联系，为搭建合理高效的学校课程组织结构奠定基础，对推进学校课程的建设具有重要意义。

一、学科课程和活动课程

从课程设计的立足点和组织形式，可以分为学科课程和活动课程。

学科课程是以人类文化知识为基础，以学科为中心，从相应的知识领域选择内容，按照一定的学科内在逻辑体系组织形成的课程。学科课程历史悠久，

---

① 泰勒. 课程与教学的基本原理［M］. 施良方，译. 北京：人民教育出版社，1994.

② McNeil, J. D. Curriculum：A Comprehensive Introduction（Fifth Edition） ［M］. New York：Harper Collins Couege Publishers, 1996：187.

使用范围广泛。早期雏形多出自奴隶社会的贵族教育阶段，如我国西周时期官学倡导的"礼、乐、射、御、书、数"的"六艺"，古希腊雅典教育时期的"文法、修辞、哲学"的"三艺"，柏拉图提出的"算术、几何、天文、音乐"的"四艺"等①，有了学科课程的初步形态。学科课程随夸美纽斯的泛智课程、赫尔巴特课程论、斯宾塞的功利主义课程得到发展，后又受"要素主义"和"永恒主义"教育思潮的影响，学科课程进一步凸显不同科目的独特价值、不同科目的逻辑构建的内在独立性以及不同科目设置的阶段性。学科课程具有以下优点：第一，学科课程精炼学科知识，有助于学生高效地掌握该学科的核心内容；第二，依据学科内在逻辑体系构建课程，最大限度地实现了知识之间的连贯性和系统性，有助于学生构建学科思维体系；第三，学科课程立足于学科知识及其思维发展，有助于组织学生对该学科课程的教学与评价。但学科课程也有不少缺陷，第一，学科课程多聚焦间接经验的学习，易与学生的实际需求脱节；第二，过于注重学科的内在逻辑性，易导致教法和学法的单一化，忽视学生现有的知识经验。

活动课程，又称为经验课程，是立足于儿童的需要和实际经验，以儿童自我发展能力培养为核心组织的课程，主要受到美国教育家杜威和克伯屈的影响。杜威认为，活动课程应当满足学生兴趣，适应学生的生长需求，将社会与儿童密切联系起来。例如，西方很多国家开设的戏剧课、烹饪课等，我国小学的综合实践课程、中学的劳技课程等。活动课程具有以下优点：第一，聚焦学生的兴趣、动机和经验，充分调动了学生学习的积极性与主动性，注重学生在学习过程中的人格培养；第二，将直接经验与间接经验相结合，在学生与知识交互作用的同时，更关注学生与社会之间的密切联系，让学生更加适应社会发展的需要。活动课程也存在着明显的问题：第一，尽管杜威并没有将学科课程与活动课程对立，认为二者应该实现课程形态上的统一②，但实际操作中活动课程往往过于聚焦学生的具体需求，而忽略了学科知识本身的内在逻辑性，不利于学生学科思维的培养；第二，活动课程在实施过程中常常更多关注活动本身，而忽略了学生思维品质和自我发展能力的培养。

二、分科课程和综合课程

从课程组织形式中知识的分化程度，可以分为分科课程和综合课程。

---

① 王天一，夏之莲，朱美玉. 外国教育史［M］. 北京：北京师范大学出版社，1993：31－50.

② 侯怀银. 杜威的课程观评述［J］. 课程·教材·教法，1999（10）：51－55.

分科课程与综合课程是两种不同的课程组织形式。分科课程强调不同学科之间具有相对独立性，应按不同的学科组织建立逻辑体系完整的课程。分科课程注重学科内在逻辑，目前学科分化的趋势也很明显。例如，仅语言学就分化形成了共时语言学、历时语言学、普通语言学、对比语言学、应用语言学、认知语言学、神经语言学等多个学科，学生易于深入细化了解相关内容。但分科课程忽略了学科与学科的联系性，过细的分科容易割裂不同学科知识的关系，不利于学生搭建自己的知识逻辑体系。

综合课程是一种根据多学科之间的内在联系，合并相邻学科形成新课程。综合课程有利于打破学科壁垒，让学生从整体上形成对世界的合理认识。课程综合化也是学科发展的趋势，目前主要有三代交叉科学："边缘学科"，即相近领域两门学科的相互渗透，如对外汉语、生物化学；"综合性科学"，多学科理论方法的融通，如光导纤维研究；自然科学和社会科学合流的产物，如信息论、控制论等。① 因此，基于某一领域对分科课程超越的综合课程符合目前课程实践的趋势，但不可否认的是，综合课程也有其限制：第一，对教师有更高的要求，需要教师能精通相关的学科领域，根据学习任务的需要，对相应琐碎的知识进行整合；第二，课程的实施与评价问题，综合课程融通多个学科领域，需要建立新的跨学科的课程实施与评价途径。

分科课程与综合课程是相对而言，分科课程也包括知识之间某种意义上的综合，综合课程的综合也是建立在分科的基础上的。尽管二者各有利弊，但都符合当今学科研究发展的趋势，不能进行单纯的反对和提倡，在课程开发和实施的过程中应该因需选用。

三、选修课程和必修课程

从课程管理的要求，可以分为选修课程和必修课程。

选修制度最早出现在大学，后在职业学校和高等中学得到推广。必修课程是指同一学年的所有学生必须学习的课程，是为了保证所有学生都能习得适应其终身发展需求的知识与技能而设置的课程。必修课程主要涵盖基本知识与基本技能，是学生进一步学习的保障。

选修课程是指同一学年的学生可以根据自己的兴趣、特长进行选择，是适应学生差异化的需求，鼓励个性化发展而设置的课程。选修课程尊重学生的个

① 张念椿. 当代学科发展的大趋势［M］//瞿葆奎，陆亚松，李一平. 课程与教材：上. 北京：人民教育出版社，1988：409-410.

体化差异，不仅是必修课程的延伸，而且是推动教师的专业化成长，彰显学校特色化办学的重要保障。

选修课程和必修课程二者互为补充。选修课程和必修课程应保持相应的比例，充分释放各类课程的潜能，通过寻找二者之间的动态平衡，有助于在实现教育公平的同时，推动学生的个性化成长与发展。

四、显性课程和隐性课程

从课程对学生的影响方式，可以分为显性课程和隐性课程。

显性课程是学校有计划、有目的、有预期地施加教育影响的课程，如学校课程表上呈现的课程，其培养目标、实施策略与评价方式比较明确。

隐性课程是学生在学校环境中习得的一系列的规范和价值观念，包括世界观、人生观、价值观、道德观的形成，社会化观念和政治化思想，等等，通过学校的学习环境、课程中的意识形态、课堂中的行为规范及各种学校活动中的隐含信息潜移默化地对学生加以影响。尽管很多学校目前都已经意识到隐性课程的重要性，通过加强校风、师风、学风的建设，校园环境的美化，以及课程育人价值的挖掘等方式，以期对学生健康的身心发展提供帮助，但介于隐性课程潜在性和不确定性的特点，给课程的设计、实施与评价带来很多困难。①

第三节　对课程结构的理解

长期以来，在教学活动中，中小学教师所关注的往往是自己所教的学科，而对其他学科，尤其是学科间的联系则很少问津。因此，在教师的头脑中缺少课程结构意识。但实际上认识课程结构对于教师来说是相当重要的。本节将从东西方学者对课程结构研究的历史与现状、课程结构的定义、课程的纵向结构和横向结构，以及课程结构的一般特点四个方面做简要论述，以便我们更好地理解课程。

一、课程结构研究的历史与现状

正如 B. C 列德涅夫所言，课程结构问题"与教育本身一样，具有悠久的历

---

① 潘洪建，刘华，蔡澄. 课程与教学论基础［M］. 镇江：江苏大学出版社，2012：40 - 41.

史"①。自 20 世纪 60 年代以来，尽管东西方学者对课程结构问题做了持续不断的研究，但到底什么是课程结构，对课程结构的层次应如何划分比较恰当，仍是当前课程结构理论亟待回答的问题。

（一）国外学者的研究

在课程思想史上夸美纽斯（Comenius，J. A.）、赫尔巴特（Herbrt，J. F.）、斯宾塞（Spencer，H.）和杜威（Dewey，J.）等人的研究中都曾涉及课程结构问题，但还未意识到"课程结构"这一概念。直到 20 世纪 60 年代以后，布鲁纳（Bruner，J.）提出了"学科结构理论"，第一次深入学科内部探讨了学科的结构问题；施瓦布（Schwarb，J.）则以"科学结构"和"科学的结构是不断变化的"这两个基本观点为前提，对学科结构做了较为深入的探讨，认识到学科间的关系在课程结构上的意义。20 世纪 70 年代，哥伦比亚大学教授福谢依（Foshay，A. W.）主张人文主义课程观，认为课程应由知识课程、情意课程和体验课程组成，他所理解的课程结构主要是学校课程的类别结构，而不是某一具体学科的内部结构。到 20 世纪 80 年代，苏联 B. C. 列德涅夫则重点分析了课程的总体结构，认为课程包括四个层次，即教学科目系列、学科、各门具体课程、各门课程中的"篇"和"题"，他对课程结构的思考最深刻和最有影响。

（二）国内学者的论述

20 世纪 80 年代以来，我国的课程理论专家也开始在理论上关注课程结构问题。顾明远认为，课程结构有广义与狭义之分，广义的课程结构是指"学校课程中各组成部分的组织、排列、配合的形式"。狭义的课程结构是指"一门课程中各组成部分的组织、排列、配合的形式"②。1989 年，钟启泉在谈到西方的课程结构思想时，便将西方迄今为止出现的课程结构区分为三个层次：微观结构论、中观结构论、宏观结构论③。1991 年廖哲勋在《课程学》一书中设专章对课程结构提出"表层—深层说"。他认为课程整体结构由表层结构和深层结构组成。表层结构是"一定学段课程总体规则的结构"，深层结构是"教材内部各要素、各成分的组合及各类教材之间的整体组合"④。这种观点被认为是国内对课程结构的一种最精致、最有创造性的分析。此外，吕达认为课程结构分为整体

① ［苏］B. C. 列德涅夫. 普通中等教育内容的结构问题［M］. 北京：人民教育出版社，1984.

② 顾明远. 教育大词典［M］. 上海：上海教育出版社，1990.

③ 钟启泉. 现代课程论［M］. 上海：上海教育出版社，1989：141–143.

④ 廖哲勋. 课程学［M］. 武汉：华中师范大学出版社，1991：64–68.

结构和具体结构两个层次①。

二、课程结构的含义

什么是课程结构？从不同的角度研究就有着不同的含义。因此，课程结构不像课程目标、课程评价等名词有着相对明确的定义，是能够比较广泛和规范运用的概念。

在《简明国际教育百科全书·课程》中，与课程结构相关的词条有两个，一条是"Curriculum Organization"，尽管英文直译与课程结构非常接近，但鉴于该词条的具体内容，中文译为课程组织，"课程组织是指将构成教育系统或学校课程的要素，加以安排、联系和排列的方式。"另一条是"Disciplines Structure"，中文译为学科结构，词条概述指出"在课程发展中'结构'一词是指课程内容之间的逻辑关系和心理学方面的关系……现在，一般的倾向性做法是在高年级采取逻辑结构的内容教学，而在低年级采取心理学结构的内容教学"②。

按一般的理解，结构是指事物"各个部分的配合、组织"③。所谓课程结构，是指课程各部分的组织和配合，探讨的是课程本身、各组成部分的关系。

三、课程的横向结构和纵向结构

（一）课程的横向结构

不同课程的比例关系，即在一事实上的课程结构内各门各类课程是怎样安排的，这样的关系可称为课程的横向结构。它是指课程不同系列的成分之间在水平面上或横向上的结构过程及其结果。在现代教育研究和实践中，课程的横向具体表现为课程分科在内容和形式上的整合。课程整合是分化了的教育系统的各要素及其各成分形成有机联系。人们对课程整合这一理论的研究主要存在三类课程整合观：课程整合的理论，整合课程的类型、学习领域。在当代课程改革中，人们正在建构一种新的课程理念和新的课程整合形式，这就是"学习化课程"。在学习化课程中，课程设置不再以科目来划分，而改用"学习领域"（learning area）作为基本结构形式④。

---

① 吕达. 独木桥？阳关道？——未来中小学课程面面观［M］. 北京：中信出版社，1991：182-183.

② 江山野. 简明国际教育百科全书·课程［M］. 北京：教育科学出版社，1991：73，115.

③ 《辞海》词语分册（下）［M］. 上海：上海人民出版社，1977：1249.

④ 赵伍，李玉峰，鲁定元. 新编教育学教程［M］. 北京：中国计划出版社，2007：2.

（二）课程的纵向结构

课程是如何展现的，即怎样从课程目标和课程理念，最终转化为学生在课程中的学习活动，这样的关系称之课程的纵向结构。它是指课程要素的不同质量之间在纵向上或垂直维度上的结构过程及其结果。纵向的结构具体表现为，一定阶段内某种制度化教育的目标，如何体现在某种课程结构上，如何进一步落实在课程结构的各类各门课程之中，又如何以某种形式被学习者掌握。最常见、最一般的纵向结构是教学计划（课程计划）、教学大纲（课程标准）、教科书，实际上，这种课程结构就是学科课程的结构。当然，除了这种结构外，还存在着其他形式的课程结构①。

四、课程结构的特点

（一）变通性

课程结构要适应地区间经济文化的差异，具有一定的变通性。我国幅员辽阔，从地理位置和经济发展看，可分为沿海发达地区、中原地区、西部欠发达地区三大区域，各区域的经济发展需要有着不同文化知识结构的人才，因此应当允许各地根据本地经济发展的现实需要选择相应的课程，以适应这种区域的经济和社会差异。从文化侧度看，我国是多民族国家，不同民族对本民族的文化有强烈的认同感和归属感，课程结构应适应不同民族的文化认同需要，如民族文化课程、地域文化课程等。因此，国家层面的课程结构需要具有充分的变通性，以有利于不同地区根据自身的需要做出选择，如规定多少比例的必修课、每门必修课程的课时，为地方课程留出一定的开发的空间②。

（二）选择性

课程结构的选择性是针对地方、学校与学生的差异而提出的，它要求学校课程要以充分的灵活性适应于地方社会发展的现实需要，以显著的特色性适应于学校的办学宗旨和方向，以选择性适应于学生的个性发展。

选择性还体现在国家和学校课程的变通上。就课程类型而言，国家提供套餐式方案，供地方和学校根据自身需要做出选择；就课时比例而言，国家划定范围，供地方和学校选定；就课程内容而言，国家制定标准，在保证义务教育基本要求的前提下，各地可选择反映地方经济、社会文化特点的内容。选择性

---

① 丛立新. 课程论问题［M］. 北京：教育科学出版社，2000：205－206.
② 佚名. 课程结构要体现选择性［J］. 宁夏教育，2003（9）.

还要求地方和学校要加强选修课程的建设，以促进每一位学生的个性发展①。

第四节　"实践性课程理论"的理解

实践性课程理论是美国著名的课程理论专家施瓦布的课程思想。20 世纪六七十年代的美国掀起了课程改革的高潮，当时，施瓦布与布鲁纳共同领导了美国的结构主义课程改革。结构主义课程论认为，课程应以系统的学科为中心，向学生传授学科知识的基本结构、基本原理与探究的方法。学生应最大限度地学习理论知识，发展智力，像科学家那样采用"发现法"去探究课程的深刻内涵。这场课程改革进行了十年，经历了由最初的轰轰烈烈到后来的趋于式微，举步维艰，使得施瓦布陷入了深深的反思中。他认为，结构主义课程完全由各学术领域的专家开发设计，并没有反映广大师生的声音。教材难度大，知识体系繁杂，内容枯燥，大多数学生学习困难，这种自上而下的课程改革模式和脱离具体教育情境的课程开发方式是不恰当的。为此，施瓦布对以"泰勒原理"为代表的传统课程理论与结构主义课程理论进行了批判，在此基础上，提出了著名的"实践性课程理论"。

施瓦布的实践性课程理论主要包括四个方面的内容："实践旨趣"的课程价值观、以师生作为课程创造者的课程主体观、以集体审议为核心的课程开发方式、以教师作为研究者的课程行动研究方法论。

一、实践性课程的价值取向——实践旨趣

施瓦布在总结结构主义课程失败教训的基础上提出了"实践旨趣"的课程价值取向。结构主义课程改革失败后，施瓦布对当时的课程研究领域进行了一次诊断，在 1969 年发表的《实践：课程的语言》中，施瓦布对诊断结果进行了总结：课程领域已经步入了穷途末路，需要新的原则和方法才能继续推进课程的发展，课程领域的这一不幸遭遇在于错误地依赖"理论"，而理论的方法总是受一种指导性原理的控制，容易与课程和实践脱节，更多地带有抽象性、概括化，致使理论很多而问题不断，不能有效地解决实践过程中出现的种种疑难问题；课程领域复兴的根本在于从原先的理论追求转变为实践模式②。

---

① 李相梅. 课程结构要体现选择性 [J]. 校长阅刊，2005 (10)：46.

② Schwab. The Practical：A Language for Curriculum [J]. School Review，1969 (78)：25.

施瓦布认为，课程对理论的偏好弱化了人们对实践的关注，导致人们过度追求课程开发的原理和程序。由此他建议，课程理论家必须从追求普遍的原则转向追求现实的课程实践。施瓦布对理论的大胆质疑在价值取向上体现了哈马贝斯所提出的"实践旨趣论"。①

1968 年，德国哲学家哈贝马斯在《认识与人类旨趣》一书中提出了"认识旨趣论"，提出了"旨趣"作为人们认识的方向，可以划分为技术旨趣、实践旨趣和解放旨趣三种。其中技术旨趣是通过符合规则的行为而对环境加以控制的人类的基本兴趣，它指向于外在目标，强调结果、目的，核心是把环境作为客体加以控制。而实践旨趣则是建立在对意义的"一致性解释"基础上，通过环境的相互作用而理解环境的人类基本兴趣，它指向于内在事物，强调过程、手段，核心是"理解"，主要体现人们与环境互动，是活动中的认知。

显然，传统的课程模式指向学生最终的学习目标，注重目的、结果和行为控制，通过事先制定好的行为目标来控制课程的开发、实施、评价，它体现的课程价值自然是追求技术旨趣。相反，实践性的课程模式把课程看作一个相互作用、有机的生态系统，认为它是建立在对课程意义的"一致性解释"基础上，通过课程要素之间的相互理解、相互作用，实现学生兴趣需要的满足和能力德行的提高。所以实践性课程指向课程实践本身，注重手段、过程和相互理解、相互作用。毫无疑问，实践性课程体现的课程价值是实践旨趣。

二、实践性课程的课程主体——教师和学生

在传统的课程开发模式中，课程是按照规定的目标预先编制好的，课程专家独揽课程大权，课程编制、计划及教材的选择都是他们根据学科知识体系设计好的，教师和学生只是按照规定的目标来接受和完成课程，因此教师和学生都为目标所控制，被排在课程之外。教师沦为课程的被动执行者，一味地照本宣科，重复书本陈旧的知识，而学生更是受到课程与教师的双重控制，被动地听从教师的教授，学习书本的知识。

与传统课程模式相反，实践性课程理论把教师和学生看作是课程的主体和创造者，他们与学科内容和环境一起，构成了课程的四要素。在实践性课程理论中，人的因素凸显出来了，教师和学生不再是教材的附庸，是主动构建者和创造者。教师可以参与课程开发并根据自己的实际教学经验设计并选择课程，

---

① 亓路路. 基于施瓦布实践性课程理论的职业教育课程改革研究［D］. 长沙：湖南师范大学，2014：18.

并且在实施课程的过程中对课程内容合理地增删、调整和加工，从而适应学生学习的需要，充分调动教师积极性，彰显教师的主体地位。学生同样也是课程的主体。在课程开发阶段，学生可以根据自我兴趣与需求提出要求，并有权对课程内容进行合理地批判、否定。虽然由于受年龄、知识水平的限制，学生在课程的开发中并不一定要亲身参与其中，教师和儿童专家可以根据对学生年龄、个别差异、智力水平学习方式等基本情况的了解，代表学生做出表达；在课程的实施阶段，学生有权对教师提供的课程进行选择，对学习内容的价值及学习方法的选择提出自己的见解。通过这些方式，学生与教师共同参与到了课程开发和实施的过程中来，使课程摆脱了死板的知识教条，从而充满新的意义，变得鲜活、丰富起来。

三、实践性课程的开发方法——集体审议

施瓦布提出了集体审议的课程开发方法，是其思想最为精彩的核心部分。审议，现代汉语大词典将其解释为"审查"，即检查核对计划、提案、著作、个人的资历等是否正确、妥当并对之进行讨论。① 课程审议又称为"课程慎思"，是审议主体为满足特定的需要，针对具体教育情境问题进行反复讨论权衡利弊，达成恰当的、一致的理解，并最终做出合适的课程变革及相应的策略。也就是基于不同角色人群根据自身问题对课程可能产生的不同认识的相互妥协，使得各个利益相关者制定策略方案达到共同的要求，它贯穿于实践课程的全过程。

施瓦布建议，以学校为基础，成立包括校长、社区代表、教师、学生、教材专家、课程专家、心理学家和社会学家等组成课程集体对课程问题进行审议。施瓦布认为，课程审议的重点应放在教师、学生、学科内容、环境四个基本要素之间平衡上，其宗旨就是谋求课程四要素之间的动态平衡，它们相互作用、相互影响的过程是课程审议的核心内容。②

课程审议过程，首先明确要解决的所有课程问题，并对问题做出价值判断；其次，对拟定所有教育问题进行分析研究，并形成初步解决方案；然后，征求各方意见，尤其是教师与学生需求，充分考虑现有教学设施、教学方法、教学

---

① 现代汉语大词典编委会. 现代汉语分类大词典 ［M］. 上海：上海辞书出版社，2011：1021.

② 亓路路. 基于施瓦布实践性课程理论的职业教育课程改革研究 ［D］. 长沙：湖南师范大学，2014：19－20.

手段等具体课堂情景，确定最佳方案，但此方案并非最好的实施方案；再次，对选择的方案进行"预演"，根据具体情景出现的突发问题及时修正；最后，反思方案形成遇到的问题，并最终达成一致。

为了使集体审议能够有效地解决课程问题，施瓦布提出了三种课程审议的艺术，所谓"艺术"，就是正确处理理论与实践关系的方法。第一种方法称为"实践的艺术"，是针对个体所感知的个别的、具体的、特定的情境而言的，通过对研究对象背景的感知，识别问题所在，然后对问题及其意义做进一步的诊断，并用最佳的方式来表述这一问题，最后形成和选择备选方案；第二种方法称为"准实践的艺术"，它是"实践艺术"的延伸，它不是针对个别的、孤立的情境，而是针对由相互联系、多样的个别情境所组成的准实践情境，准实践艺术主要是强调问题区分时的灵活性和问题表达时的流动性；第三种方法称为"折中的艺术"，是指对各种理论进行折中、调和，有选择地将理论运用于具体教育情境，从而实现理论的实践价值。

施瓦布的课程审议具有三方面特征：（1）形成和选择各种可能的备选课程问题解决方案，是课程审议的首要特征。（2）课程审议遵循的是实践的逻辑，从突出课程问题到解决课程问题的过程，课程审议都运用实践的语言，依靠实践的智慧，进行实践的判断，最后得出行动的实践结论。（3）课程审议具有集体教育的特征。施瓦布强调，通过审议形成一个学校共同体，所以课程审议是一种集体审议，它要求有多方代表参加，尤其是要有那些将受课程决策后果影响的人参加。集体参与不仅是做出合理行动决策所必需的，而且是参与者彼此互动、相互启发的教育过程。

课程审议，其实就是课程参与者不断对话与交流，在课程决策和课程行动方面最终达成共识的过程。这一过程体现了"实践性课程开发"的民主精神，体现了实践性的价值追求。

四、实践性课程的研究方法——行动研究

行动研究是指由社会情境（包括教育情境）的参与者为提高对所从事的社会或教育实践、该实践活动及其依赖的背景的理性认识而从事的自我反思性研究①。施瓦布认为，行动研究的方法能够有效地解决课程理论与实践之间的问题。教师主动参与行动研究能够提高教师学术研究水平，使教师熟练地运用专业知识、掌握新课程结构、发现新的教学方法，从而更好地实施课程。

---

① 史学正，徐来群. 施瓦布的课程理论述评 [J]. 外国教育研究，2005 (1)：69.

同时，反思在行动研究过程中具有十分重要的作用，是行动研究的关键所在。在行动研究中，实践者就是研究者，二者是直接同一的；实践过程就是研究过程，实际问题的解决过程与研究过程也是合二为一的。行动研究完美地将理论与实践相结合，将课程研究者与课程实施者相统一，将问题的研究与问题的解决相统一，为实践性课程提供了良好的方法理论基础。可以说，行动研究的理念在实践模式中得到了充分的体现，实践模式是以行动研究为方法论的，树立了课程行动研究的典范，并为其确立了理论基础。

第五节　对"学校课程"的概念解读

"学校课程"，不是"学校的课程"。山东省教育厅巡视员张志勇在《中小学课程建设的哲学思考》中指出，就学校课程建设与管理来讲，在学校这个统一的"场域"之下，国家课程、地方课程与校本课程，是基于学校共同育人目标之下的学校课程，三者之间是一种整合关系①。这里的"整合关系"具有以下要义：一是"在学校课程体系里，国家课程、地方课程和校本课程之间是一种包含关系，不是并列关系。"② 国家课程（指国家课程方案、国家课程标准）包含地方课程和校本课程。二是"在学校课程体系里，国家课程、地方课程，都必须转化为校本化的学校课程。"③ 国家课程、地方课程，与本校开发的校本课程一样，已成为学校课程的组成部分。它们之间，已经以国家课程领域为基本逻辑，整合为统一的学校课程体系。三是"在学校课程体系里，国家课程与地方课程、校本课程，构成了目的和手段的关系。"④ 地方课程和校本课程是为了更好实现国家课程目标而开发的课程形态。

基于上述认识，我们理解的"学校课程"，就是根据课程开发主体的不同，有国家、地方和校本三级课程，基于学校共同育人目标、在学校的一体化的具体实施下，形成的具有本校特色的、适合本校学生发展的课程体系。学校课程，不是绕开国家课程、地方课程去建设校本课程，而是整合国家课程（校本化）、地方课程（校本化），建设符合学校实际的学校课程体系。三级课程管理体系落

---

① 张志勇. 中小学课程建设的哲学思考［EB/OL］. 搜狐网，2019 - 11 - 12.
② 张志勇. 中小学课程建设的哲学思考［EB/OL］. 搜狐网，2019 - 11 - 12.
③ 张志勇. 中小学课程建设的哲学思考［EB/OL］. 搜狐网，2019 - 11 - 12.
④ 张志勇. 中小学课程建设的哲学思考［EB/OL］. 搜狐网，2019 - 11 - 12.

实到学校，要满足于本校学生个性化培养目标的课程体系建设。学校课程建设以学校个性化培养目标为引领，校本化实施国家课程，创造性开发校本课程，不断丰富学校的课程形态，满足学生丰富学习方式的需要。例如，清潭小学的语文课程，实验小学的数学课程，花园二小的体育课程等，就变成带有鲜明的校本的学校本身特色的课程。

学校课程是整个学校教育的核心和依托，必须用学校课程整合国家课程、地方课程和校本课程。或者说，学校课程包括国家课程（校本化）、地方课程（校本化），要有国家课程、地方课程、校本课程统筹、整合实施的学校课程观。"每个学校在学校教育目标统率下，在党的教育方针指引下，在全面贯彻国家课程方案的前提下，依据国家课程领域进行分类，整合国家课程、地方课程和校本课程，打破三者的界限，形成完整的学校课程体系。"① 张志勇巡视员的观点，我们非常赞成。国家课程校本化是学校课程建设的核心任务，不触动国家课程的改革不是真正的课程改革。抛开国家课程、地方课程，一味强调校本课程建设是片面的，我们要高质量地达成国家课程目标，保证国家课程高质量实施与体现，具体包括课程目标构建的高质量、课程实施的高质量、课程评价的高质量，真正指向学生核心素养的培养，实现学校的培养目标。每个学校要规划学校课程的目标、内容、实施方式等。

"学校课程"必须关注学生的经历。如前所述，本书赞同丛立新关于课程本质的三种不同看法：课程是知识，课程是经验，课程是活动。所以我们的"学校课程"必须要经历，在一定时间段里面是师生共同创造的一段生命历程。学校课程建设核心，首先是校本化地实施国家课程。基于校本，样本不同，各自学校做各自学校的课程。其次是创造性地开发校本课程。一至二门，基于学校培养目标开发的，每个孩子都要实施的，每个年级都要分段实施的，要有目标、内容、课时的。不同于编一本教材，主要关注学生体验，如何架构，怎么实施，为什么开发，学生能学到些什么？师资架构怎么样？学生有什么体验，有什么经验，有什么成长？再次是课程化实施德育活动。需要有课程化实施方案，如春游秋游、雏鹰勋章、六一活动、成长礼等纳入课程体系中考虑，前期做哪些准备？活动中有哪些整合？活动后有哪些评价？全部可以纳入学校课程里面，学校课程包括学生在校的所有活动。最后还要丰富学生的选修类活动课程，如二胡、舞蹈等。

学校课程建设需要顶层设计，基于学校个体开展的自下而上的个性化的

---

① 张志勇. 中小学课程建设的哲学思考［EB/OL］. 搜狐网，2019 – 11 – 12.

行动研究。学校课程建设的主体不是校长，而是老师、学生、家长、社会人士等。每个学校基于自身的基础，包括文化传统、师资生源等方面，通过行动研究寻找适合自己的课程建设的路径，然后在此基础上概括出一般的课程建设的策略。

第二章

我们的课程实践

华东师范大学陈玉琨教授认为:"好的学校应该有扎实的课程体系,课程结构和体系决定人才规格与质量,与培养目标相匹配的课程结构与有特色的校本课程体系是一流学校的必备条件。"因此学校课程构建不是教学改进的技术问题,而是学校教育教学方式的战略调整。我们的课程实践从区域层面的探索开始。

第一节　区域推进式的学校课程建设

区域推进式学校课程建设是借助区域教育主管部门的力量,从区域整体发展的视角对学校的一门或多门课程建设进行统筹规划,协调引领。此类学校课程建设更专业化、更科学化。

一、区域推进式学校课程建设的成因

综观我国的基础教育课程建设,即使在同样的区域社会、经济、文化发展背景下,学校课程建设之间的发展还不均衡,往往是一枝独秀或花开几朵,还有更多学校处于盲目模仿、犹豫观望、无从下手等状态。众所周知,自上而下的行政式课程建设缺乏生命力,自下而上的草根式课程建设缺乏支持力。这种情况极大地影响了基础教育课程改革的整体推进和区域教育均衡发展战略的落实。要改变现状,必须打破把学校课程建设作为区域"齐步走"的认识误区,也必须打破各自为营、单打独斗的学校课程建设格局,由区域教育主管部门唤醒学校变革的热情,从区域整体发展的视角对学校的课程建设进行统筹规划,协调引领,更专业化、科学化地推进区域内学校课程建设的持续深入发展。

实践表明,区域推进式学校课程建设有两股重要的力量在推动:一是基于行政力量介入的课程建设的整体设计、系统规划及强力推动;二是基于学校内

涵发展的校长和教师参与的热情与变革文化。这两股力量的汇聚促使区域推进式学校课程建设得到良性发展。零敲碎打的改革不能从根本上解决所有问题，区域课程改革不仅是对微观领域的统筹，也是与更大的外界系统交互作用的界面。

二、区域推进式学校课程建设的改革进程

"一般地说，区域课程改革是通过设计一系列阶段性项目任务展开的，从问题界定到需求分析，从项目确定到策略选择，从项目推进到评估反馈，每一个阶段的项目任务都有明确的内容，都会产生循环效应。课程改革项目进程从一个阶段'流动'到下一个阶段，逐步落实与推进，并溅起无数'浪花'，形成整体'水幕'的过程，我们可以称之为瀑布式课程改革过程。"①

区域推进式学校课程建设整个过程有以下六个阶段：第一，界定问题。通过走访、座谈、问卷、观察、资料查阅等方式调查，确定课程建设的起点状态，了解课程改革存在的主要问题。第二，需求定位。在进行区域推进式学校课程建设时需要思考：我们想到哪里去？目标是什么？需求是什么？如何定位学校课程建设？如何实现特定需求，为特定的目标服务？第三，项目聚焦。需要确定课程建设的具体项目与任务，需要思考"这个项目"适合本土实际吗？项目可行吗？项目的具体任务是什么？有哪些内容？如何实现项目目标？第四，策略选择。课程建设是从道到术、从思到行的深刻变革，需要有合宜的课程改革策略跟进，必须采取各种可能的方式激活参与学校，激活每一个实验教师，形成整体氛围。第五，触点变革。区域课程改革切忌盲动，每一个项目都需要在试点的基础上专题聚焦、总结提炼，通过试点形成经验，形成模型，以便在更大范围推广与落实。第六，评估反馈。要积极吸收一线校长和教师进入评估小组，将课程改革最生动、最真切的声音传递出来。通过评估反馈，"对标"课程改革项目与任务，调整课程改革项目的思路、策略与方法。

"＋体育模式"，是体育课改钟楼实验区的改革新举措。学校课程、校园文化和体育运动的对接融合，既有利于促进学生的综合素质全面发展，也是建设特色鲜明校园文化的实际需求。随着钟楼实验区的改革深入，体育课程已经不阈于体育本身，实验者的目光开始从整个学科群体的角度关注体育教学在整个学校课程体系中的作用，体育课程在传统意义下的教育意义被丰富和被突破。依托钟楼区教育行政规划力度，各校开发富有特色的体育运动课程资源，学校、

---

① 杨四耕. 区域课程改革的瀑布式推进［N］. 中国教师报，2017－08－16.

教师以"＋体育"的课程理念为孩子提供多种运动的体验机会，帮助孩子们寻找到适合自己的运动项目。

三、区域推进式学校课程建设的实施策略

（一）专家引领 整体规划

要在整个区域范围内有效推进学校课程建设，区域教育主管部门首先要有宏观统筹的视野和思路，能够根据本地区基础教育的水平、特点，客观分析学校课程建设的优势和不足，为本区域内学校的课程建设进行整体定位，并从区域学校课程建设的目标、内容、实施措施等方面做好顶层设计和统筹规划。例如，钟楼区在推进创造适合的学校体育课程的过程中，成立了各领导小组，进行了顶层设计，充分发挥课程领导者的作用。

（二）工作联动 多措并举

学校就是一个小社会，上面千条线，下面一根针。区域必须建立不同科室工作联动机制，与中小学工作联系密切的科室领导均为教育局学校课程建设领导小组成员，领导小组围绕学校课程建设这一主线，协调各科室从不同侧面和层次采取针对性措施，彼此呼应、配合，相辅相成，共同实现对学校课程建设工作的推动。例如，在体育课程改革中，区文教局与区教师发展中心，分别从行政部门与科研部门制定相应的措施，共同推进学校课程建设。

（三）系统衔接 持续跟进

学校课程建设是学校教育主体针对学校的育人需求或问题，对学校课程进行持续改进的专业活动。这项活动不是独立于学校日常教育教学活动之外的工作，也不是应时应景、追求即时效益的实践运动。学校课程建设具有系统性、长期性和渐进性，只有根据学校课程的发展实际和现实问题，从管理、培训、指导等方面持续跟进，做好各项工作的衔接与配合，才能真正有效地推进学校课程的发展与完善。例如，在区域学校体育改革过程中，区域教育主管部门聘请相关专家团队长期跟踪、指导，进行培训。

（四）试点先行 有序推广

从整体区域的角度推进学校课程建设，并不意味着用统一的标准、划一的做法去要求所有的学校和教师。试点先行、有序推广，既为有主动发展意愿和能力的学校与教师提供良好的条件和机会，又不用行政强制的方式让缺乏主动性的学校与教师因为巨大压力而心生拒斥。如在钟楼区区域学校体育改革过程中遵循宣传引导、自主申报的原则，合理选择几所试点学校。从激励政策与专业平台方面加强对试点校的支持，定时组织交流会与成果发布会，发挥试点校的榜样示范作用，需要将"点"的经验通过分享研讨，逐层落实，辐射带动，渐次推广。其中要特别关注的是课程改革项目的普适性与适宜性，落实到学校的针对性和有效性。①

在钟楼区区域推进体育课程改革中，不同的学校依据自身的优势与特长，进行了适合校情的课程建设，如谭市小学的"晨间亲子活动"的体育文化和校园文化的融合从根本上为学校德育工作的开展奠定了良好的基础，真正意义上实现了知识育人和道德育人的和谐统一；怀德苑小学等进行学科整合，语文课堂教学中，教师指导学生体会自己参与体育运动时的心理状态，抓住人物的心理变化与思想变化来阅读与写作，更深地体会人物情感；花园第二小学将校园文化和体育文化这两种属性独立的文化进行完美的融合与对接；西新桥小学的"信息＋体育"课改策略是：通过网络形式积极地开展体育相关的知识讲座、专题报告和体育沙龙……使不同体能、不同兴趣的体育爱好者都能找到展示自己的舞台，从而吸引更多学生积极参与各类体育文化活动，开阔学生的体育视野，成为培养学生"终身体育"行为的有效途径。课程改革是一项十分复杂的系统工程，要想取得预期的成效，需要汇聚各方面的智慧。通过瀑布式推进，区域课程改革氛围可以浓郁起来，课程改革项目可以落地有声。总而言之，课程改革需要自上而下与自下而上两种力量的结合。没有行政的推动与坚定，课程改革只会在小范围内发生；没有学校的创新与锐气，课程改革很难有实质性突破与提升。

第二节　学科变革式的学校课程建设

学科变革式的学校课程建设是学校对国家颁发的课程标准或教学大纲进行重新诠释，是结合本校学生的需求对国家课程标准、大纲、通用教材进行调整、重组、拓展和延伸，是对国家课程的校本化改造。

一、学科变革式的学校课程建设成因

学科既是以知识系统为表征的"学科课程"，又是以学科教研组、备课组建制为依托的"学科团队"，还是以知识授受为活动形态的"学科教学"与"学科学习"。它是一个由学科课程、学科团队、学科教学及学科学习构成的一体四

---

① 孙宽宁. 区域推进学校课程建设的"法宝"［N］. 中国教育报，2018 – 01 – 25.

面的三棱锥，即"学科三棱锥"。学科的四大构成要素是一个不可分割的有机整体，从这四个要素出发进行学校课程建设是一所学校走向优质的标志。①

不同类型的学校，集聚的学生群体不同。即使同一所学校，学生的发展志向、感兴趣领域、天赋潜质也有差异，在某一领域显现的潜能也有层次区别，单靠某一门学科的推进是不能满足学生的多样需求的。况且当前的课改已不仅仅关注于课程自身的建设与教学方式的改变，更关注于课堂、校园、社团、家庭、社会等阵地的统筹，关注于课堂教学、校园文化、社团组织活动之间的密切联系，关注于课内外、校内外活动的协调一致与社会资源的广泛利用，因此有必要进行各学科的变革式课程建设。

二、学校特色学科建设

学校课程深度变革是从道到术、从思到行的深刻变革。选择合适的切入点来推进学校课程变革，将切入点做精做透，以点带面，就能推进学校课程深度变革。

（一）大视角下的特色学科建设

1. 大课程育人。"三级课程管理"是国家依据课程制定实施的主体作为划分逻辑，对学校课程建设仅仅提供结构保底的刚性要求和自主建构的指导意见，而不能替代学校的校本化课程体系。但许多学校常将"三级课程管理"理解成固定结构，盯住了"校本课程"这个局部做文章。"特色课"的单一性难以顾及学生作为个体的实际条件和需求，很可能会牺牲大多数学生的时间和爱好，以陪衬少数学生的优势。而"小课程"外显丰富，但是没有从"大课程"的高度进行系统的开发和实施，容易零散、无序，缺乏持续的生长力。

在课程建设上，每门课程都有其独特的育人价值，学校所有的课程都是为学生成长、成人、成功提供知识和能力准备。作为一个系统工程，学校在对课程体系进行校本化的重构时，应凸显对教育的理解、传统优势或独特的条件，做到系统建设，有序推进，持续发展。学校要追求的是所有课程综合效能的最大化，即"大课程"育人。

2. 学校课程重建。课程是有思想的，它决定了课程改革的方向，决定了学生发展的方向。虽说国家课程教材是省市统一，但学生是不一样的。因此，学校课程就要有区别，甚至实施校本化重构，目的就是要最大化符合每个学生的个性需要。关于国家课程的校本化实施，主要体现在对课程标准的理解与把握

---

① 杨四耕. 学科三棱锥：打造优质学校核心竞争力［J］. 今日教育，2014（2）.

上，也体现在是否依据学校背景、文化形态、教师能力、教学风格，对国家课程进行符合学校实际的研究与实施上。

因此，我们在对课程改革进行顶层设计时，遵守的最核心的理念就是为学生的终身发展奠基。改革的五个路径：（1）校本化。学校必须将国家课程和地方课程校本化，转化为符合学校办学理念、办学条件、教师素养和学生实际的课程。（2）整合化。包括课程内和课程间跨领域整合。（3）个性化。每个学生都是独特的个体，对于他们的成长而言，最需要的是合理的发展空间，这种合理不仅仅是满足学生现有的需求，更重要的是考虑到学生能力"最近发展区"的内在潜能激发需求。因此，就学生成长来说，学校能够提供的最好帮助就是为不同类型、不同志趣领域、不同潜质学生创设结构合理的课程体系。课程建设有一个很重要的方向就是给儿童课程的选择权有两类：第一类是必修的内容程度应该是有选择性的。因为小学阶段儿童的社会化是一个很重要的阶段，必修课为主是必然的，但必须在内容和难度上给予儿童差别化学习的选择权。第二类，在必修课程之外给儿童弹性的差别化选择性学习的空间。（4）生活化。杜威在《我的教育信条》中强调，学校必须呈现现在的生活，即对于儿童来说是真实而生气勃勃的生活，像他在家庭里、在邻里间、在运动场上所经历的生活那样。我们为什么要推进学校课程建设的生活化？其基本依据有三个：生活是课程的来源，生活是理解课程的基础，生活是课程的目的。教育的最终目的，是为儿童准备未来幸福生活的能力、就业谋生的能力、终身学习的能力。在这里，关键是未来儿童的幸福生活是以儿童今天幸福的教育生活为基础的。（5）特色化。我们强调学校课程建设的特色化，其内在逻辑有三个方面：一是对人的培养价值有独特的认知；二是学校资源的独特凝聚；三是学校品牌的独特塑造。

3. 学科推进。学科变革式的学校课程建设的序曲往往也是由一个学科拉开序幕的。如何从一门学科做起，将其他学科卷入，主要有两种方式，一种是逐渐渗透式，另一种是整体推进式。

逐渐渗透式是指某一门学科领域的变革成为一种示范，在基于学科价值普遍意义上的趋同性，引发其他学科的跟随反应。如常州市西新桥小学的儿童幸福语文课程，致力于国家课程校本化实施，以主题引领开展了学科内的实践学习、学科间的整合学习，努力让学生的学习、活动和其生命成长整个融通，来突破原有课堂存在的僵化、割裂、单调、脱离生活的问题。课程的校本化已超越概念而成了实实在在的课程行为和课程形态。这种实践与探索也成为一个范本、一种力量，带动了其他学科教师对课堂教学的进一步研究与变革，形成了全校性的"主题·实践"学习的模式。这种推进方式就是一种自下而上的变革，是一种纯粹的吸引和跟进，但是变化比较缓慢。

整体推进式则是基于学校的顶层设计，主动自上而下开展。以 STEM 教育为例，通过将自然科学（Science）、技术（Technology）、工程（Engineering）与数学（Mathematics）这四个领域内学科知识和技能的教与学整合到教学中，使学生学习的零碎知识变成了一个互相联系的整体。

三、学科课程统整

为什么要大力推进课程整合？一是人的综合性，每个人都是知情意行的综合体。二是人生活的未来世界的综合性。我们为未来世界培养人，今天的儿童将来进入未来世界时，需要一种综合的能力素养来应对面临的各种挑战。三是教育的综合性，未来教育越来越强调项目学习、主题学习，因而教育活动也越来越具有综合性。四是学科育人的综合性，每个学科都是综合、整体育人的，只不过今天因满足教育的功利需要，我们过于彰显了学科教育的部分功能。

（一）单学科统整

即学科内的统整，也就是说在国家规定的课程之内，通过延伸学科的知识点，或者梳理一个学科的知识系统来达到学科统整的目的。用"从一个知识点延伸出去""让一个现象回归教材""把不同的知识联结在一起""让不同的方法共聚一堂"四种单学科统整的方法，改变目前学生在学习国家基础课程时，机械学习、痛苦学习、无意义学习的现状，使一成不变的学科内容经过有序的排列组合、拓展和深入，焕发出新的生命力，这是从无到有的一个创举，这是颠覆"不求甚解""浅尝辄止"学习模式的一种质变。

（二）多学科统整

多学科方法主要关注学科，使用这一方法的教师会围绕一个主题来组织学科标准。多学科统整是基于多样的学校文化和特色发展之前提，将至少两个学科的课程内容融合的学科统整。学校多学科统整的路径为"以资源为原点的多学科聚焦"和"以问题为原点的多学科融通"。

（三）跨学科统整

在跨学科综合的方法中，教师们围绕交叉学科的基础知识和技能来组织课程。他们将各学科的基础知识和技能组成信息块，以此强调跨学科的技能和概念。

（四）超学科统整

在用超学科的方法来进行综合时，教师围绕学生的问题和关注点来组织课程。当学生在真实的生活情景下应用跨学科的和学科的技能时，他们能获得相关的生活技能。

至于应选择"多学科""跨学科"还是"超学科"，则要根据现实准备、学生情况和已有资源来决定。同时，在《综合课程的开发》一书中作者德雷克教授指出，虽然对于个体教师来说，选择这三种方式是因情境而定，但是就课程发展的一般趋势来说，跨学科是比较合适的，因为它兼顾了"学科"和"主题"，是一种更为合理的课程综合方式。雷克教授为跨学科课程设计了一个模板，分为七个步骤。步骤1：从横向（跨学科）和纵向（学科领域）两个角度浏览各学科的课程标准，确定跨学科的"知"和"行"。教师要预先浏览各学科的课程标准，从中挑选那些具有广度和深度的课程标准进行提炼。教师可以尝试采取"课程绘制"的方法，即按照时间的顺序记录"课程标准""教学内容""学习任务"和"跨越学科的联系"，从而创建一个学年乃至整个小学或中学阶段的课程图式。步骤2：选择一个合适的主题。当我们明确了跨学科的课程标准，并将相关的各学科的标准进行整合后，要决定一个承载的主题，这个主题既可以是学科教材中"现成"主题的拓展，也可以将现成的主题放置到学生熟悉的现实背景之中，或者是由学生参与或提出的主题。步骤3：挑选相关的课程标准进行整合，创建课程网络。当大致确定了跨学科的主题后，需要再次返回各学科之中，地毯式地搜寻相关的课程标准和课程内容，像拼图一样将一个个片段组成一个整体。步骤4：建构"知、行、为"桥梁。需要对跨学科的课程标准进行统合，按照"知、行、为"进行归类，并区分出各个层级。步骤5：设计一个终结性的评估。体现"知、行、为"课程标准的终结性评估一般都是综合性的，如辩论、研讨、演出、展览、设计作品、改进计划等，通常会设计细则。步骤6：创建导向性问题。确保高水平思维的有效方法就是设计几个导向性的问题，导向性问题使"经得起考验的个人观点"得以落实。步骤7：开展能与"知、行、为"桥梁及终结性评估相配套的教学活动和评估。这一步是实践的过程，包括"开发小单元"和"反思教学体验和评估教学活动"两步。[①]常州市西新桥小学就在跨学科融通课程上做了探索，从天地人事中的"四季"入手，以语文教研组为主，其他学科辅助支持，学校层面教科室全面统筹。例如，"春天来了"主题中六年级的切入点在"风筝"，科学组引导学生制作能飞的风筝；数学组引导学生探究风筝线和地面的夹角等问题，探究风筝怎样飞得更高；语文学科则结合风筝主题，学习用不同形式进行表达。打破学科界限，

---

① ［加］德雷克，伯恩斯. 综合课程的开发［M］. 北京：中国轻工业出版社，2007.

在统整的视角下培养儿童综合体验能力。

第三节 项目推进式的学校课程建设

项目推进式的学校课程建设走的是强化特色与优势的课程路径。这类课程立足于业已形成的学校特色和传统优势，根据学校条件与学生需求逐步形成学校课程。

一、项目推进式的学校课程建设成因

中小学办学的多样化和特色化是当下教育变革的主题之一，学校特色发展是高质量教育的必然要求，最终是为了促进学生更好地发展。当前，正处于"大家都在做特色"的阶段，每所学校都在追求"一校一品"，用品牌建设、特色项目建设促进学校发展。教育就是使学生获得追求幸福的各种能力，不论是什么特色项目，只要是为了发展学生的这种能力，就是科学的、可持续的。但是如果单单为了追求"特色"语义上的"独特、与众不同"，而不考虑到学生是否需要是否喜欢、能力是否得到提高，特色建设终将变成"空中楼阁"。所以，特色建设本质上是对教育"以人为本"理念的确认和回归，而不是"投入——产出"的纯经济学考量。

对于特色项目的建设，有专家对此开展研究并提出了文化建设、管理建设、教学建设、课程建设、优势项目和活动五条路径。再进行细分，可以表现在各个方面，如在教育（德育）工作上，在教学工作上；在课外活动上，或是在课堂教学上；在办学模式上，也可以是在教育方法上……教育是丰富多彩的社会活动，特色也应该是丰富多彩的。

然而一个特色要想真正深入持久，最终要走向课程。课程是一种学校特色的基础与保障，任何学校特色的创设和创建都要有课程为支撑，没有一定的课程做支撑，学校特色难以形成。

二、从项目到学校课程的考量

从项目走向课程应该是学校根据素质教育的要求，为本校学生开发的区别于传统课程的教学内容及为了实施这个教学内容而制定的教学计划。它具有前瞻性、实用性和鲜明的能力特征。它的开发是学校办学自主权的充分体现，真正体现了充分利用学校内部资源促进学生个性潜能的发挥。

　　就学校特色项目的发展方式而言，无非是自下而上和自上而下两种方式，前者是学校一项亮点工作持续发展，并对其他工作产生影响与渗透，且社会影响力不断扩大的过程，如常州市花园二小的棒垒球项目等；后者先对学校特色进行整体规划与设计，并通过相关途径进行整合与落实，如花园小学的 STEM 教育。

　　从一个项目变成一门课程，必须要接受考量。在《课程与教学的基本原理》一书中拉尔夫·泰勒认为如果我们要进行课程的编制，就必须回答这些问题：学校应该达到哪些教育目标？提供哪些教育经验才能实现这些目标？怎样才能有效地组织这些教育经验？我们怎样确定这些教育目标正在得到实现？在众多理论纷争之下，泰勒认为没有任何一种理论来源能够明智而又全面地为学校目标提供基础。由此，泰勒提出了三种目标来源：学习者、当代社会生活、学科专家。其中对学习者本身的研究，主要包括：①学生需要，即了解学生现状；把学生的现状与公认的常模做比较，确定差距或需要（教育需要），即"应该是什么"与"是什么"之间的差距。②学生兴趣教育是一种主动的过程，倘若学校情境是一种学生感兴趣的情境，学生就会主动参与。③研究方法，几乎所有的社会调查方法都可以用来研究学习者的兴趣和需要，如观察、交谈、问卷等。对当代生活的研究则要对当代生活进行调查研究，解释从这些研究中获得的资料，也就是说，根据有关的差距、重点和需要等方面的现状进行推断。由于这三种来源提供的教育目标数量众多，且有些教育目标之间相互矛盾、不符合学习者的身心发展特点，于是泰勒提出了两个筛子或过滤器，以对众多的教育目标进行筛选。

　　创设特色课程是社会发展的需要——培养多元创建人才；创设特色课程是教育发展的需要——传统文化传承；创设特色课程是学生发展的需要——培养学生个性；创设特色课程也是学校发展的需要——形成学校的特色。例如，常州市西新桥小学在 2010 年对学校生源状况进行分析，发现在当前小学划片招生的状态下，大部分学生来自城乡接合部的老新村中，随着城市人口的萎缩，新市民子弟有一定比例。学校全体学生中，普通工薪阶层家庭占绝大多数。家长对孩子有一定期望值，但由于家长自身文化水平一般，故家庭教育的科学性、有效性大打折扣。家长基本能满足孩子的学习需求，而对于其他兴趣特长培训就显得无能为力了。1000 多名学生中仅有 14% 的学生在进行特长培养。为此，学校更直接地承担着为当地老百姓提供高质量的基础教育的责任。因而学校便把视角定位于学生的综合素质的提升：通过一种乐器——葫芦丝的艺术熏陶，来提升他们的个性品质，并通过舞台张扬起来，自信起来。从一个社团走向一个项目，从一个项目成为一门课程，这个过程是经得起拷问，且不可复制的。

三、项目式学校课程的动力机制

课程作为教育的"心脏"，其多样化和特色化在中小学课程改革中占有重要的位置。从项目走向课程起关键作用的是三大动力要素。

（一）校长（领导力）

教育本身就是一项庞大而艰巨的工程，而特色办学更是复杂而漫长的，一个学校的办学特色，实际上是校长办学思想个性化的表现，校长在学校课程开发与建设中起着至为关键的作用。但在现有的办学体制下，校长的自主空间是比较有限的，这就更需要校长的智慧和行动。

在意识层面上，校长必须清楚认识自主办学的定义、内涵，能够统一价值定位，把"促进每一位学生、老师更好地发展"作为最终目标。在思维层面上，校长应变革老旧的思维方式，具备前瞻性、整合性、创新性思维，不以过去的标准思考和评价未来的发展，综合分析国际、国内、地区教育形势，诊断学校发展中存在的问题、优势及可利用资源，思考出一条促使每个学生、教师都得到发展的特色之路。

（二）教研团队（引导力）

学校特色课程能得以开发，必须依靠科研的支撑，而校本教研团队则是必要保障。培育校本教研团队是培育学校课程建设自主发展能力的重要一环。

课程开发与建设团队的老师应具有较强教学实践能力和教育科研激情，承担整体规划学校课程建设或一门具体课程的开发，经常组织全体教师专题学习与研讨，指导、管理、评价学校各级子课题的研究，搭建交流平台，展示阶段研究成果，总结、提炼研究成果等。

（三）教师（能动力）

相对于"一个好校长就是一所好学校"，我们也许更应该说"一个好校长外加一批好教师才是一所好学校"。教师是学校教育活动中有计划、有目的实施教育的主体，是对学生施加教育影响的直接作用者，是学校课程建设的关键。最大限度地唤起教师的潜能和开发课程的好奇冲动，鼓励教师根据自己的特长爱好与生活经验，自主申报、自主开设校本课程。课程开发的实践证明，只要学校给教师提供课程开发的氛围，给予他们挖掘封尘多年潜能的机会，教师们就会完全以主人公的姿态参与课程建设，主动提高自身的课程开发能力。教师的发展也开始从经验型转变到研究型，由单一学科走向综合，由原来被动的服从迈向自主创新。

在课程建设中，必须要发挥"人"的力量，在成人中成事。学校课程的校本化建设，必须适合学生发展的需求并指向学校的育人目标，校长的课程领导力是不可或缺的关键因素，但"课程建设必须依靠全体教师、学生甚至家长的共同参与"更应成为人们的共识。

好的课程校本化建设必须经历调研、分析、规划、实施四个阶段。例如，以校长为核心的学校团队围绕课程要素实施领导行为，必须建立在科学、有效的先期调研和数据分析的基础上。要围绕学生在三级课程方面的学习需求、教师在课程实施工作中的实际感受与困惑，以及学生发展面临的问题，对学生、家长、教师进行了访谈和问卷调查。通过整理、分析调研结果，才能进一步明确课程建设的研究起点。在学校课程校本化的实践中，我们常常会发现：按照学校教育的常规方式运行——目标制定、规划先行、结果可控，很可能会出现课程开发和课程实施现实状况的脱节。多尔在《后现代课程观》中告诉我们：要"立足于系统的开放性，从课程的深度、意义的层次和多种可能性倡导对课程文本的多重阐释和课程意义的创造与转化，表达对课程理解的不同声音，把课程建设从探究普适性教育规律转向寻求情境化的教育意义，主张课程应具有适量的不确定性、异常性、无效性、模糊性、不平衡性和耗散性，并使之成为学生活生生的经历与体验。"学校在进行课程校本化建设的过程中，要力求使"预设"和"生成"成为相互交融的因子。一个开放的课程系统需要有与之相匹配的自由、包容的文化环境。在课程校本化实施阶段，不能完全以行政手段强势介入，而应该激发全体师生的内驱力，共同参与，让课程产生应有的活力。①

课程建设从行政规划走向民主参与，激发了教师的工作内驱力，使课程建设充满了活力。在此过程中，还需要加强教师培训，更新教师观念，不断丰富课程资源，将课程的校本化开发纳入对教师的评价体系中。例如，有的学校在课程建设中重建了学校组织架构，建立起与课程系统匹配的运行制度，成立了"校务委员会""学术委员会""课程建设项目小组"等非行政组织，以民间运作的方式，集结教师团队智慧，进行课程资源的开发、实施和完善。这样的"放权"，推动了学校管理的民主化进程。

课程改革不是"拼盘游戏"，不是"化装舞会"，而是一场改变教育机会的变革。长期、稳定的学校课程的建设，必然会引发学校文化的变革，从而形成学校自己的办学特色。

---

① 彭怡. 学校课程校本化建设的走向［J］. 江苏教育研究，2016（17）：38 - 41.

第四节　丰富的课程形态

一、课程的基本分类

典型的课程形态有：学科课程与经验课程、分科课程与综合课程、必修课程与选修课程、直线式课程与螺旋式课程、显性课程与隐形课程。

学科课程与经验课程

所谓"学科课程"（the subject curriculum），是以文化知识（科学、道德、艺术）为基础，按照一定的价值标准，从不同的知识领域或学术领域选择一定的内容，根据知识的逻辑体系，将所选出的知识组织为学科。学科课程是最古老、使用范围最广的课程类型。

"经验课程"（experience curriculum）亦称"活动课程"（active curriculum），或"生活课程"（life curriculum），或"儿童中心课程"（child - centered curriculum），是以儿童的主体性活动的经验为中心组织的课程。经验课程以开发与培育主体内在的、内发的价值为目标，旨在培养具有丰富个性的主体。儿童的兴趣、动机、经验是经验课程的基本内容。

分科课程与综合课程

分科课程是一种单学科（single - subject）的课程组织模式，它强调不同学科门类之间的相对独立性，强调一门学科的逻辑体系的完整性。

所谓"综合课程"（integrated curriculum），是指这样一种课程组织取向：有意识地运用两种或两种以上学科的知识观和方法论去考察和探究一个中心主题或问题。如果这个中心主题或问题源于学科知识，那么这种综合课程即是"学科本位综合课程"（或"综合学科课程"）；如果这个中心主题或问题源于社会生活现实，那么这种综合课程即是"社会本位综合课程"；如果这个中心主题或问题源于学生自身的需要、动机、兴趣、经验，那么这种综合课程即是"经验本位综合课程"（或"综合经验课程""儿童本位综合课程"）。这是综合课程的三种基本类型。

必修课程与选修课程

所谓必修课程，是指同一学年的所有学生必须修习的公共课程，是为保证所有学生的基本学力而开发的课程。所谓选修课程，是指依据不同学生的特点与发展方向，容许个人选择的课程，是为适应学生的个性差异而开发的课程。

直线式课程与螺旋式课程

所谓"直线式课程"（linear curriculum），是将一门学科的内容按照逻辑体系组织起来，其前后内容基本上不重复。直线式课程组织在我国学科课程的组织中依然占主流。这种课程组织的优点是能较好地反映一门学科的逻辑体系，能够避免课程内容的不必要的重复，其缺陷是不能恰当体现学生认知发展的特点，也不利于将学科发展的前沿成果尽可能早地反映在教学中。

所谓"螺旋式课程"（spiral curriculum），是在不同学习阶段重复呈现特定的学科内容，同时利用学生日益增长的心理的成熟性，使学科内容不断拓展与加深——"螺旋式上升"。螺旋式课程组织的优点是能够将学科逻辑与学生的心理逻辑较好地结合起来，其缺陷是容易造成学科内容的臃肿和不必要的重复。

显性课程与隐性课程

"隐性课程"（hidden curriculum）是与"显性课程"（manifest curriculum）相对应的范畴。如果说显性课程是学校教育中有计划、有组织地实施的"正式课程"（formal curriculum）或"官方课程"（official curriculum）的话，那么隐性课程则是学生在学习环境（包括物质环境、社会环境和文化体系）中所学习到的非预期或非计划性的知识、价值观念、规范和态度。这当然是非正式的、非官方的课程，具有"潜在性"（latent）。显性课程（有计划的学习经验）与隐性课程（非预期的学习经验）共同构成学校课程的全貌——"实际课程"。

二、课程的改革途径

中国教育科学研究所江山野先生在《我国学校课程改革的基本途径》一文中，综合中小学课程改革的实验和研究成果，提出了学校课程改革的十条基本途径。

（一）改革原来"全统一"的课程制度，建立一套将统一性和灵活性、多样性结合起来的新的课程制度。

（二）要改革单一的学科结构，将活动纳入课程体系，并将学校的风纪作为一种没有固定形态的课程，充分发挥其教育作用，从而形成学科、活动和风纪三结合的课程总体结构。

（三）改变只有思想品德和文化科学基础课程的状况，增设与社会活动有密切联系的实用性课程，并普遍加强课程的实用性。

（四）改变"全必修"的课程制度，实行以必修课与选修课相结合为主的多样化课程制度。

（五）改变学科课程水平、门类、品种和期限单一化的状况，实现学科课程门类、品种和期限多样化。

（六）改革原有学科课程的内容体系，建立一套新的课程结构和新的课程内容体系。

（七）改革过去学校类型和课程模式单一化的状况，实现学校类型和课程模式多样化。

（八）改变学校在课程设置和教学上与社会脱离的状况，将学校的课程设置和教学与社会建设事业的需要和人才培养结合起来。

（九）课程改革与考试和评价制度的改革要同步进行。

（十）改变学校的课程设置和课程管理完全集中统一的状况，建立三级课程和三级课程管理制度。①

三、课程的编制原则

（一）概念及原则

所谓"课程编制"主要是指涉及学校教育中的教学的媒体——教学内容、教育活动的组织和改善的方法与技术。从广义上说，包括了国家、社区和每所学校的课程构成——不同层次的课程编订、实验实施及对其过程与成果的评价、改进。

丹尼斯·劳顿主张，课程编制应当既考虑儿童本身的兴趣与需求，又承认学科、知识的客观价值，还要顾及社会要求，以一种综合的观点来处理有关问题。

"泰勒原理"逻辑地进行了课程编制四阶段的内容分析，简言之，就是：（1）确定教育目标；（2）选择学习经验；（3）组织学习经验；（4）实施教育评价。

史密斯认为，从历史上看，课程编制（教材选择）有五大准则：（1）系统知识准则；（2）历史尚存准则；（3）生活效用准则；（4）兴趣需要准则；（5）社会发展准则。教育目的不同，自然会产生编制准则的差异。同时，由于各门学科的性质不同，其教材编选的准则自然也就不尽相同。

联合国教科文组织的课程专家发表了编制课程的三条主要原则（或标准）是：（1）囊括性原则——该课程包含一切相关因素的程度；（2）连贯性原则——从多种观点看该课程所具有的确凿性与精密性的程度；（3）可行性原则——该课程能满足他的特定的教育组织（制度）的需要、要求及资源的程度。

---

① 江山野. 我国学校课程改革的基本途径（上）（下）[J]. 课程·教材·教法, 1996 (8
  －9).

在当代，课程的一元化主要是指课程的编制应当反映国家的根本利益、政治方向、核心价值，反映社会的主流文化、基本道德及发展水平，体现国家的信仰、理想与意志。课程的多样化主要是指课程也应当广泛反映不同地区的不同经济社会发展的要求；反映不同民族、阶级、阶层、群体的不同文化、利益与需求；反映不同学生个人的个性发展的选择与诉求。简言之，要反映各个方面的多样化需求。①

（二）编制步骤

1. SWOT 分析法

常常被用于制定集团发展战略的 SWOT 分析法，用以剖析学校课程情境，有助于课程决策。

SWOT 分析法，即态势分析法，就是将与研究对象密切相关的各种主要内部优势、劣势和外部的机会和威胁等，通过调查列举出来，并依照矩阵形式排列，然后用系统分析的思想，把各种因素相互匹配起来加以分析，从中得出一系列相应的结论，而结论通常带有一定的决策性。②

表 2 - 1

内部条件 外部因素	优势（Strength）	劣势（Weakness）
机会（Opportunities）	SO	WO
风险（Threats）	ST	WT

从整体上看，SWOT 可以分为两部分：第一部分为 SW，主要用来分析内部条件；第二部分为 OT，主要用来分析外部因素。分析学校的地理环境、学校规模、硬件设施、教师资源、管理水平、学生家长的情况、社区参与、地方资源等，利用这种方法可以从中找出对自己有利的、值得发扬的因素，以及对自己不利的、要避开的东西，发现存在的问题，找出解决办法，并明确以后的发展方向。根据这一分析，得出一系列学校发展的可选择性对策，做出较正确的决策和规划。

---

① 王道俊，郭文安. 教育学［M］. 北京：人民教育出版社，2009：141.
② 杨学成，陈章旺. 网络营销［M］. 北京：高等教育出版社，2014.

2. 编制列举

钟启泉教授在《现代课程论》中列举的课程编制步骤，对系统构建学校课程具有借鉴意义：

（1）认识课程编制的必要性。

（2）要求有关人员的协作与分工。

（3）制定编制原则和步骤。

（4）收集必要的资料进行研究。

进行学习者的活动分享，研究其兴趣、需要、能力。

研究社会诸功能，进行课题分析。

进行成人的活动分析与职业分析。

进行有关科学与文化的研究。

征求家长和有识之士的意见。

研究本社区的有关资料。

研究有关法规和教学大纲。

把握课程的历史发展。

收集课程编制的实例，进行分析。

（5）设定教育的一般目的、学校的具体目的。

（6）选择与排列教学内容。

（7）选定教科书、设计教具等。

（8）组织教学内容。

（9）组织学习活动。

（10）分配课时。

（11）评价编制的成果。

（12）准备课程的修订。

（三）课程建设

广义的课程是指学校为实现培养目标而选择的教育内容及其进程的总和，是对学校培养目标、教学内容、教学活动方式的规划和设计，是将课程标准、教学计划、教材等众多内容付诸实施的过程。学校课程应该有丰富的形态，能够满足学生的发展需要。

1. 全方位建设学校课程

全方位建设学校课程，是基于国家课程标准的学校本位的课程改造，要站在立德树人的高度，整合国家课程、地方课程和校本课程，打破三者的界限，形成完整的学校课程体系。首先要把握基础教育课程改革的方向和目标，国家课程校本化实施的前提是国家课程的实施，不是完全意义上的校本课程开发，必须保证国家课程的内容、结构、课时、目标等各方面的落实。其次，审视学校的既有办学理念、师资力量、生源情况、课程资源等，对学校前期课程实施的品质进行深刻的反思，明确学校课程的发展特色。最后，在本学校具体的教育场域中，从育人目标到课程建设的结构化、系统化，到学生学习方式、学业评价的多元化，进行全新的顶层设计架构。

2. 高质量达成义务教育课程标准

（1）课程目标校本化

国家课程标准体现的是国家意志，对课程总目标和阶段目标都有明确的表述，但相对笼统，不宜操作。学校要在坚持国家课程标准的前提下，根据自身性质、特点和条件，将国家层面上规划和设计的面向全国所有学生的书面的课程目标转变为适合本校学生学习需求的可行性、创造性实践，是量身定做的，具有个性化的，适切学生、教师的课程创新。

（2）课程推进方案化

如何规范、科学地推进课程的实施呢？答案是用方案来引领。从全校层面，要顶层设计、制定学校课程实施纲要。从各类课程来看，要制订相关课程实施方案，明确各类课程的实施细则。例如，常州实小用"课程建设指南"来指导各类课程的实施，其中"指南"分三册，由《课程建设手册》《教师指导手册》和《学生活动手册》组成。《课程建设手册》强调课程开发的意义、课程目标、课程实施要点、课程评价。《教师指导手册》呈现整个课程的设置，从时间、内容、学科等角度用表格的方式呈现；然后把各学科的教学内容列成目录，接着是与目录相配套的教案或具体的活动方案等。《学生活动手册》为一图一表，"图"形象地展示活动过程，"表"从活动名称、内容、目标、准备、评价等方面给学生以引导。

（3）课程内容重组式

整合了三级课程的学校课程，结构发生了变化，内容也随之需进行重组。有的需要把集中的内容分散，如把科学中与生活相关的内容分散到年级统整课程中去实践；有的需要把分散的内容集中，如英语把与节日相关的内容整合在一起进行主题学习；有的需要增补和省略，如增加了语文的阶梯习作实践，对部分课文进行略读；有的需要重新编写，如美术画出心中的家乡。重组主要依托国家审定的教材来实现课标中所要达成的学习目标，这能保证课程的基本品质，在此基础上的学科拓展、学科间融合，给了课程别具校本特色的宽度与深度。

四、课程设置

课程设置一般只是指各级各类学校开设的教学科目和各科的教学时数，研究课程设置的结果，只能产生教学计划，不能产生教学大纲和教科书，所以它比课程编制一词的含义要狭窄。（例见表 2 – 2）

表 2 – 2 江苏省义务教育课程设置实验方案（小学部分）（2017 年修订）

科目 周课时	一	二	三	四	五	六
道德与法治	2	2	2	2	2	2
科 学	1	1	2	2	2	2
语 文	8	8	7	7	6	6
数 学	5	5	4	4	5	5
外 语			3	3	3	3
体育与健康	4	4	3	3	3	3
音 乐	2	2	2	2	2	2
美 术	2	2	2	2	2	2
综合实践活动			3	3	3	3
地方和学校安排的课程	2	2	2	2	2	2
周课时数	26	26	30	30	30	30
学年总课时数	910	910	1050	1050	1050	1050

王正胜认为课程设置是根据教育目标、教学目的和培养模式等，按照学科专业对学习者所应具有的知识结构和能力结构的要求，遵循教与学的规律和实际把教学内容分解为课程，并对这些课程进行安排使之成为一个科学合理的课程体系的过程。①

第五节　多样的学习方式

随着知识经济时代的到来，一场新的"学习革命"正在全球范围内悄然兴

---

① 王正胜. 复合、融合与整合：国内高校课程设置研究 ［J］. 中国成人教育，2011（7）.

起。人们愈加清楚地意识到：学习多少知识并不重要，而学会如何掌握知识才是最重要的。"学会学习"将成为未来社会公民需要具备的最基本的素质。而转变学生学习方式是转变教育发展方式的重要组成部分，学生学习方式的转变在学生培养模式改革中占有首要地位。在学校课程建设中，学习内容的选择与组织过程，是关于"教什么""学什么"的回答，但这只解释了"课程"一词中的"课"字。"课程"不只是"静态"的学习内容，还应该包括"动态"的学习进程的规划，包含学生的学习方式，以此来适应学生自身发展和社会发展的需要。

一、多样学习方式的价值与意义

（一）学习方式的内涵

学习方式不是指具体的学习策略和方法，而是学生在自主性、探究性和合作性方面的基本特征。传统的学习方式是把学生建立在人的客体性、受动性和依赖性的基础上的，忽略人的主动性、能动性和独立性。现代学习方式是指学生在完成学习任务过程中持续一贯地表现出来的具有个人特色的方式，它是学习策略和学习倾向的总和，包括学生在学习活动中的行为参与、情感参与、认知参与及社会参与。转变学生的学习方式就是要转变原来单一的、他主的、被动的学习方式，提倡和发展多样化的学生学习方式，是把学习变成人的主动性、能动性、独立性不断生成、张扬、发展和提升的过程，让学生成为学习的主人，使学生的主体意识、能动性和创造性不断得到发展，创新意识和实践能力不断得到提高。

现代学习方式是以弘扬人的主体性为宗旨促进人的可持续发展为目的，由许多具体方式构成的多维度、具有不同层次结构的开放系统，具有主动性、独立性、独特性等特征。主动性是现代学习方式的首要特征，表现为学生有学习的兴趣和责任，是"我要学"；独立性是现代学习方式的核心特征，表现为"我能学"；独特性也就是重视学生的个体差异，实现个性化教学和个性化学习。学生的学习方式对学生的学习结果具有决定性的影响。比格斯指出，虽然有各种因素影响学习的结果，但主要因素还是学习的过程。研究表明，学生参与课堂教学的方式影响了学习效果，单纯的行为参与方式并不能促进学生高层次思维能力的发展，只有以积极的情感体验和深层次的认知参与为核心的学习方式，才能促进学生包括高层次思维在内的全面素质的提高。

（二）多样学习方式的价值

1. 充分体现了建构主义的学习观。建构主义认为，知识是在人的心灵与外界的相互作用的过程中从内部生成，人的心灵有自觉能动性，学习过程是主动建构的过程。建构主义认为学习活动不是由教师向学生传递知识，而是由学生自己建构知识的过程，学习者不是被动地接受外在信息，而是主动地根据当前认知结构，有选择地知觉外在信息，建构当前事物的意义。这种建构是双向的，一方面，通过使用先前知识和运用自己已有的经验，学习者对信息的意义进行建构；另一方面，被利用的先前知识并不是从记忆中原封不动地提取，而是根据自己的情况进行改造和重组，进而得到重新建构。学生是知识建构的主体，要发挥学生的主体性就需要改变学生的学习方式。

2. 充分体现了课程改革目标的价值取向。课程改革的目标是衡量教师教学质量的重要标志，也为师生的教学活动规定了方向。以往我国传统课程目标仅仅关注认知性目标，教师只看到学生缺乏知识、能力和经验的一面，而看不到他们潜在的能力、内在的积极性和发展的可能性，忽视学生作为学习主体的作用。而课程改革目标指向学生的全面发展，注重在品德、才智、审美、体质等方面分别建构认知、情感、技能目标甚至更深层次目标。改变了以往课程过于注重知识传授的倾向，强调形成学生积极主动的学习态度，使获得知识的过程成为学生学会学习和形成正确价值观的过程。它突出培养学生的创新精神和实践能力，以及对社会和自然的责任感。基础教育课程目标关注学生全面发展和综合素质的提高，这就要求学生转变学习方式。

3. 充分体现了基础教育课程结构的变化导向。课程改革的结构改变了课程过于强调学科本位、门类过多和缺乏整合的现状，使课程结构具有均衡性、综合性和选择性。在学科课程基础上加入了活动课程，在必修课程基础上加入了选修课程，建立了学科课程和活动课程相结合、必修课程和选修课程相结合的基础教育课程结构。活动课程和选修课程的加入，打破了学科课程逻辑组织的界限，改变了繁、难、偏、旧和过于偏重书本知识的现状，加强了课程内容与学生生活及现代社会、科技发展的联系，关注了学生的学习兴趣和经验。这种课程结构要求学生的学习方式要由传统的强调接受学习、死记硬背、机械训练向主动参与、乐于探究、勤于动手的创造性学习转变，从而激发学生的内在学习动机，使学生的个性差异得到充分发展，主体性得到充分张扬。

4. 充分体现了终身学习和创新实践的价值需要。21世纪是终身学习的社会，在终身学习社会里，要求人们首先具备学习的能力，只有学会学习，才能在终身学习社会中、在瞬息万变的信息社会中获得生存和发展，这就给学生学习方式的转变提供了社会基础。因为要学会学习，就要求学生改变被动接受的学习方式，发展主动探究、自主学习的方式。创新是21世纪人才的标志，是一个民族进步的灵魂，是国家兴旺发达的不竭动力。要培养学生创新精神和实践能力，激发学生独立思考和创新意识，培养学生的科学精神和创新思维习惯，就要改变学生的学习方式，充分发挥学生主动性。

二、多样学习方式的基本认识

（一）制约多样学习方式变革的因素

学习方式反映一个人的思维方式、行为方式乃至生存方式。立足于当前我国中小学教育教学的真实境况就不难发现，基础教育阶段学生学习方式转变的现状并不乐观。概括地讲，当前制约学生学习方式转变的现实困境主要包括以下四个方面：

1. 课程的内容设置导向不明。学生的学习内容主要与学校的三级课程设置有关，学校的课程设置情况直接影响学生的学习兴趣与热情。目前我国基础教育阶段"考什么，教什么"的现象仍十分普遍，这也与课程的内容设置有关。课程设置有追求"大而全"的倾向，课程内容不断强化学科的专业性，"基础性"的要求无法得到充分体现。

2. 学生学习的积极性不高。学生是学习的主体，也是影响学习方式转变实效性的首要因素。在一定意义上讲，学生学习的主动性和积极性对于转变其学习方式至关重要。研究表明，学生对新型学习方式的热情"逐级递减"，越是小学低年级，学生的学习方式越趋向主动和多样，学生一动起来就难以"收拾"。如果学生长期地、常态地"单一学习"就足以反映出他们已经习惯采用被动的、接受式的单一学习方式。现实课堂中这种"鸦雀无声"现象并非特例，而是具有一定的普遍性，需要高度重视。

3. 教师的教学方式相对单一。教师的教学行为尤其是教学方式会直接影响甚至决定学生学习方式的选择和运用。在基础教育阶段，教师习惯于常态的课堂教学结构形式，以知识技能的达成为首选任务，缺少多样的学习方式的指导，不能突出对学生实践能力和创新精神的培养，无法凸显学生学习的主体性、主动性和独立性。尽管在一些公开课、展示课等场合，自主、合作和探究学习的学生活动多得令人眼花缭乱，然而，"公开课是热热闹闹地给别人唱戏，常规课是实实在在地为自己过日子，唱戏的衣服是不能当工作服穿的。"这就折射出教师如何将课程理念转变成适宜的课堂教学方法与策略仍是课程改革推进中的难题。因此，切实转变学生的学习方式，转变教师的教学方式势在必行。

4. 社会、家长、行政管理部门的认识偏差。学校和教育行政部门的工作人员在推进学生学习方式转变的过程中发挥了十分重要的作用，但由于受到传统教育观念的影响，有些家长对于新型学习方式也存有一定的偏见，"现在的教师总是带着孩子'瞎玩'（主要指一些新型的教学方式和学习方式），简直是不务正业……"有些家长反对孩子进行"读书"以外的活动，有的家长为了"不让孩子输在起跑线上"，为孩子报了许多课外辅导班、兴趣班，增加了学生的学业负担，使得一些学生对学习活动本身产生抵触情绪。另外教育行政管理部门频繁组织相关的考评和抽测活动，不仅严重影响了正常的教学秩序，也使得一些学校领导不得不"两手抓"。这些外部条件的消极影响势必会对学生学习方式的转变造成一些消极的影响。

（二）多样学习方式的类型划分

学习方式是多样的，那么就可以依照不同的标准来划分学习方式，从中选取适合基础教育课程实施的学习方式实践与创新。

1. 根据学习的组织化和专门化进行分类。可以把学习分为正规的学习和非正规的学习。正规学习的特点是学习的目的性组织性强，是专门的学习活动，通常与实际生活分离。例如，学生在学校里的学习，企业和机关组织工作人员听报告、学文件、组织培训。非正规的学习往往和实际生活融合在一起，学习的目的性组织性差。研究性学习中，我们的目的是交际、沟通、学习，在交往互动中学习到更多东西。正规学习和非正规学习都是人们获得学习经验的方式。

2. 根据经验的载体和学习的手段进行分类。人们所学习的经验总通过一定的载体承载，对不同的载体，人们又必定通过不同的手段去获取信息，所以，我们可以根据经验的载体和相应的学习手段，把学习分为五种方式：阅读式的学习、观察式的学习、交往式的学习、听讲式的学习和实践式的学习。在上述五种学习方式中，眼看、耳听、口说、手做都只是感觉的手段，在每一种学习中，都有思考的活动。

3. 根据学生在学习中有无伙伴进行分类。可以分合作学习和独立学习。合作学习是多人（至少两人以上）通过互动性的活动（交流、互助等）共同学习的方式；独立学习则是学习者通过独立的思考和实践获得知识经验的方式。前者有利于开阔思路、深化理解、相互借鉴；后者则促进独立思考，发挥个人的主动性。

4. 根据学习有无指导和帮助进行分类。把学习分成有指导的学习和自学，有指导的学习主要指学生在校学习，它是在教师或他人指导下进行的，这种学习由于有指导而变得容易，但缺少主动也容易被控制。自学是个人的独立学习，是没有指导的学习，适合于自己的风格、进度、程度，但由于缺少指导，容易产生困难。

5. 根据学生在学习中独立思考和探究的程度进行分类。可以分为接受式的学习方式和发现式的学习方式（探究式、研究式）。接受式学习中，存在现成的信息，学习者直接接受就能获得。特别是在教师的指导下，学生独立思考和探究的程度比较低。发现式学习，不存在现成的明确信息，学习者要通过思考和探究来发现信息，思考和探究的程度较高。

6. 根据学习的技术手段进行分类。可以分手工学习和现代技术学习（包括网络学习）。手工学习是传统的方式，主要借助书、本、笔和学习者的感官进行，使用的工具比较简单。现代技术学习是新的学习方式，主要借助电子媒体进行学习，工具更复杂，其作用也更突出。

7. 根据环境的不同和学习的功用进行分类。罗马俱乐部把学习分成维持性学习和创新性学习，"维持性学习就是通过学习去获得原先已经确立的观点、方法和原则，以对付已知的或重复发生的情况。"这种学习是根据固定的计划和没有异议的做法、带有明确目标和任务的一种解决问题的过程，难以应对全球问题的复杂性。而创新性学习是为了应付未来的变化而学习预见和创新，指向使用预测技术来考虑趋势、制定计划、评估目前决策的未来结果和可能出现的副作用的能力，培养应对新情况的能力，在参与中发现和提出问题、达到对问题的理解并共同解决问题。

三、基础教育课程实施多样学习方式的路径

课程改革与学生的学习方式直接关系到教育质量，关系到师生的校园生活质量，关系到年轻一代拥有一个什么样的未来，关系到民族素质的提高，关系到综合国力的强弱。在基础教育课程实施的过程中，要在以学生的发展为本的思想指导下有意识、有层次、有序列地进行学习方式的变革。可以通过以下途径来实施。

（一）综合性学习：聚焦学生整体发展

分科学习主要关注的是学科内容和学科知识方法的获得，而综合性学习则聚焦学生面对真实、完整的情境，统整知识、方法、经验和情感去解决问题的能力，更加能够促进学生的整体发展。

实践中，综合性学习主要包括学科内综合性学习与跨学科综合性学习两种基本形态。在学科内综合性学习中，教师通过对学科学习任务的系统分析，对学科内容进行前后贯通，并设计学科实践活动，让学生通过实践感受和体会某一学科的内在连贯性和综合性。而跨学科的综合性学习，既有共同主题下的"多学科并行学习"，也包括立足核心概念和关键能力的"跨学科贯通学习"，

还包括基于真实问题解决的"超学科综合学习"。

例如，常州市实验小学的"林—树课程"中二年级以"我的植物朋友"为主题开展综合性统整课程，充分开发学校植物资源，关注学生的需求和发展，立足现有条件，注重培养学生的实践性能力，引导学生通过对校园内一草一木的了解，激发学生对学校的热爱。语文学科通过"童心悠悠叙诗情"，赏析关于植物的优秀诗作，积累了大量的精彩辞藻，创作了一首首题为"××的眼睛"的精美小诗，表达了他们和植物朋友之间的深情厚谊。数学学科，通过和老师、家长一起了解大蒜，种植大蒜，学写观察日记或实验报告。音乐、体育、美术等学科分别通过"唱给春天的歌""定向越野——穿越大树林""观察花朵"等实践项目，培养学生热爱自然、热爱生活的情操。

（二）项目式学习：提升学生问题解决能力

项目式学习将项目及项目管理的理念应用于学习中，创设基于问题解决的有挑战性的任务和环境，让学生在完成挑战的过程中形成系列作品或研究报告，体现的是对世界复杂性的关注。

例如，常州市钟楼区卜弋小学的"野菜文化"课程，该校为有百年历史的乡村小学，基于学校地域特点开发"野菜文化"课程，引导学生种植野菜从校内走向校外，从学校走向家庭。整合学校、佳农探趣生态园、家庭三方力量，构建野菜课程开发资源平台，在佳农探趣生态园成立了"野菜课程基地"。该校对《野菜文化》课程的实施进行序列化的规划，以校园内野菜种植，开发《野菜》品格课程读本，以"野趣"为统领，开发"野味"校本课程系列：田野课程、野游课程、野行课程、野菜课程、野炊课程、野营课程，在学校各年级系列化实施，拉开项目式学习活动的帷幕。

（三）混合式学习：关注最优化学习效果

混合式教学是将传统学习方式的优势与网络上的课程学习相结合，从而取得加倍效果的学习方式，在新型的教学模式中既要发挥教师的引导、讲解等主要作用，还要让学生积极主动地学习知识，发挥学生作为学习主体的主动性和创造性，做到优势互补，达到学习的最佳效果，体现的是对科技、社会发展的关注与追赶。

例如，常州市实验小学为了引导学生更好地开展线上线下混合式学习方式，构建了有利于学生自主探索、合作学习的课程实施平台的研究，用对技术敏感的教育者的眼光发现并整合。首先，从 App 上发现和选择哪些应用可以为我所用，如"晓黑板""沪江学习""一起作业"等，使之成为大型的混合式学习平台，让学生学习的时间和空间得到拓展，将优质的网络教育资源和各种交互的学习工具和软件引进学习中，并寻找到与学习平台相融合的策略。

（四）共同体学习：构建新型学习社区

当代学习科学认为，学习是一种社会文化现象，要重视学习者之间的互动、交流、讨论，强调"我们可以从伙伴那里学习"。学习共同体的建立也带动了学校资源配置、物理空间、学习环境等的变化，构建了新型学习社区，使得学习可以基于共同话题、任务，在不同的共同体中随时发生。

例如，常州市觅渡桥小学教育集团构建了"珠峰"数字化学习平台，通过研究和开发，该校基于平台搭建的学习型社区已经能够实现：课堂上可展示自己的思考，可分享他人的智慧，可借鉴老师的指点；课后可自主检阅学习程序，可基于数据分析学习状态；可根据学习状态选择合适课程进行自主学习，或温故，或拓展，或提升。全面推广普及个性E课堂，数字化教室全面开放，课型也有了新的突破，在省、市、区范围有了一定的影响。

（五）融通式学习：给学生更加完整的学习经历

越来越多的学校开始关注如何给予学生一个更加完整的学习经历，如协同学校中的正式学习和其他场域中的非正式学习，让学习更符合社会、自然、生活的要求。

例如，常州市勤业小学基于学校传统文化打造的《古韵常州、魅力钟楼》主题课程，聘请常州市民俗协会季全保先生担任顾问，进行序列化的规划，聚焦钟楼非遗深入研究，带领全体师生扎实研究，充分挖掘钟楼非遗的文化、教育、传承价值。融通式学习让学生从学校传统文化传承的角度出发，寻找突破的点，开发形成体现地域特色的校本课程，在做强课程的同时，注重引入社会力量，辅助学校做精做细做实课程，并通过多途径辐射课程实施的成果，为学生成长搭建更宽更广的平台。

（六）问题引领式学习：因问而学、问学交融

问题引领式学习在分学科教学为主的学校教育环境下，坚持"学习者中心"，从蕴含学科价值的、富有挑战性的问题出发，鼓励学生开展探究和交流，将知识与方法整合并转移到新的情境中，在解决问题的过程中促成学生的收获和学习的深入。

例如，常州市实验小学在特级教师陈美华老师的带领下进行了小学数学实验教学研究，引导学生通过数学实验的方式，经历物化的实验手段、清晰的实验目标、自主的实验设计、规范的结论表述等学习过程，达到解决问题的目标。在此学习过程中，让学生进行探究和思考，充分发挥数学实验工具的作用，引导学生在学习中不仅学会使用实验工具进行研究，更掌握了进行数学实验活动

的设计、组织、实施、反思的方法，让学生学会"用数学的眼光观察世界，用数学的思维思考世界，用数学的语言表达世界"。

以上六种学习方式变革的前沿样态已在很多学校落地扎根，促使学校焕发新的活力。同样，学习方式变革的不同样态通常是结合在一起的，并不能截然分割，也不可能单独存在。这些样态互相关联并且共同呈现出一些新突破：学习被赋予了更为丰富的内涵，关联学生一生的发展，实现了教育观的突破；学校尝试综合多种育人资源，鼓励学生自主与合作，实现了育人边界的突破；学生开始超越常规课程与非常规课堂的界限，将课堂知识与社会、生活进行关联，收获更为真实、完整的知识和经验，从而实现自身成长的突破。

第六节　多元的课程评价

加德纳认为每个孩子都是潜在的天才，在学习和工作中会以不同的形式表现出来，因此，他强调学生的智能水平是不存在高低之分的，可以区分的只能是其智能类型的不同。他还认为，每个学生都会由于个体的差异性而表现出来不同的智能强项和弱项，而且其智能水平的发挥只是时间早晚的问题，只要是受到良好的教育，其智能就一定能够得到开发，反之则会起到阻碍作用。正因为智力具有多维性的特点，因此，新课程改革在适应时代需要培养全面发展的、具有创新能力人才目标的前提下，多元的课程评价理念值得推崇。

一、多元评价的价值与意义

义务教育阶段的孩子正处于不断发展的过程中，教育的意义在于引导和促进孩子的发展与完善，评价亦是如此。因而，多元评价意味着不仅仅考虑孩子的过去，重视孩子的现在，更要着眼于孩子的未来。评价所追求的并不是给孩子下一个精确的结论、给孩子一个等级分数或与他人比较，而要更多地体现通过评价促进学生在原有水平上的提高，达到发现学生潜能、发挥学生特长、了解学生需求、帮助学生认识自我并建立自信的目的。

在学生的学习过程中，个体之间的差异是客观存在的，这些差异不仅仅指考试成绩的差异，还包括生理特点、心理特征、兴趣爱好等各方面的差异。由于差异的存在，使得学生成长与发展的道路各不相同。所以，在新课程实施过程中，我们要善于从多个不同的方面和视角去评价学生，去发现学生的优点与特长，以促进所有学生在不同程度上的发展。这一观念也要求无论是教师还是家长，学校还是家庭，都要重视对孩子的多元化评价，充满期望地关注孩子成长的过程，通过多元评价促进每一个学生的进步和发展。

二、对多元评价的基本认识

（一）评价类型的多元化

1. 从时空上分，评价类型可以分成课前任务评价、课堂观察评价、实施过程评价、课后延缓评价。

（1）课前任务评价。课前任务评价法主要指向学生对课前任务完成的态度、参与活动情况及任务完成实际效果的评价。这种评价是建立在前一节课的课后拓展任务基础上，属于任务完成的检测性评价。课前任务评价可以结合学生完成的任务质量进行评价，也可以结合小组参与活动的情况进行评价。

（2）课堂观察评价。课堂观察评价法能很好地了解学生的学习情况，反映学生的学习过程，是对"纸笔测验"评价法的一种补充性评价。开展以学生发展为中心的课堂观察评价，就是教师在课堂中要充分关注学生的状态，从学生的注意状态、参与状态、交往状态、思维状态、情绪状态、生成状态等方面去观察了解学生并随机做出适当的评价。通过评价，鼓励学生去思考、去尝试、去实践。例如，教师对不同层次的学生在讨论问题、发表看法、解决问题等方面进行分层次训练时，根据训练的难易程度提问不同的学生，教师在评价学生时用肯定、激励、赞赏的语言，帮助学生认识自我，体验成功，树立信心。

（3）实施过程评价。结合实施过程进行评价，是新课程实施中常用的一些评价方法，也称过程性评价，常见的表现方式有"成长记录袋""过程实录手册""活动地图"等。过程性评价也属质性评价方法的范畴，质性评价法中比较典型的"苏格拉底式研讨评定法"是由美国教育学家莫蒂默·阿德勒（MortimerJ. Adler）在1982年提出的。它把"班级参与"和"课堂讨论"中的表现作为学生学业成绩评定的一个部分，从根本上让学生更有效地思考，并为自己的见解提出证据。"课堂讨论"的评分是建立在教师对学生的主观印象基础之上的，它所关注的焦点是如何引导学生参与讨论，如何来评定学生参与讨论的质量，如何才能促进更广大学生间的互动，怎样做才能使讨论成为对其进行可靠评定的依据。"苏格拉底式研讨评定法"主要以一节课中的整体表现为评价依据，而新课程中的过程评价则有所拓展，一般会涉及一个项目或活动的全过程，比较典型的项目有研究性学习活动、科学探究活动、社会实践考察活动等，过程性评价强调的是"证据评价"，因而也就更加关注学生在活动过程中的表现、作品、反思，还有其他相关的证据与材料等，以此来评价学生学习和进步的状况。

（4）课后延缓评价。考试的功能不仅仅在于"甄别和选拔"，在新课程理念的指导下，还应当充分发挥其促进和激励作用。延缓评价法是实现这一理念的有效方式。新《课程标准》中指出："应当强调的是，学段目标是本学段结束时学生应达到的目标，应允许一部分学生经过一段时间的努力，随着知识与技能的积累逐步达到应达到的目标。对此，教师可以选择推迟做出判断的方法。这种'推迟判断'淡化了评价的甄别功能，突出反映了学生的纵向发展。特别是对于学习有困难的学生而言，这种'推迟判断'能让他们看到自己的进步，感受到获得成功的喜悦，从而激发新的学习动力。"

2. 根据评价在教学活动中发挥作用的不同，可把教学评价分为诊断性评价、形成性评价和总结性评价三种类型。

（1）诊断性评价。诊断性评价是在教学活动开始前，对评价对象的学习准备程度做出鉴定，以便采取相应措施使教学计划顺利、有效实施而进行的测定性评价。诊断性评价的实施时间，一般在课程、学期、学年开始或教学过程中需要的时候。其作用主要有两个：一是确定学生的学习准备程度；二是适当安置学生。

（2）形成性评价。形成性评价是在教学过程中，为调节和完善教学活动，保证教学目标得以实现而进行的确定学生学习成果的评价。形成性评价的主要目的是改进、完善教学过程，步骤是：

①确定形成性学习单元的目标和内容，分析其包含要点和各要点的层次关系。

②实施形成性测试。测试包括所测单元的所有重点，测试进行后教师要及时分析结果，并引导学生一起改进、巩固教学。

③实施平行性测试。其目的是对学生所学知识加以复习巩固，确保掌握并为后期学习奠定基础。

（3）总结性评价。总结性评价是以预先设定的教学目标为基准，对评价对象达成目标的程度即教学效果做出评价。总结性评价注重考查学生掌握某门学科的整体程度，概括水平较高，测验内容范围较广，常在学期中或学期末进行，次数较少。按评价所参照的标准划分，可分为目标参照评价和常模参照评价。

3. 根据评价所运用的方法和标准不同，可分为相对性评价和绝对性评价。

（1）相对性评价。相对评价法是从评价对象集合中选取一个或若干个对象作为基准，将余者与基准做比较，排出名次、比较优劣的评价法。相对评价法便于学生在相互比较中判断自己的位置，激发竞争意识。

（2）绝对性评价。绝对评价法是在被评价对象的集合以外确定一个客观标准，将评价对象与这一客观标准相比较，以判断其达到何种程度的评价方法。

绝对评价设定评价对象以外的客观标准，考察教学目标是否达成，可以促使学生有的放矢，主动学习，并根据评价结果及时发现差距，调整自我，具有明显的教育意义。

（二）评价主体的多元化

在评价的主体上，要始终强调评价主体的多元化特征和评价信息的多元化特点，充分重视来自学生之间的自评和互评。在评价活动中，涉及活动的相关教师、教师集体、学生个人、学生集体、家长及相关人员等都可以参与对学生的评价，成为学生活动的评价主体。多主体参与评价活动，就是要收集来自不同方面的信息，更加清晰、合理地描述学生的活动过程，发现能够激励学生发展的各种因素，建立一种更加平等的关系。引入多元评价主体时，作为评价首席的教师，在运用多元评价时，对学生的评价要及时、全面、有效，要关注学生的学习过程，引导学生参与过程评价，充分发挥自我评价、生生评价、小组评价、师生评价的作用，认真倾听、引导评价，积极鼓励学生、家长及相关人员参与评价，真实、全面、客观地评价学生在课堂或活动中的表现。

要认识到无论课程评价的主体是谁，相应的课程评价都应当体现出评价主体所应具备的评价知识和经验，要充分发挥课程评价的分析、诊断、激励和导向功能，通过多渠道、多方式获得信息，在实现课程评价主体多样化的同时，确保评价结果具有较高的效度和信度。

（三）评价内容的多元化

多元智力理论认为：每个学生都具有在某一方面或某几个方面的发展潜力，只要给他们提供合适的教育，每个学生都能成才。基于此，作为教师，应对每一位学生报以积极、热切的期望，并乐于从多个角度来评价、观察和接纳学生，寻找和发现学生身上的闪光点，帮助学生认识自我、建立自信、发展潜能，有意识地帮助学生建立其智力优势领域和弱势领域之间的联系，并以此为切入点，引导学生有意识地将从事优势领域活动时所表现出来的智力特点和意志品质迁移到若干领域中去。

课程评价是依据课程实施过程和结果进行的价值判断，是为实现教学目标的达成服务的教学评价活动，是对教学活动现实的或潜在的价值做出判断的过程。课程评价是研究教师的教和学生的学的过程，一般包括对教学过程中教师、学生、教学内容、教学方法手段、教学环境、教学管理诸因素的评价，但主要是对学生学习效果的评价和教师教学工作过程的评价。教学评价的两个核心环节：对教师教学工作（教学设计、组织、实施等）的评价——教师教学评估（课堂、课外）；对学生学习效果的评价 ——考试与测验。不同学科可以结合课程实施特征设置课程评价内容，评价内容要体现出客观、多元化的发展特征，要避免把教育评价简单化、表面化的标准化测验，不能仅仅将教育的复杂性和学生发展的多样化归结为一些僵硬的评价数字，而失去评价在课程中的最重要意义和最根本内容。

（四）评价模式的多元化

教育评价的模式是相对固定的评价程序，它是在一定的理论指导下对教育评价的基本范围、内容、过程和程序的规定。

西方教育评价的模式一般都有较大的适用范围。不但可以广泛地应用于学生评价中，也可以在实践中被广泛地运用于课程与教学方案评价等各个方面。课程评价的主要模式有：泰勒提出的目标评价模式；美国斯克里提出的目的游离评价模式；CIPP 评价模式；美国加利福尼亚大学提出的 CSE 评价模式。

1. 泰勒提出的目标评价模式

泰勒模式诞生于 20 世纪 30 年代，泰勒评价模式与现代学生评价的关系最为密切。这一模式的基本观点集中体现在"泰勒原理"中。泰勒原理是由两条密切相关的基本原理组成的：一条是"评价活动的原理"；另一条是"课程编制的原理"。

目标评价模式的操作步骤如下：

（1）确定教育方案的目标；

（2）根据行为和内容对每个目标加以定义；

（3）确定应用目标的情景；

（4）确定应用目标情景的途径；

（5）设计取得记录的途径；

（6）决定评定方式；

（7）决定获取代表性样本的方法。

2. 美国斯克里提出的目的游离评价模式

针对目标评价模式的弊病，美国学者斯克里提出了目的游离评价模式。斯克里认为评价应当注重的是课程的实际效果而不是预期效果，主张把评价的重点从"课程计划预期的结果"转向"课程计划实际的结果"上来。这种评价模式，强调评价不仅要关注预期的结果，还要关注非预期的结果；评价的指向不只是课程计划满足目标的程度，而且是课程计划满足实际需要的程度。但目的游离评价不是一个完善的模式，因为它没有一套可供参考的完整评价程序。

3. CIPP 评价模式

CIPP 评价模式诞生于 20 世纪 60 年代。在西方，有一种教育流派认为，教育乃是个人自我实现的过程，用统一的目标模式去统一个人的自由发展，去评价教育、教学的结果，从根本上是不可以接受的。

1966 年斯塔弗尔比姆首创了 CIPP 评价模式。这是由背景（context）评价、输入（input）评价、过程（process）评价和成果（product）评价这四种评价组成的一种综合评价模式。

综合评价方法包括主成分分析法、数据包络分析法、模糊评价法等。

综合评价模式的操作步骤如下：

（1）确定综合评价指标体系，这是综合评价的基础和依据。

（2）收集数据，并对不同计量单位的指标数据进行同度量处理。

（3）确定指标体系中各指标的权数，以保证评价的科学性。

（4）对经过处理后的指标进行汇总，计算出综合评价指数或综合评价分值。

（5）根据评价指数或分值对参评单位进行排序，并由此得出结论。

4. CSE 评价模式

CSE（Center for the Study of Evaluation）是美国加利福尼亚大学洛杉矶分校评价中心的一个简称，CSE 提出了一种更加务实的评价模式，在美国得到了广泛运用。这种评价模式分为 4 个阶段：对需求进行评估，对于计划的选择，形成性评价，总结性评价。

CSE 评价模式是一种综合性评价，具有以下 3 个特点。

（1）CSE 评价模式是一种为教育改革提供服务的评价模式；

（2）在该评价模式中评价的形成性功能与总结性功能得到了尤其的认同；

（3）CSE 评价模式是一种动态的评价，评价活动贯穿于教育改革的过程中。从教育目标的确立开始，到教育质量的全面检查为止，在教育改革的各个阶段，根据教育改革的需要为教师各管理人员提供评价服务。

新课程评价关注学生的全面发展，不仅仅关注学生的知识和技能的获得情况，更关注学生学习的过程、方法，以及相应的情感态度价值观等方面的发展。表现性评价、发展性评价、形成性评价等都是新课程积极推崇的评价方式。

表现性评价

表现性评价（performance assessment）是在 20 世纪 90 年代，美国兴起的一种评价方式。它是在学生学习完一定的知识后，通过让学生完成某一实际任务来评价学生的学习状况，包括表现性任务和对表现的评价。它的评价方式有别于传统的纸笔测验评价，是对学生能力行为进行直接的评价。

表现性评价的特点：

（1）评价时要求学生演示、创造、制作或动手做某事。

（2）要求激发学生高水准的思维能力和解题技能。

（3）使用有意义的教学活动作为评价任务。

（4）唤起真实情景的运用。

（5）人工评分、人工评判而不是机器评分。

（6）要求教师在教学和评价中担任新的角色。

发展性评价

发展性评价是 20 世纪 80 年代以后发展起来的一种关于教育评价的最新理念。通过系统地搜集评价信息和进行分析，对评价者和评价对象双方的教育活动进行价值判断，实现评价者和评价对象共同商定发展目标的过程。

发展性评价，主要是基于发展者自身现实状态与过去情况进行比较，从而对发展者的发展水平、发展潜力做出综合判断的质的评价方式，自己与自己比，通过纵向比较分析来明确主体发展的优势与不足，从而能够估计信息，以追求更快、更好的进步。

发展性评价具有以下重要特征。

（1）以评价者的素质全面发展为目标。

发展性评价基于一定的培养目标，这些目标显示了被评价者发展的方向，也构成了评价的依据，这些目标主要来自课程标准，也充分考虑了被评价者的实际情况。发展性评价将着眼点放在被评价者的未来，包括大众教育和终生学习的需要。

（2）对被评价者发展特征的描述和发展水平的认定甚至进行必要的选拔，其目的都是为了更有利于被评价者后继发展。

评价过程中，对被评价者现状的描述必须是被评价者认可的，如果涉及要通过评等级甚至是选拔（例如选拔班干部）去认定某种特征，也必须是被评价者认可的，只用于使被评价者认识自身的优势和不足，不应具有"高利害性"。

（3）注重过程评价。发展性评价强调收集并保存表明被评价者发展状况的关键资料，对这些资料的呈现和分析能够形成对被评价者发展变化的认识，并在此基础上针对被评价者的优势和不足给予被评价者激励或具体、有针对性的改进建议。

（4）关注个体差异。个体的差异不仅指考试成绩的差异，还包括生理特点、心理特征、兴趣爱好等各个方面，正确地判断每个被评价者的不同特点及其发展潜力，为被评价者提出适合其发展的具体的有针对性的建议。

（5）强调评价主体多元化。评价主体多元化是指评价者应该是参与活动的全体对象的代表。以评价学生的某次学习活动为例，评价者应该包括教师、家长、学生、学校领导和其他与该学习活动有关的人。

形成性评价

形成性评价（formative evaluation）是相对于传统的终结性评价（summative evaluation）而言的。所谓形成性评价，"对学生日常学习过程中的表现、所取得的成绩及所反映出的情感、态度、策略等方面的发展"做出的评价，是基于对学生学习全过程的持续观察、记录、反思而做出的发展性评价。其目的是"学生学习，帮助学生有效调控自己的学习过程，使学生获得成就感，增强自信心，培养合作精神"。形成性评价使学生"从被动接受评价转变成为评价的主体和积极参与者"。

形成性评价不单纯从评价者的需要出发，而更注重从被评价者的需要出发，重视学习的过程，重视学生在学习中的体验，强调人与人之间的相互作用，强调评价中多种因素的交互作用，重视师生交流。在形成性评价中，老师的职责是确定任务、收集资料、与学生共同讨论、在讨论中渗透教师的指导作用、与学生共同评价。

形成性评价分为六个阶段。

（1）自评（Design Review）。

（2）专家评价（Expert Review）。

（3）一对一评价（One – to – One Review）。

（4）小组评价（Small – Group Evaluation）。

（5）实地评价（Field Trial）。

（6）进行中的评价（Ongoing Evaluation）。

从上面这六种不同时期推崇的课程评价模式（方式）中可以看到，各自虽然各有侧重点，但也有共同之处。概括起来，大致有以下四点：①评价是一个过程。②评价过程主要是对信息、数据和证据的收集。虽然信息收集的方法、侧重点和内容略有不同，但是信息收集这一点是相同的。③都有调控的因素。不论是过程性评价，还是形成性评价，抑或量化评价或质性评价，都是在过程中进行调控、修改和完善，是一个动态推进的过程。④尽管使用的步骤和关注点有所不同，但它们从不同的角度和程度考量了所设置的具体教育目标系统与实际效果之间的差距。

（五）评价功能的多元化

1. 诊断功能

所谓诊断功能是指课程评价能够对教育活动中存在的问题进行揭示与分析，找到症结和原因所在，进而提出改进和补救的建议。例如，通过学业评价或检查，我们可以发现学生学习中存在的困难与不足，进而判断导致困难与不足的原因，同时也可以帮助教师明了自身教育课程上的不足和学生学习上的问题，并为师生协同采取措施、改善课程提供信息基础，并由此提升目标的达成效度、课程与教学质量等。

2. 甄别功能

所谓甄别功能是指课程评价可以对评价对象和评价指标的适应程度做出区分和认定。例如，通过教育测量和评价，能够对学生的学习成就做出鉴定，选拔社会所需要的各种人才，也能够对教师的教育水平做出鉴定，为人事决策提供依据。同时通过评价向课程管理者、编制者、教师、学生等反馈信息，进而达到改善管理、改进课程、提高教学、促进学习的目的。

3. 导向功能

所谓导向功能是指课程评价对实际的课程活动有定向引导的功能。评价指标所肯定的东西，就成了有价值的，为人们所追求的东西；评价指标所否定的东西，就成了无价值的，为人们所舍弃的东西；评价指标所忽视的东西，自然也不会引起教育者的重视。因此，新课程评价指标的设计必须与新课程评价理念的要求相一致。

4. 调节功能

所谓调节功能是指通过课程评价结果的反馈，可以让被评价者了解自身发展存在的优势与不足，从而调整自己的教育或学习行为，促进自身进一步的发展。评价本身就是一种科学的探索活动，可以引发思考，调节行为，有利于管理者及时了解教与学的情况，提高管理水平。

5. 促进功能

所谓促进功能是指通过课程评价让被评价者在正确认识自己的优势与不足的基础上，从正反两方面受到激励，增强发展的积极性和主动性。例如，在学业评价中，积极的评价可以增强学生的自信心，提高自我肯定度，激励进一步学习的兴趣，而适度的否定评价往往能引发学生一定的焦虑感，知耻而后勇，更加勤奋努力。因此，评价本身也具备激发和强化教师的工作动机和学生的学习动机的功能。

三、多元评价的实施建议

（一）对多元评价标准建构的建议

对学生进行价值判断的尺度与准则是多元化评价的标准，这是实施评价的关键。传统意义上的评价标准是单一的，就是"成绩和分数"，而新一轮的课程改革要求关注学生的全面发展，不仅仅关注学生的知识和技能的获得情况，更关注学生学习的过程、方法，以及相应的情感态度和价值观等方面的发展。多一把尺子衡量学生，是评价学生的指南。关注对学生综合素质的评价，多层次评价。

因而，构建多元化评价标准时，要关注以下要素：

1. 同群主体的差异性

在同一个群体中，学生本身的发展就存在差异，这些差异主要表现在认识差异、智力差异、能力差异方面。因此，教师在构建评价标准时，要关注到这些因素，尽量能让每个层级的学生都能找到自己努力的"最佳发展区"。

2. 不同年段的差异性

在学生的成长过程中，因阶段性兴趣不同，多元智能的发展存在最佳期等因素，在学生显性的发展方面，呈现的具体表现和状态也会不同。因此在构建不同年段的评价标准时，应尽量兼顾学生的发展现状和实际水平。

3. 不同评价主体的差异性

在倡导多元评价的过程中，我们常常会引入除师生以外的第三方或更多方的评价，在这种情况下，评价标准的制定要考虑因时制宜、因境制宜、因事制宜等因素，有所侧重地针对某个方面进行评价，评价结果一般作为主评价的参考信息加以引用。

（二）对多元评价运用策略的建议

1. 先行告知策略

为了提高课程实施的有效性，在课程实施前，可将评价内容或标准预先告知学生。这样，一方面可以让学生在学习或参与活动过程中能依托评价内容或标准确立自己的努力目标，并指导自己的行动，使评价成为行动的指南，另一方面评价目标也将成为变相的约束机制，对学生在学习或活动过程中容易出现的违规行为起到一定的约束作用。

2. 及时评价策略

各种课程的实施都有其自有的独特性，有的表现为课堂教学状态，有的表现为活动组织状态，有时在校内，有时在校外，有时是以小组为单位的合作活动，有时是学生个体独立的或集体参与的活动，因为形式的不同，评价主体也在不断地发生变化，所以，及时评价就显得尤为重要。

3. 激励性评价策略

本着用发展的眼光看待学生的学习与探究活动，激励性评价在学生的学习活动中也不可忽视，教师要学会用发现的眼光及时挖掘学生在活动过程中呈现出来的闪光点，这点对开发弱势群体学生参与活动的积极性，将会收到较好的效果。

4. 终结性评价与形成性评价相结合策略

终结性评价属目标管理评价，形成性评价属过程管理评价。在评价中，终结性评价能对目标达成度进行终结表述，形成性评价能充分显示目标实施的状况，是构成终结性评价的可靠基础，能增强终结性评价的信度。教师根据评价项目和评价标准，观察学生在不同环境下的行为，或通过学生谈话等形式，直接了解学生的真实情况，来收集各种评价信息，并以此作为评价学生的依据。

5. 综合运用多元评价以保证整体评价的公正性

课程实施方式的多样性，要求评价向多元化方向发展。把评价过程与实施过程融合在一起，将综合评价与单项评价结合起来，他评与自评结合起来，绝对评价与相对评价结合起来等，最终形成指导、学习与评价的一体化。这样既能保证评价效果的整体性，也能体现评价手段的公正性。多元化的评价有助于全面展示学生学习活动的全过程，有助于实现评价促发展的目标。

课程评价，作为课程评估的一种手段，其根本目的在于通过评价内容、手段和途径，导引课程的实施者、组织者在落实课程内容的过程中，关照群体中"每一个"的发展，有效促进学生健康快乐地成长，使学生的综合素养在原有基础或水平上有量的提升、质的飞跃，最终实现培育人才的根本目的。

第三章

我们的管理变革

有了好的学校课程规划，如何才能落地？如何真正成为推动师生优质发展的媒介？实施与管理就显得尤为重要。其中，管理的变革更是盘活整个课程，推动课程建设的重要一环。管理如何变革？变革的起点是什么？终点在哪里？变革的意义是什么？这些都是课程建设者必须面对的问题。

本章尝试从引导教师全员参与课程建设的策略、课时管理的变革策略和课程领导力的建设策略等方面阐述如何从制度上、方法上下功夫，着眼于课程实施的对象——教师、学生和课程本身，从管理层、教研组和课堂教学入手，建立健全学校课程的规划、决策管理系统和评价管理系统，开展并实施符合学校教育愿景的课程建设。

第一节　教师课程自觉力建设

目前，在国家课程改革的大背景下，学校需要构建全面而富有个性发展的课程体系，构建站在人的发展高度的课程体系，回归教育本质追求，服务学生成长，这就要求学校领导层有格局、有担当地进行整体的规划与决策。当然，学校课程改革要想"落地"并取得成功，关键要靠教师的"课程自觉"。要把国家课程转化为满足学生需要的、多样的、选择化的、个性化的课程，需要教师进行课程开发和课程重组，对老师来讲，是一项艰巨的、史无前例的挑战和任务。

那么，如何提高教师的"课程自觉"，助力教师主动参与到课程建设中来呢？

一、强化课程意识，成个人专业之"长"

（一）研究自己，正确定位，追求差异发展

首先，通过对自己的内心渴求、教育信念、思维方式和行为方式的发现与审视；对自己专业成长意愿、目标的合理性有效性及专业成长方式的研究与改善，来更好地理解和接纳自己。其次，每位教师都是具体的个人，教师之间的发展不需要"齐头并进"，教师根据自身参与学校转型性变革的状态的不同，参加不同层次梯度的研究与实践，并在过程中进行自我观照与提升，使自己在滚动的教师梯队建设中保持应有的位置。

（二）转变观念，自觉反思，强化课程意识

首先，教师要转变观念，在课程实施过程中，强化三个意识：第一，师生主体意识。一方面，把学生放在首位，一切从学生需要出发，从学生实际出发，从学生发展出发，根据学生主体发展的要求，选择课程内容，变革学习方式；另一方面，要求教师发挥专业自主权，将自己有益的人生体验和感悟、独特的有价值的经验有机地融入课程内容之中，并且不断地创造课程实施的新经验，探索有效的教育教学策略。第二，生成意识。课程首先是预设的，但在具体情境下，教师根据不同维度的目标，结合特定的教育情景，联系学生经验和社会实际，完全有空间和可能对预设的课程进行"再生产"，即对课程目标具体化，对课程内容进行选择、拓展、补充、增删，对学习方式进行创造性设计，甚至对预设课程中不合理的方面进行批判，在批判的基础上重建课程。第三，资源意识。教师要认识到教材仅仅是课程的一种重要载体，但不是课程的全部，需要教师创造性地利用并开发各种教材以外的文本性课程资源、非文本性课程资源，为课程价值的实现和学生的发展提供多种可能的平台。

其次，教师要养成反思性实践能力。反思是一种自觉的行为，是自我建构教育理念的过程。教师反思的是自己在教育教学过程中的理念和行为。通过自觉反思，把自己的"课堂"放在"课程"框架里反躬自问，放在大教育视野下反观自照，把经验升华为理论，促进专业发展的蜕变、升华。

二、变革教研组建设，成教师群体之"业"

（一）转变职能，在研究性变革中生成组内文化

在教研组组织和制度等"硬件"变革的同时，作为"软件"的文化的转型变革显得尤为重要。首先，教研组长要诊断教研组现状，寻找教研组文化建设的空间。教研组文化不是"舶来品"，而是生根于每一个具体的教研组之中。其次，内化学校文化，形成教研组独特的文化理念。教研组文化是学校文化体系的亚文化，教研组成员要在了解、认同和内化所在学校文化精神的基础上，通过共同协商，形成教研组独特的文化理念。最后，在教研组建设中，生成教研组丰富的文化内涵。教研组的文化理念是教研组价值追求凝练式的表达，但是，

教研组文化的内涵需要在教研组研究性变革实践中生成，渗透在教研组工作的方方面面。这要求教研组在运作方式上有新的转变：首先，教研组工作要从"被动执行"转变为"主动策划"。改变过去自上而下工作安排式的传统，能根据本组教师的发展需求、问题和本组研究的已有基础以及学生发展的实际需要等主动策划系列化的教研活动；其次，从"短期思考"到"长远规划"，改变以往常常是本周确定下周活动主题甚至是当周临时确定活动的状况，在开学前和学期初提前整体策划一学期乃至一学年甚或更久的系列专题，关注教师的整体发展和长期发展；最后，活动开展从"点状安排"到"前移后续"。所谓"点状安排"是指教研活动诸多次数的安排彼此间缺乏内在关联性，因为活动缺乏前期准备和后续改进性安排，因而难以真正取得研究和发展的实效。"前移后续"则从根本上打破这种状况，强调在一学期甚至一学年时间内系列教研活动在专题确定、活动实施等方面形成连续性。

从教研组中的"人"来说，组长和组员的角色也应该转型。教研组长的角色职能由"信息传达者""事物管理者"转变为"策划研究者"；思维方式由"点状割裂"的思维方式转变为"整体综合"的思维方式，能在学校转变性变革的视野下，整体把握教研组与学校建设、教师发展的关系；工作方式由"被动执行"转变为"主动策划"，主动思考教研组工作，重点策划教师的成长与发展，实现"在成事中成人，用成人促成事"；生存方式由"生命漠然"的生存方式转变为"生命自觉"的生存方式，包括对自我生命的自觉、对其他教师生命的自觉和对外在环境的自觉。对于组内每个教师来说，也要从"单干者"转变为"合作者"。教研组是一个研究团队，在研究性变革的实践中，教师们只有分工有序、轮流实践、彼此协作才能共同进步。

（二）扎根课堂，在日常性研究与专题式教研中提升能力

日常性研究是在备课组内开展的基于真实问题的教学研讨，活动不论时间，不选地点，不拘形式，随时发生，也随时结束。但由于日常性教研活动形成的认识往往比较点状，因此教研组层面的交流就显得更加必要，教研组层面的教研活动采取专题研究的方式，在内容上围绕特定的专题进行，使得每一位教师都能以整体的思维方式看待每一节课。专题研讨前，学科组内的教师共同讨论，理解研究专题、精心策划和设计活动；第二步，尝试研究，有计划开展研讨：每个年级在集体备课的基础上领任务，一人主要负责上课，其他人评课，然后再换人重建；第三步，教师全员参加听评研讨，以增强现场研讨时每位成员的参与度和收获感；专题研讨后，教师结合变革理念，带着研讨时收获的心得或写案例评析或上移植课、重建课。

（三）统整兼顾，在探索中形成教研新常态

1. 形成兼顾学科内和跨学科间教研的新常态

杜威在《民主主义与教育》中说："课堂教学可以分成三种：最不好的一种是把每堂课看作一个独立的整体。这种课堂教学不要求学生负起责任去寻找这堂课和同一科目的别的课或和别的科目之间有什么接触点。比较聪明的教师注意系统地引导学生利用过去的功课来理解目前的功课，并利用目前的功课加深理解已经获得的知识……最好的一种教学，牢牢记住学校教材和现实生活二者相互联系的必要性，使学生养成一种态度，习惯于寻找这两方面的接触点和相互的关系。"对"最不好的教学"进行改进，就需要引导学生寻找这堂课和别的科目之间有什么"接触点"；而要引导学生寻找这样的"接触点"，教师首先要找到这样的"接触点"。找到这样的"接触点"的一种方式就是跨学科教研，通过教研发现学生在其他学科"是否学过相关内容""学到了什么程度""今后还会学什么"……以此为基础设计和实践有所兼顾与统整的教学。没有这样的准备和研究，教学就可能导致重复和低效。

在跨学科教研中借鉴其他学科的教学方法。一方面，学科之间成功的教学方法可以借鉴和移植；另一方面，跨学科教研可以让自己跳出学科教学的"井"，去发现有效教学的新天地。例如，在学校语文教师的课堂上学习表达与教学环节的无痕衔接；在数学教师的课堂上学习严谨和凝练；在英语教师的课堂上学习如何安排和组织学习活动；在其他学科优秀教师的课堂上学习如何互动与探究……

让跨学科观察课成为常态。学校要鼓励和支持教师之间的跨学科观察课，组织跨学科的观课议课活动，引导教师通过跨学科教研研究培养完整的人；教师不仅要积极主动地参与学校组织的跨学科教研，而且要自觉选择其他学科的优秀教师作为跟踪观察和研究的对象，从他们的课堂上获取成长营养；另外，教师还要主动把自己的课堂向其他学科的教师开放，请其他学科的老师观察和指导。"不识庐山真面目，只缘身在此山中"，其他学科教师的意见很可能"一语点醒梦中人"。

2. 形成自上而下与自下而上互补的教研新形态

一般来说，教研问题的路径主要有这样两条：一是自上而下的设计，二是自下而上的生成。自上而下的选题和教研，研究问题的提供主体是学校或者教研组，研究路径是学校或者教研组提出经过论证的变革方案和专题方案，放在教研组组织教师进行研究和变革。自下而上的选题和教研，研究问题的提出者是教师（或备课组），教师（或备课组）针对自己的问题进行研究，在研究取得经验后，学校对其经验认可和提炼，然后在适当范围内推广和运用。两种选题和研究路径具有不同的工作背景和不同的实际效用，学校教研的新常态应该是自上而下与自下而上两种来源、两条路径互补。

规范管理自上而下的教研活动。自上而下的选题和教研方式有利于解决学校发展的共性和全局问题，有利于实现教研内容的系统性和递进性，促进学校持续发展。自上而下的选题，问题主要有三个来源：一是在广泛调查和深入研究学校教育教学现状基础上，针对教育教学的现实问题和困难提出；二是为适应时代变革要求和趋势提出；三是为学习和借鉴先进的教育教学改革成果，移植成功的教育教学经验提出，这些问题的研究具有一定的延续性。

学校教师要自觉地融入学校教学变革的研究活动中，主动、自觉把学校（教研组）的研究问题纳入自己的研究视域，明确自己的研究定位，找到自己的研究问题和研究方向。

自觉进行自下而上的教研选题。这类问题起源于教师（或备课组）在教学实践中产生的真实问题，找到问题以后，学会研究自己的问题、解决自己的问题，让问题成为我们的朋友，通过对问题的研究和解决，引导我们改变，促进我们成长。

3. 形成教研组活动和项目团队活动相结合的新状态

当下的教研活动主要是以教研组（或备课组）活动的方式进行，新常态的教研活动应该结合教研组活动和项目团队活动。项目团队包括以共同兴趣爱好为基础的团队（如读书沙龙），以解决共同关心问题为目的的研究团队（如机器人项目研究团队，校园足球项目研究团队等），以参与共同活动的任务团队（如组织一次学术交流和论坛活动）等。学校不仅要加强教研组等常设教研团队建设，而且要重视项目团队的建设和发展。要合理配置教研组活动和项目团队活动的教研活动时间，在经费、场地、图书资料、专家服务等方面要给予项目团队以充分的支持，要搭建平台交流和展示项目团队的教研成果。

"独学而无友，则孤陋而寡闻。"教师要根据自己的需要和实际，不仅积极完成教研组布置的相关教研任务，而且要选择（或组织）自己感兴趣、有帮助的项目团队，在项目团队活动中主动参与、积极贡献，从活动中找到自己的位置，实现自己的价值，在活动中得到锻炼和成长。

第二节 课时管理的变革

一、变革课程管理，提出弹性时间制度

美国课程学者施瓦布认为：课程是一个相互作用的"生态系统"，它是建立在对课程意义的"一致性解释"基础上，通过这个"生态系统"要素间的相互理解、相互作用，实现学生学习需求的满足和德行的生长。因此，课程变革必须激活包括教师和学生在内的课程时间过程，回归课程的实践旨趣。

在学校的教育教学中，时间是一个对课程、教学有着直接影响的变量，对课程、教学具有明显的限制，然而我们却很少去关注到这个可控的变量。以往，我们在课程执行中总是强调要严格执行《作息时间表》和《课程表》，这样的课程管理便于行政检查，但对教师在课程实施中的自主性、创造性有了过多的约束，受"制度化教育"的影响，学校及教师已经约定俗成地按照既定的时间制度来开展课程与教学研究，很少去思考这种时间制度本身的合理性。

为了提高课程实施的质量，可以进行弹性时间制度的改革。弹性时间制度是对时间进行灵活设置及分配的一种时间制度，它以学生发展为本设置各项时间，强调从儿童身心发展规律出发，充分考虑课程内容的不同特点和学习方式的个性差异，打破固定化模式，尽量给予教师和学生充分的自由，合理运用教学时间和选择学习空间，灵活采用教学组织形式、教学方法和教学材料，以组织最有效的教学。

二、立足师生发展，实施弹性时间制度

学校打破原有40分钟一节课的单一课时模式，实行弹性时间制度，学校按照课程内容的需要、教师教学的需要和学生学习的需要，灵活自主地安排课程时间，让课程时空更加灵动，为课程的建设和发展提供更为广阔的空间。

不同年龄阶段的学生、不同的学习活动具备不同的特点，需要弹性地安排课时长短，为此，学校采用系数化的时间分配制度。系数化时间分配制度，是以10分钟或者15分钟为一个系数尺度，根据学习活动的要求来计算和分配上课时间，每节课的时间用组合"最小时间系数"的方式确定，以实现不同学习活动对课程时间的诉求。学校规定以15分钟为最小时间系数单位，各学科根据学习活动规律和特点确定教学时间，不同课时基本上由系数的倍数构成。在灵

活分配时间的同时，学校也要准确核算各个学科的总课时数，保证达到国家规定的课时总量。

(一) 根据年龄特点，实行弹性课时

从尊重儿童出发，充分考虑学生在各个年龄段的身心发展的特点，学校的弹性时间课程从时间、内容、教学及形式上，都着力突出"三个衔接"，即幼小衔接，低中衔接和小初衔接，强调学生的年龄特点和学习规律，根据不同的年段设置不同时长的课程，为更好地帮助低年级儿童适应小学生活，幼小衔接可以将课程时间定为 2 个时间系数（30 分钟），中高年级逐渐过渡为 3 个 时间系数（40 分钟左右）。

(二) 根据学科需要，实行弹性课时

开设长短课。就教学内容而言，活动探究类课程、美术创作类课程往往需要较长时间才能完成教学任务，而有些课程往往不需要 40 分钟就可以完成。学校打破僵化的 40 分钟课时安排，以每个教学日为单位，根据实际需要，设若干个长短不等的课时，交叉进行基础性与拓展性课程的教学。例如，"小课时"每天 10 分钟的晨读、习字，35 分钟的基础学科课堂；"大课时"则安排 60 分钟，方便学生完成动手操作、实验探究性学习的课程。每天课时的长短穿插，富有弹性，提高了学生的课堂注意力，调动了他们的学习积极性。

尝试大小课。对于一些有共性的课程内容，可安排一个年级或几个班集中在一起上大课，以教师教授为主，如音乐欣赏课由一位老师在演播厅给一个年级中几个班级同时上课，用一节课的时间完成几个班这节课的任务，让教师有更多的研究时间为学生提供丰富的课程。

(三) 根据特色活动，实行弹性课时

增设主题活动。针对一些课程或活动的特点，学校采用集中连续式时间分配方式，实行综合主题活动月、综合主题活动周及综合日制度。学校在相对固定的时间会交替组织系列大型主题活动，如"科技节""艺术节""体育节""读书节"等。每次活动持续时间不等，如"体育节"的活动时间一般在一周之内，而"科技节""读书节"每次持续时间在 3~4 周不等。学校根据本学期将要开展的活动时间，专门安排综合主题活动月或综合主题活动周，在此时间段内集中安排各种与主题相关的课程、讲座、比赛、展览和体验活动等。

增加选修课程。将课程整合后节省出的时间科学、合理地增设能满足学生需求、有利于学生个性发展的拓展性、选择性课程。例如，可以安排固定的时间，让学生走班选修自己感兴趣的课程。可以开设"走出校园的实践性学习""家校合作的自主性学习"等课程，引领学生带着任务走出校园，去发现问题、研究问题、解决问题。

（四）课堂教学进度，实行弹性管理

在教学管理中，我们改变以往要求严格控制教学的进度，在实行弹性时间制度的过程中，引导教师树立开放、灵活的时间观念，给予教师充分的自主权，教师可以根据学生的学习需要来灵活调整、弹性安排学习时间和进度。学校也不以是否在预计的时间内完成了全部预计的内容为判断教师教学水平或一节课质量高低的标准。教师可以随时根据学习目标达成情况调整教学进度，增加或减少课堂中某一个环节的时间；在学生进行相同内容学习时，教师要尊重学生的个体差异，允许学生有不同的速度和进度，并配合调整教学时间。

三、弹性时间制度改革，给予课程实施更多空间

弹性时间制度既是世界基础教育课程改革的趋势，也是我国新一轮基础教育课程改革所积极倡导的，弹性时间制度的改革如一缕清风，给予教师和学生更多的自由，给学校的课程改革注入了新的活力。

（一）尊重学生的个别差异

弹性时间制度倡导弹性的、灵活的教学内容和进度安排，尊重学生的个别差异，并为满足这种差异创造条件，以学生的身心发展规律为基本依据和前提，在弹性时间制度下，每个学生都可以有自己的"学习时间表"，差异被作为调整教学时间的参照，而不用整齐划一的时间掩盖学生的个别差异。

（二）适应不同课程的性质特点

不同的课程类型、不同的学科课程性质对单位课时的需求是不同的。在弹性时间制度中时间因课程需要而设，而不是课程配合单位时间去规划，以适应各学科的需求，保证学习的质量和效果。

（三）满足学习方式多样化的需求

新课程改革倡导自主、合作、探究、体验等多样的学习方式，弹性时间制度提高了时间分配的适切性，为学生选择多样化的学习方式提供了可能，避免了学生在课堂教学中开展的合作交流活动流于形式、浮于表面，充足的时间能够保证学生的探究、体验、思考、交流等活动得以深入。

（四）提升教师的课程意识和能力

伴随弹性时间制度的推进，教师的课程意识显著增强，教师不再拘泥于一堂课的研究，而是重新思考学科课程内容的编排是否合理，按照弹性的时间分割方式重新划分课程与教学进度；教师更加关注教学内容与时间这两个变量之间的关系，从有利于学生学的视角出发，关注学生的不同学习方式和不同学习

速度。教师以极高的热情自发地整合课程内容，开展跨学科研究，主动建构课程，教师的创造力和积极性得到了极大的发挥。教师感受到研究的乐趣，工作幸福感和价值感明显提升。

课程改革从本质意义上看只有不断地回到学生立场，直抵生命本真，把孩子放在课程的中心，让教师找到自己的"课程坐标"，通过制度的变革来激发教师的内生力量，让课程呈现出开放的动态、执续发展的态势，让课程更加多元、更有特色、更有个性。

第三节　课程领导力建设

学校不是单纯的课程执行者，而是课程实施的主人。因此，学校必须拥有课程领导力，这是决定学校课程是否能够顺利实施的关键能力。课程领导力，就是学校根据课程建设需要，结合本校的办学目标和办学实际，创造性地设计、开发、实施新的课程，从而全面提升教育质量、办出学校特色的能力。①

课程领导力是涉及课程规划与设计、课程开发与实施及课程校本化等许多环节。管理者需要对课程改革进行系统地思考，整体把握，在关注学校课程的设计和架构的同时，更重视课程建设的策略和管理机制的落实，从而促进学校课程建设的有效推进。

一、组织架构

（一）重视"制度文化"的杠杆作用

一是完善制度体系，提高执行力。课程管理者需要对课程实施的相关制度进行逐项分析和系统梳理，根据学校、教师、学生发展的需求，进行删补改并，初步形成一个相对完整的制度体系。同时，对各项制度明确管理细则，定期检查反馈，进行小结和反思，提高"执行力"，才能有效提高管理效益。

二是民主化管理，重视人文性。制度的落实最终还是要落到"人"的身上。制度的完善和修订过程，必须要有教师意见的参与。教师的意见来自实践，往往更富有实效性，同时在参与修订的过程中，教师能更加明确制度中具体的规范性要求，而他们的意见被采纳的过程，更能最大限度地发挥制度内在的激励功能，真正发挥制度的导向和激励作用。

---

① 温俊义. 教育信念与行动［M］. 北京：中国轻工业出版社，2015.

（二）强调"管理团队"的领航作用

管理团队是学校的领航员，课程建设是否能科学持久，很大程度上取决于管理团队的工作状态和能力。因此，管理团队应始终保持清醒的头脑，明确课程建设的目标和策略，明确团队内部的分工，一步一个脚印地慢慢推进课程的建设。

学校可以组建不同层面、不同性质的管理研究团队：

1. 组建"非行政性专业委员会"，创建几个非行政组织，改变单一行政主体管理学校的局面，使课程管理更具学科专业性、学科间的包容性，更富有活力，为课程建设成员提供多样化的创造空间。

2. 建立教师专业委员会，进一步强化学科专业委员会的功能，使当选委员拥有更多的自主权和管理权，以此提高课程建设决策科学化的水平。通过更多自主化、责任化、专业化的学科委员会，给各层次、各学科的教师都有发挥主观能动性的空间，使学校的教育教学工作充满活力，全面取代以往行政管理学术的局面。

二、教师培养

教师队伍是课程实施的重要因素。在制定课程实施方案时，管理者除了对课程内容进行精心策划外，还需要对教师的设置进行整体考虑，力求把最优秀的教师还给学生，把发展的自主权还给教师，把公平竞争的机会还给教师，把选择的权利还给教师。

与此同时，怎样开展有效的教师队伍建设更是学校课程实施的头等大事。管理者要把管理作为基于人、为了人、提升人的有效方式和手段，将"一切为了学生的发展"和"更好地促进教师的专业发展"作为管理的根本任务，对教师的具体情况进行深入透彻的分析，明确教师的"个人发展需求"和"最近发展区"，从教师培养的内容、方法上下功夫，为老师们"量身定制"培养方案，进而为教师的专业发展、教师的创造性教学、教师教学个性的形成提供条件和平台。

如果对学校教师的群体进行分类，每个学校的老师大多可以分成这样三种：职初型、骨干型和成熟型（见表3-1）。

表 3-1

教师种类	特点	优势	不足	培养策略（不完全列举）
职初型	工作时间较短，对于课堂教学常规、教学机智等教学基本能力的掌握还在摸索、形成阶段	干劲足，接受新理念、新事物较快	教学经验缺乏，教学专业实践能力有待培养	1. 各类通识性培训； 2. 师徒结对、"传帮带"活动
骨干型	积累了一定的工作经验，对于常规的教育教学工作初步形成了自己的一套工作模式，处于职业上升期	熟悉教育教学工作，初步形成了自己的教育教学风格，有一定的创新性	高品质的教育教学能力和教科研能力还有待提高	1. 各级各类评优课活动； 2. 青年教师素质大赛； 3. 五级梯队培养计划； 4. 课题研究活动
成熟型	对常规的教育教学工作游刃有余，具有较高的研究品质，在同事中具有一定的教育影响力，能引领部分教师开展教育教学的研究工作，处于职业瓶颈期	个人的教育教学风格突出，教科研能力强，有较高的研究实践能力	专业发展的后劲不足，较容易形成职业倦怠	1. 五级梯队培养计划； 2. 课题研究活动，鼓励领衔课题研究； 3. 专项研究活动

可以采用"菜单式"校本培训方法，让教师自行决定最适合自己的培养方式，促进教师对自我的反省，对工作和学习的反思，对作为一个组织和系统的学校的再认识，引发教师工作和学习态度的转变。

只有通过对教师提出分层要求，更加精准地聚焦培养对象，明确的培养目标，才能促进教师的自觉更新，以多种形式推动各类教师形成独特的、富有时代气息的教育教学风格。

三、保障机制

（一）给予足够的时空

每周要有固定的时间作为教研组、备课组固定的学习和研讨时间，同时通过校园信息网络化，减少常规性会议的次数，把更多的时间留给教师。只有让老师们有"空"，他们才能静下心来思考课程的实施。

（二）形成合作性的心理环境

要通过不断修订完善评价标准，不断改进常规管理，不断创设良好教育科研创新环境，不断加大科研力度，不断加强学科建设，不断突破重点研究项目，不断提升教师人格，营造既有竞争，又有合作的健康向上的心理环境。

（三）倡导支持性的领导方式

作为学校的掌舵者，校长首先要能成为一位教学的改革、探索、实验、创新者，始终站在改革实验的最前列，身先士卒，率先垂范；同时，校长或课程管理者要能通过参加教师沙龙活动、讨论教师发展计划、鼓励教师制订个人成长三年计划等方式，为教师创设敢破常规、敢改革、敢实验创新的学术氛围，对实验所需的物质条件提供有力的支持和保证。

（四）采用激励机制

要鼓励教师运用教育理论，剖析教学实践。重点研究如何将新的教育理论转化为可操作性的教育行为，探究怎样做才更合理、更有效，建构和丰富新的基础教育理论，从而改进教学实践。

要建立实验成果奖励机制，对评奖办法、操作程序、奖励内容做出详细规定，让研究富有成效的教师感受到成就感和自豪感，激发教师内在的发展力。

第四章

我们的资源建设

随着我国课程改革力度的不断加大，课程资源的重要性日益显现出来。我们逐步认识到，课程资源的开发和利用，成为新课程改革的重要内容之一，也是实现新课改的必要条件。没有课程资源的广泛支持，再美好的课程改革设想也很难变成实际的教育成果。课程资源的丰富性与适应性程度决定着课程目标的实现范围和实现水平。

依据《基础教育课程改革纲要（试行）》第六部分相关论述，课程资源的概念有广义和狭义之分。广义的课程资源指有利于实现课程目标的各种因素，狭义的课程资源仅指形成课程的直接因素来源。课程的分类标准多样，通常按照功能特点来划分，可以分为素材性资源和条件性资源；按空间分布和支配权限来划分，可以分为校内课程资源和校外课程资源。按照课程资源的性质来分，可以分为自然课程资源和社会课程资源。素材性课程资源是指能够直接被学生学习所使用的材料，如知识、技能、经验、活动方式、情感态度价值观及培养目标等方面的因素。条件性课程资源指的并不是学生学习和收获的直接对象，却为学习提供必要的条件，如人力、物力、财力及时间、场地、媒介、设施设备、环境和对课程认识的状况等。当然这样的划分也是为了说明问题的方便，两者并没有截然的界限，往往相互渗透包容，如图书馆、博物馆、实验室、互联网络、乡土资源、家庭资源等。

第一节　课程基地建设

课程资源的开发利用是一个动态发展的循序渐进的过程，没有终点。近年来，我区大刀阔斧进行课程改革，每一所学校都迈出了课程探索坚实有力的步伐。在课程资源建设方面取得了一定的经验，留下了宝贵的物化资源。这里从广义的角度做必要的梳理：第一，校本教材的开发。有学科知识的延伸，有学生活动、特长发展的需求，有学校办学思想引领下的特色课程的构建等。例如，花园小学的科技创新工作室，开发了机器人教学的一套辅导材料，花园二小开发了棒垒球课程体系，怀德苑小学数学组创编了亲近数学丛书，觅渡桥小学编辑了戏剧课程、国际理解课程校本材料，邹区中心小学立足传统文化进课堂理念编辑了一套古诗文朗诵读本等。这些课程资源有的已被纳入省教材编写的范畴，有的已出版发行，惠及全国的少年儿童。第二，专用场馆建设。普通教室之外，各学校都根据自己的发展需要，装饰一间间专用教室，一个个活动场地或场馆，如常州实小的非遗长廊，钟楼实小的乡土美术馆，怀德苑小学的数学体验馆，清潭实小的书法练习室，还有诸多学校的图书馆、运动场等。这些设施设备极大地满足了学生差异化发展、个性化发展的需求。第三，自然环境建设。近年来，随着政府对教育资金投入的加大，诸多学校的面貌焕然一新，对于教学楼的布局和自然环境建设也进行精心的设计与布局。校园的回廊、天井、假山、瀑布，还有那美化校园的花草树木等都为课程开发提供了丰富的资源。可以说环境育人的价值越发凸显。城市学生对农业知识知之甚少，因此不少学校结合综合实践课进行植物、蔬菜的种植，进行四季课程探索，增加学生对农作物、对农业社会的认知。第四，网络资源建设。新媒体新技术环境下的新课堂正逐步成为日常教学的常态。教师借助 PPT、互联网资源来优化课堂形态，推动了课堂转型。学生利用终端设备在学习平台进行自主学习已司空见惯。先行的学校一直以课题研究的方式推进课堂教学改革的进程。这些宝贵的经验正逐步在更大范围、更高层面上交流与辐射。此外各学校借助优势项目，进一步用好网络交互功能，推动了学校工作的现代化。例如，实验小学的银杏娃"自媒体"项目，怀德苑小学的网络"麦斯课堂"，勤业幼儿园的 E - play 体验项目，都为学生的学习展示提供了又一平台。第五，校外资源建设，这是以往较为忽略的课程资源的来源，如今已得到应有的重视。其实课程资源潜在地分布于我们周围世界中，大到整个宇宙，小到一草一木，甚至微观世界。于是生态公园、人文公园、非遗单位、名人故居、长江运河等学校周边乃至地区的一些重要处所都已成为学校校外活动或学生体验活动的共享资源。这极大繁荣和丰富了区域内课程资源体系。

从狭义角度看，直接指向教学活动的资源是更为细节的微观层次的课程资源。这样的资源表现形式多样，也十分零散，如不留心提炼、整理，容易遗失，不利于课程建设。为了提高大家的课程资源积累和交流意识，每年均进行课程创新团队展示评选，以此不断优化和提炼优质课程资源。就这样，创客社团、STEM 课程、青果在线网课以及基于学科知识、技能和思想拓展的课程资源库建立起来，逐步在全市乃至全省教育界形成广泛而深远的影响。

综上，特色鲜明的各校优秀课程资源的建设，有利于培养学生"自主、合作、探究"的学习方式，满足不同学生的成长需求，为学生个性化成长提供了可能。在课程资源开发上，教师也由以往课程的执行者变为主动的创造者，积极投入资源建设，诸多名优教师为区域课程建设做出了不懈努力。这极大地推动了全区中小学幼儿园教育的大发展。

第二节　课程人力资源建设

一、课程人力资源培训

（一）课程人力资源培训的意义与目标

课堂教学的价值在于每一节课都是具体鲜活、独一无二、不可预设、难以复制的全新生命体验。教师、学生、教材构成了课堂教学课程资源的三个基本维度，其中，教师是课程资源的核心。

新课程理念下，教材本身是静态的课程资源，通过学生自主学习和建构，经过教师精心设计和实施，将静态的课程资源转化为动态的课程资源，实现课堂教学效益的最大化，达到高效的目的。教师是课程资源的开发和有效利用者。教师通过认真研究教材，挖掘教材所承载的课程知识体系的内涵和外延，也就是整合教材内容，以充分体现用教材教，而不是教教材的新课改教学理念。教师站在较高的观点审视教材，解读教材，为学生理解教材和把握教材本质"平坡开路"。同时，教师善于学习和研究，对教材的解读有自己的个性化新见解，吸引学生在课堂学习中的注意力，发挥课程资源核心的作用。

教师是课堂教学活动的主导，离开了教师主导的课堂不会高效。这里的教师指的是拥有渊博的专业知识和不断更新的教育教学理念，勇于实践和创新，虚心向自己具体鲜活的学生学习的教师。同时，教师的主导作用不是一个抽象的概念，而是在具体的、生动的、不断发展的课堂教学情境中与自己的学生相濡以沫的师生共同体。

教师是课程资源的核心，是课堂教学中的关键人物，但不是说每一位教师都自然而然地能够成为课堂教学中的主导。要发挥教师自己在课堂教学中的主导作用，教师就必须具有自我修养水平，以及对课堂教学价值的不断体悟和真实的生命感受。

《国家中长期教育发展改革和发展规划纲要（2010—2020年)》明确提出：教师培训是加强教师队伍建设的重要环节，是推进素质教育、促进教育公平、提高教育质量的重要保障。有效的教师培训是教师专业成长的重要途径。根据发达国家的经验，在职培训可以促进教师专业化发展，是提高教师专业水平的有效方法。研究教师专业化的内涵和教师专业成长的规律，改善现有的教师在职培训，是当前教师教育领域的重要内容。《教师教育课程标准》中提出，在职教师教育课程要满足教师专业发展的多样化需求，充分利用教师自身的经验与优势，进一步深化和发展在职教师教育课程目标，引导教师加深专业理解、解决实际问题、提升自身经验，促进教师专业发展。

（二）区域教师人力资源培训策略与内容

1. 研究区域内教师专业发展的规律，影响教师专业发展的关键事件和行为，为教师自身专业发展提供参考和指导。

2. 依托区域内教师专业发展的需求，开发多层次、多类型、开放化的课程体系，为教师参加培训提供更多、更丰富、更系统的选择课程，将有效地调动教师专业发展的自主性，让教师成为专业成长的主人，又能提高培训的针对性和实效性，有效地促进区域内教师专业发展，提高教育质量。

3. 利用网络构建教师自主选课和课程组织的信息平台，将有效促进区域内外教师培训资源的整合，优化教师培训组织的方式，提高教师培训组织效率。

4. 以教师培训为主要数据，建立教师专业发展电子档案，将教师发展生涯纳入连续性、发展性、平衡性的发展轨道，既能为教师自我专业发展的评估、评价、规划和执行提供服务，帮助教师更合理地、有效地提升专业，又能为区域教师专业发展提供大数据分析，为区域内教师管理提供政策参考。

（三）教师自身课程资源的开发

1. 教师在职培训，远程学习

生活节奏的加快让教师难以静下心来，生活压力的加大也使得教师难以拿出专门的时间来学习，"在职培训"和"远程学习"这两种学习方式则很好地解决了以上两个问题。

"在职培训"可以以最短的时间学习大容量的内容，而"远程学习"则极大地突破了时间、空间的局限，教师可以选择闲暇时间学习自己认为重要的信息，这有利于激发教师的学习兴趣，学习效果也非常好。

2. 与其他教育者的合作交流

"独学而无友，则孤陋而寡闻"，在教学的路上，在职教师也应该与同行之间相互交流、相互学习。大家都在教学一线，经验类似，面对的学生各异，教学心得又有不同，教学同仁之间如果能够切实认真地相互交流经验，相信对于教师是一种提高，对于班级是一股春风。

学校要定期开展教学经验交流的教研活动，这种形式的交流既能联络教师之间的情感，又能教学相长、共同提高。教育主管部门也开展各学校之间的经验交流活动，让小流汇成江海，形成教育合力，全力将教学提高到一个新的层次。

3. 教师自我反思

美国教育家波斯纳认为：教师成长 = 经验 + 反思。反思性课程资源近几年在国内被提出，其理论研究正在如火如荼地进行着。其资源开发的形式因人而异，故而其表现形式也是多种多样，当下广泛应用的反思方式即采取记反思日记的方式进行。

二、课程人力资源开发

随着社会的发展，教育资源不再只局限在校内，需要学校和教师系统地归纳、整理、总结和整合社会教育资源，拓展教育的渠道，实现新时代的教育任务。当前的教育教学改革也对教育资源提出了明确的要求，《基础教育课程改革纲要（试行）》中指出："积极开发并利用校内外课程资源。学校应广泛利用校外的图书馆、博物馆、展览馆、科技馆、工厂、农村、部队和科研院所等各种社会资源以及丰富的自然资源。"可见，学校高度重视校外资源的开发利用，不仅有利于我们在课程观念和行为层面上的根本性变革，也是基础教育课程改革和实施不可或缺的支撑系统。因此，社会人力资源的开发是学校教育教学的有力支撑。

（一）学生家长资源开发

家长是支特殊的教师队伍，学生的家长职业多样，各有专长。从事各行各业的家长是一个丰富的教育资源，也是学校的一支特殊教师队伍。学校实行开放式教学后，把"家长资源"转化为教育资源，利用好这笔教学资源，能大大提升学生综合素养，让学生增长见识，拓宽他们的视野。不同职业、不同社会背景的家长亲自参与指导组织教育活动。通过活动充分发挥家长教育资源，拓展教育空间，这是家校协作新模式。

不同的职业背景，不乏一技之长者，有的甚至是商场精英、业务专家，通过聘请他们进校园当老师，客串教师，参与学校教学。或者为学生上课，或者做报告，或者带领或指导学生参加社会实践，甚至培训教师。参与学校的教学后，家长也能感受老师的工作，备课、收集资料等对他们来说也是一种学习。

这样，一方面可以充分利用家长的专业知识，来弥补老师相关专业知识不足的现状，丰富教师的知识；另一方面又可以让家长通过参与学校教育教学活动，了解自己孩子的各种表现，掌握一定的教育教学方法，提升育子水平；同时，还促进了家长对老师的了解、交流，增进了彼此之间的感情，为更好地携手教育学生发挥积极作用。

家长走进课堂，通过了解孩子的学习和生活，也拉近了家长和学校的距离，使家校关系更加和谐。这种形式有机整合了家长的教育力量，增加了教育合力，拓宽课堂的广度与厚度，让学生从小课堂走向大世界，真正深度挖掘了教育潜能。事实也证明，上课家长丰富的阅历和人生经验对扩大学生的知识面和社会视野极有好处，同时还可以让家长体验到为师之苦、为师之乐，以便更好地配合学校工作。

学生家长利用自己特长，参与学校特色课程建设、特色社团建设和指导，甚至充任特色课程老师。家长参加学生社团活动和社团建设，在与学生活动过程中，一方面实现知识经验共享，另一方面提出建设性意见，指导和改进社团建设，丰富了社团活动的意义。也更便于家长了解自己的孩子。这是拓展教育资源非常重要的一方面。

（二）校外专业兼职教师资源开发

兼职教师队伍是学校与社会联系的桥梁，是学校师资队伍的重要组成部分，是改善教师队伍结构，加强实践教学环节，提高教学质量，适应人才培养和专业变化的有效途径。学校从社会各行业中聘用了一批专业素养高、有丰富专业教学经验的兼职教师，强化了学校特色课程教育，优化专业设置和课程结构，激活竞争机制，弥补专业教师数量的不足。

常州市清潭实验小学是区域内两所省级书法特色学校之一，学校的书法特色课程建设历经近 20 年的努力，能取得今日的成就，校外书法家兼职教师的引领起到了重要的作用。这些年来，先后有 3 位拥有国家级书法家协会会员资质及 3 位省级书法家协会会员进校担任书法课程兼职教师，这些教师的作用是显而易见的：一是利用自身高超的书法技艺、专业的书法教学技能提高了学校书法课程的课堂教学质量，并创设出了各年级高质量的学生书法社团，培养出了一批又一批书法专业特长生，使得学校书法课程教学成果凸显；二是在这些专业兼职教师的引领下，学校加强了校内书法专兼职教师队伍的建设，借常州市"书法百千万工程"的东风，成立校教师书法社团培训班，先后培养出了 20 多位拥有省市级书法家协会会员资质的书法专兼职教师。在这样的基础上，清潭实验小学的书法课程建设得到了全方位的提升，真正实现了创设浓郁校园书法氛围，提升全体学生书写技能水平，传承书法文化的课程教育目标。

第三节　信息化课程资源建设

一、信息化工程政策解读

《江苏省"十三五"教育发展规划》（以下简称《规划》）主要任务之一就是全力提升教育信息化水平。《规划》中指出要优化教育信息化基础设施环境、构建优质教育资源建设共享机制、促进信息技术与教育教学的深层次融合。不断提升"宽带网络校校通"，切实推进智慧校园建设。研究制定教育资源建设规划及各类教育资源建设标准，完善资源质量检测和评价制度，构建整体设计、系统规划、分类推进、分步实施的全省优质教育资源建设体系。通过汇聚、建设、引进、购买等多种形式，推进省级数字化优质教学资源建设，完善资源统建共享机制。充分利用智慧教育云计算服务平台和网络学习空间，整合推送优质数字化教学资源，实现全省优质教学资源的普惠共享。引进市场机制，探索"政府主导、企业参与、学校购买"的资源建设应用新模式。

《江苏省中小学智慧校园建设指导意见》中关于数字资源做了如下解读：

1. 资源开发。通过自建、引进、合作、共享等多种方式配备学生学习资源、教师教学资源、教师专业发展与教育科研资源和数字校本特色资源。电子期刊、电子图书、视频和音频等数字资源能满足教学、科研和教师进修、学生成长的需要。

2. 资源应用。实现优质资源班班通，教师能有效运用优质资源开展课堂教学，能通过网络学习空间开展备课授课、家校互动、网络研修、学习指导。学生能通过网络学习空间进行预习、作业、自测、拓展阅读、网络选修课。

3. 资源共享。建立资源共建共享机制，实现校内教学资源共建共享，并通过教育资源平台实现网络课程或特色资源区域共享，鼓励师生在教育资源平台展示、共享优秀数字资源。

以全省"校校通"工程的完成为契机，多年来常州市钟楼区一直在信息化课程资源的开发方面形成中长期规划，不断增加设备和人员投入，持续不断地在网络化课程资源的数量和使用效率方面有所突破，在全市、全省乃至全国都处于领先水平，形成了传统课程资源和信息化资源相互促进、相互补充的格局。

二、区域现有情况分析

我们对信息化课程资源的开发利用，已经远远不是一种多媒体教学手段，而是影响到了我们教育教学的方方面面，从而真正对学生的学习起到关键性的作用。

（一）数字化教学平台

以觅渡教育集团为例，已构建基于学校教育管理、课程教学一体化设计的数字化校园共享平台，从管理课程、资源、教学、评价等方面形成了课程资源、学案编制、在线学习、学业评价、教学管理等在内的课程教学云端系统，奠定了本项目的技术支持系统。

整体构建的"觅渡云"学习社区体系包括三个方面的内容。技术（云）架构包括数据分析中心、知识建构工具、信息管理与传播工具、自适应学习支持系统。本层架构从技术上保证学习社区的互联网正常运转，构建底层数据库及数据交换模型，确定课程的运转框架及学习交流反馈评价模式。课程（资源）架构包括兴趣课程、定制课程、圈群课程等在内的课程资源建设，孩子将同时拥有个人学习空间、学习兴趣群落圈群等社交空间。教师（指导者）架构包括老师、家长、导师、同伴和专家。学生在学习社区中会不断接收（受）来自指导者的信息，自我建构和内化知识体系。学习社区里，既要有达成觅渡培养目标的校本课程，也要有符合学生独特需求的个性课程；既要有必须学习的必修课程，也要有自主选择的选修课程；既要有学科类知识课程，也要有兴趣类发展课程。在线课程平台将成为为优秀教师提供授课空间的平台，形成大家共建共享的课程生态。社区课程资源将进一步指向于学科系统知识、学科关键能力培养以及学生核心素养提升，围绕学生发展的终极目标构建完整的课程体系。

（二）互动课堂

实验小学教育集团，着力打造的是互动课堂。以"HTML5 技术"为核心的尚学产品具备天然的"跨平台"优势。在不同软件环境（如 Android、iOS、Windows 等移动操作系统及 Windows、Mac、Linux 等桌面操作系统）下部署和运行的能力，并且可以良好的适配和兼容不同形态的硬件终端。在提供相对统一的用户体验的基础上，又保留了对目标平台、终端进行功能和界面定制的灵活性。

尚学产品无缝衔接"互联网＋教育"。能够更加自然、直接、高效地与现有的互联网服务进行对接和融合（如进行数据的获取、推送、同步等），并将云端的服务与本地的（私有云、自组网等）服务、客户端的教育资源进行有效地串联和衔接，从而整合形成更为合理、智能的"端＋端"教育信息化解决方案。

教师只需要单独使用编辑器，便可以完成数字课本制作到发布的整个流程；此外，编辑器支持和云端的后台服务进行连接，从而使得用户可以直接通过编辑器浏览、下载和导入课本、模板、控件等教学资源。

在此基础上构建的尚学互动课堂，是以"互动教学"为目标，以"数字课本"为载体，集课堂管控、互动教学、测验反馈、交流讨论、统计分析等功能于一体，整个智慧课堂模式师生无须再切换其他系统，这样的"高集成"提高师生应用体验，让技术不再成为课堂的负担，让师生的更多精力关注在教学本身。

（三）小软件的选择和应用

清潭实验小学在互动教学平台研究的基础上，着力于进行小软件 App 对不同课型探索的应用研究，不仅仅通过各种渠道寻找适切的小软件辅助课堂教学，还研究制定了 App＋互动教学平台课堂教学实施评价量表，以观测学生在运用之后的变化情况，并以数学学科为分类研究对象，展开了基于数字化环境下的 App 应用课型分类研究。

例如，实验工具类 App 有图形分割软件、几何画板软件等，适用于几何图形的课堂教学探索。其中图形分割软件可以实现图形的平移、旋转以及图形的割补。在教学图形类知识时，经常需要对图形进行剪拼，而往往剪拼的过程学生不能做到非常的精准，利用这个软件，就能避免学生实际剪的困难。在教学平行四边形、三角形、梯形的面积公式时也可以利用这一软件，从视频中让学生进一步体会转化前后图形之间的联系。

电子作业类 App 有速算盒子、一起作业网等，作为课外作业的有效补充，收到了师生们较好的反响。其中速算盒子是基于小学数学口算练习的一种 App 软件，在注册使用后，学生和老师可以组建以班级为单位的速算群，在群内发布电子作业，并自动批改形成数据加以分析，并将数据反馈给教师、家长和学生三方。教师可以从数据中进行排名分析，关注学生的做题正确率和速度。同时可以将易错题进行推送，以复习巩固——查漏补缺＋高频错题的功能模块，实现对部分学习后进生的数据追踪和智能补差。

微视频类 App 有洋葱数学、纳米盒等，可以让学生在课前课后进行预复习。趣味游戏类 App 则可以增强学生对学习的兴趣。如 shadowmatic 软件，这是一款在聚光灯下旋转实际物体，在墙上找出可辨认的投影的游戏，学生对此也非常感兴趣。我们都知道在小学阶段，空间想象对于学生而言是一个难点，所以利用这个软件有助于帮助孩子提高学习的兴趣并增强学生的空间想象能力。

（四）网络微课

在当前信息技术高速发展的时代，数字化学习作为一种全新的学习模式正逐渐渗透进入教育领域，面向学生需求的新的教学互动方式也在不断地被提出，而微课（Microlecture）作为一种为学生提供微学习（Microlearning）环境的一种媒介正不断地受到重视。微课的核心在于一个"微"字，它主要存在如下几个特征：教学时间短，知识切入点小，使用情境灵活。我们以其特征为导向，探索微课常态化制作的方法，使教师能根据教学内容、目标、学生实际，较为熟练地制作需要的数学微课，激发学生学习兴趣，提高课堂教学效率，引导学生养成预习、复习的良好习惯，满足学生的个性化需求。

五星实验小学着力于小学数学"微课"资源的开发，这是一项基于学生学习状态数据分析后确定的研究项目。该项目适用于小学数学日常教学，以苏教版国标本小学数学教材为依据。目前以教师设计开发为主，主要体现易拍摄、时间短、有效解决问题等特点，让学生对数学学习产生亲近感，获得成功的学习体验，建立学好数学的信心。

对学生而言，"微课"利用手机、移动数码产品、网络平台等能更好地满足学生对不同学科知识点的个性化学习、按需选择学习，既可查缺补漏又能强化巩固知识，是传统课堂学习的一种重要补充和拓展资源。

对于教师而言，在拓宽学生视野的同时，也丰富了教师的教学资源。并实现教学观念、技能的迁移和提升，从而迅速提升教师的课堂教学水平，促进教师的专业成长。

无论是对于学生还是对于教师而言，"微课"无疑都是一次思想改革。它促成一种自主学习模式。同时，还提供教师自我提升的机会，最终达到高效课堂和教学相长的目标。

（五）教育管理手段

信息技术不仅被运用在课堂教学中，而且被广泛运用到日常的教育教学管理中。我们依托数字化管理平台、社交软件 App 等先进手段进行学校管理、学科管理、部门管理，为教育政策法规、工作会议精神的上传下达提供了极大的便利。

在教育管理中，校长要求具有较高的信息素养，能根据区域信息化发展目标，明确建设思路，具有组织、管理和评价能力。能运用信息技术手段开展学校各项管理，有效推进基于大数据的教育治理和绩效评价。

依托国家、省级教育管理公共服务平台，加强校园智慧管理，推动互联互通及数据共享，实现办公、教务、教学、学生、后勤、安全等智能化管理。

提供基于 PC 和移动端的家校互动平台服务，帮助家长实时了解学生学习、生活等情况，进行有效的家校互动交流。同时，利用信息技术为家庭、社区和其他学校提供教师课程和综合实践活动等社会化公益服务。

（六）网络教研方式

钟楼区小学英语学科建立了虚实结合的两级研训平台，一类是依托 CCtalk、钟楼课堂等平台建立的线上研训平台，一类是依托钟楼区教师发展中心组建的线下研训平台，通过线上线下的交流互动构建起教师教科研训的发展平台。

以区域线上研训为例，研训前，区域小学英语学科会提前一周在区网中上挂通知，帮助参训教师明晰课程开放的时间、主题、内容和资源，老师们带着自主的思考走进研训课程；研训中，教师通过平台观课（讲座）、议课（讲座）；研训后，教师根据研训主题并结合课程内容完成相关的作业，研训员进行点评和观点的汇总，形成研训共识或建议。通过这种方式，在形式上串联起研训的全过程，在本质上教师可以自主内化学习的内容，并通过外显的方式表达出来，从而促发教师的自生长。

区域英语学科的网络研训平台其内核是英语教师交流、互动、反馈和更正的平台，这种架构从根本上保障的区域英语学科品质的三增长，一是教师学科专业发展的增长。教师通过网络研训，分享彼此的思考、经验和知识，丰富了研训的内容。研训过程也成为研训课程内容持续生成和转化、课程意义不断建构与提升的过程。教师的专业知识在网络研训中生成、在交流中重组、在共享中增值。二是教师教学思维的增长。研训前中后的一体化，有助于教师在研训全程通过持续的交往与互动激发教学灵感，产生较为新颖的观点和思路，增强思维的灵活性和广阔性。三是课堂教学质量的增长。教师在研训中不断反思、优化原有的教学思维，并经由研训平台汇聚形成的相关观点与建议，继而生发出对英语课程资源建设的需求。扩充了区域课程资源，为区域学生在英语学习过程中形成学科关键能力提供了语言输入的优质保障，提高了课堂教学的实效。

三、未来发展前景

信息化课程资源的建设，带来的不仅仅是教学手段的变革，更是教育管理方式的变革、教学研究方式的变革，它让拓展学习时空成为可能，让发展每一个学生成为现实。

未来，我们将致力于个性化学习资源的研究，定制课程、定制课堂、定制练习都将成为可能。有理由相信，为每一个孩子开展定制化的学习服务是未来社会发展的必然方向！

第五章

我们的课程案例

第一节　整体构建学校课程

以常州市实验小学教育集团《"林—树"式学校课程建设纲要》为例。

一、课程背景分析

（一）已有经验

1. 课题引领，形成学校教育哲学。常州市实验小学（以下简称常州实小）研究分享教育近十年。在"十一五"和"十二五"期间分别承担了教育部立项课题《学会分享——一项促进学校主动发展的行动研究》与教育部重点立项课题《基于学校生活变革的小学生分享品行养成研究》，提出了"人人都是吸纳的树，个个成为分享的源"的教育哲学表达。

2. 课程规划，初见学校课程雏形。2008 年，《用分享理念规划学校课程》发表在《中国教育报》上，这是在新课程改革不久学校整体进行课程规划的实验性探索。

3. 扎实研究，基础教育成果显著。《基于分享理念的课堂教学变革》《小学品德课程资源的整合》分别获江苏省首届基础教育教学成果评比一等奖，《综合实践活动的实践与探索》获江苏省基础教育教学成果评比一等奖。扎根课堂的实践与探索，更让我们意识到"综合性、研究性、实践性、活动性"的课程变革对于学生健康成长的重要性与必要性。

4. 语文先行，率先实验初见成效。《语文"林—树课程"的建构》项目获常州市钟楼区优秀项目评审二等奖。作为学校课程整体改革的先行先试项目，语文组的改革创新为学校课程的整体建构、教学的变革创新做出了示范，积累了经验。

（二）问题反思

华东师范大学袁振国教授提出：中小学教育需要一场结构性的变革。课改以来，常州实小在学校变革方面迈出了坚实的一步，但仍然存在以下问题：①育人方面的目标指向不够清晰，与学校教育哲学的匹配度不高。②学校层面的研究呈散点式，课程建设缺乏结构化、系统化。③学生的学习方式与学业评价方式不够多元。④教师方面只见"树木"不见"森林"，课程视野较窄，统整意识不强。简言之，学校课程与教学变革缺乏系统性、结构化。因此，建设属于自己的"学校课程"、结构性地变革学校生活，达成学校全面和谐育人的目标，成为常州实小人的自觉选择。

二、课程建设目标

（一）课程总目标

1. 通过课程内容的统整，学生的关键知识、关键能力的习得将更加聚焦，并且能够有更多拓展的空间。

2. 通过课程实施策略的创新，学生能主动转变学习方式，拥有更加丰富的生活经历。

3. 通过"林—树"育人生态的建设，实现学校的育人目标。

（二）课程建设目标

1. 架构校本化的育人目标，解决育人目标缺结构的问题，在"林—树"式学校课程实施过程中，充分体现"人建课程、课程树人"的价值追求。

2. 建设结构化的学校课程体系，解决"散点式研究"问题，体现课程整体性、前瞻性。

3. 创建自主性的学习空间，解决学生学习方式单一的问题，丰富学生学习方式并引导学生参与建设"林—树"式学校课程，在变革"教""学"方式的过程中让学生成为主动建构者。

4. 培育创新型的教师队伍，解决"只见树木不见森林"的问题，提升教师的课程开发、教学变革、学生评价等能力。

（三）课程育人目标

以"成长树"架构育人目标。

在这棵"成长树"里表达的想法是：学生的核心素养是有结构的——人格打底，学力护航，素养为本。每个儿童要成长为这样的"树"——以"分享品行、社会责任、家国情怀"之人格为"根"，以"主动参与、合作分享、创新实践、自主发展"之学力模型为"干",努力具有"树"的品性:扎根、吸纳、向上、舒展,显示素养特质,成为基础扎实、乐于分享、阳光健康、自信大气的人(见图 5 – 1)。

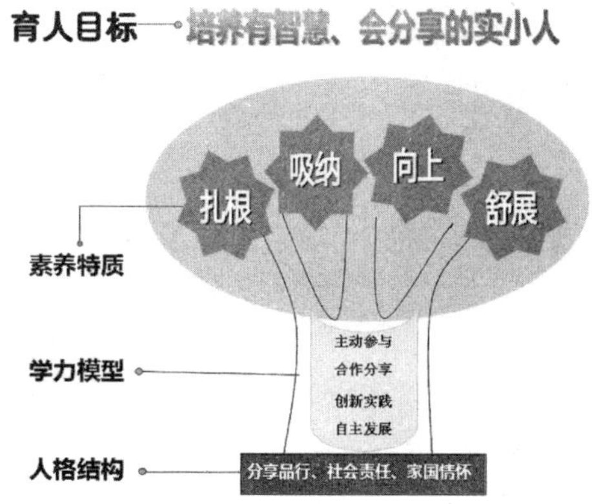

图 5 – 1

三、课程建设内容

(一)学校课程建设观

"先见森林再见树木"的"学校课程"观——宏观着眼,微观入手;

"既见森林又见树木"的"学校育人"观——面向全体,关注个别;

"没有两片相同叶子"的"课程评价"观——尊重差异,评价多元。

(二)课程内涵

"林—树"式学校课程是常州实小"学校课程"的统称,简称"林—树课程"。从课程范畴而言,"树"是一门门课程,类别相同或相近的课程组成课程群,"林"是课程群的总和。从生态范畴而言,"林"是"树"的生态基础,"树"是"林"的构成要素,也是"林"的存在价值;从育人范畴而言,在这片"林子"里,"树"与"树"之间既相互独立,又相互联系,它们协同作用,产生"1 +1 >2"的整合效应,构成了和谐育人的生态环境。由此可见,"林—树"式学校课程既指向课程结构的完善,又指向"建树造林"即课程实施方式的变革,最终指向和谐育人生态的形成。

(三)课程内容

作为"学校课程",它不是国家课程、地方课程、校本课程三级管理体制下课程的简单相加,而是以统整思维进行的整体建构。"林—树"式学校课程的内容特点为体系性、综合性、生长性,基于学生核心素养发展进行建构。

图 5-2

我们尝试师生共建一片"林子"。在这片"林子"里，有"乔木林课程"，有"灌木丛课程"，有"草本园课程"，努力让这片林子呈现高低错落、互生共存的和谐生态。

1. 建设"乔木林课程"

课程定位：校本化的国家课程

建设理念：高质量实施国家课程，校本化拓展课程视野

开发内容：以国家课程内的课程群建设方式展开，打破既定的以教材为主的结构。对每门课程在课程标准的指导下，基于学生实际进行校本化的内容统整，分为基础与拓展两个部分。基础部分根据学科关键知识与关键能力进行重新梳理，大致比例为70%—80%。拓展部分的内容变革旨在拓展课程视野，在实践应用中融合学科核心素养，提升学习能力。

课程设置比例：

开发主体：教师、学生

开发原则：基础性、拓展性、发展性

建构说明：乔木是高大的树种，根深、干壮、叶茂，是森林生态系统中的主体。"乔木林课程"是课程群，意为校本化实施国家课程必须凸显其主体性、基础性。同时要发挥"林群"的作用，举一反三，适当拓展，满足不同学生

图 5-3

的发展需求。因此，"乔木林课程"不仅要使学生习得学科关键知识，发展学科关键能力，更要促进核心素养的整体提升。

2. 建设"灌木丛课程"

课程定位：校本开发的主题综合课程

建设理念：给孩子们100种经历，留下一段温暖的记忆

开发内容：触摸历史、了解社会、亲近自然、学会生存、展示自我等五方面。

结构图谱如图5-4所示。

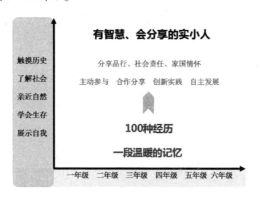

图 5-4

开发主体：以年级为单位的老师、学生以及家长、专家

开发原则：丰富性、实践性、人文性

开发举例：以"成长系列"为主题，一学期一个，大致为一年级：喜欢上学；二年级：亲近自然；三年级：善于发现；四年级：服务社会；五年级：探索历史；六年级：感恩成长。

内容框架如表5-1所示。

表 5-1

年级	学期	主题	年级	学期	主题
一年级	上学期 下学期	入学课程 入队课程	四年级	上学期 下学期	家政课程 公益课程
二年级	上学期 下学期	动物课程 种植课程	五年级	上学期 下学期	银杏课程 青果课程
三年级	上学期 下学期	科学发现课程 十岁成长课程	六年级	上学期 下学期	军训课程 毕业课程

建构说明：灌木是没有明显主干、呈丛生状态的树种。"灌木丛课程"多为统整课程，分枝较多，且相互交叉。要给学生100种经历，就是要让学生多向成长、多元发展。这里的"100"是虚指，意为丰富；"经历"则是实指，意为参与，包括参与课程建构、学习、评价等。

3. 建设"草本园课程"

课程定位：项目化自主活动课程

建设理念：促进"不一样的学生"的自主性、选择性、社会性发展

开发内容：分选修与自组织两块。选修课程内容为：人文苑课程群、智慧林课程群、艺体园课程群、生活吧课程群。自组织课程内容以特色工作室为主。

开发主体：学生、教师、家长

开发原则：特色化、选择性、社会化

建构说明：草本植物贴地而长，茎发达，柔软，开小花，多姿多彩。"草本园课程"指向学生的兴趣培养，丰富多彩。通过项目化学习、选修、走班方式给学生以自主选择与组织的机会，满足学生的兴趣、特长发展。"选修"以"快乐星期五"选修、走班方式展开，"自组织"以学生的兴趣、爱好为"群"，自我组建各类社团并开发相应课程。

综上所述，乔木林、灌木丛、草本园共同组成一片森林。这片林子高低错落，各得其所，又相互依存，和谐相处。乔木林课程、灌木丛课程、草本园课程共同组成"林—树"式学校课程这片育人生态林。

"林—树"式学校课程的内容结构如图5-5所示。

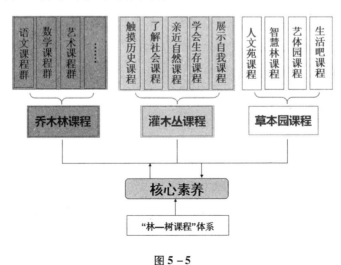

图 5-5

（四）价值立意

陶行知曾说，"人像树木一样，要使他们尽量长上去，不能勉强长得一样高，应当是立脚点求平等，于出头处谋自由。"在这一课程体系中，儿童的成长是课程建构之"魂"。虽然我们的"林—树"式学校课程分为乔木林课程、灌木丛课程、草本园课程，但在课程实施过程中具有平等的地位。儿童像小树苗一样地生长，起点平等，成长自由。因此，所有课程在"林子"里多向发展，蓬勃生长，滋养着儿童的成长。不同类的课程既相对独立，又互相有交集，也喻示着课程的实施相互融合、统整，儿童的素养提升互相作用与影响，形成一片育人生态林。

四、课程实施方式

课改以来，常州实小学生初步具备了自主、合作、探究的学习能力，学校也努力创造机会，让学生成为学习的主人。在基于学习主体行为的学习方式变革方面有所作为，如做中学、玩中学、游中学等。在基于内容的学习方式变革方面，语文学科绘本阅读的亲子共读式学习、主题性学习的合作探究方式等都做出了积极探索。

（一）聚焦学习方式的变革

在互联网、社会化的大背景下，基于技术的学习、基于环境的学习等相对较弱，学生基于数字平台，尤其是基于拓展性学习空间的自主学习没有得到应有的重视。同时，学生的学习方式不够多元。在"林—树"式学校课程实施中，常州实小孩子应有适宜的学习方式。因此，为学生创造更加丰富的学习机会、空间，尝试更多元的学习方式成为建设的主要目标。

常州实小学生学习方式多样化结构如图5-6所示。

图中有些学习方式已经变革且取得了成效，如基于学习主体行为的学习方式研究较多；有些是近阶段要努力变革的，如基于技术、基于环境、基于组织形式的学习方式等。

"林—树"式学校课程要着力进行如下学习方式的变革：

1. 基于技术的学习方式变革（选择工具）——用"互联网+"的思维方式

要用"互联网+"的思维方式让学生的学习实现课前、课中、课后、校内、校外的互联互通，并利用碎片化时间，让学生随时随地学习、交流、反思。在全校已经具备了互联网环境的条件下积极开展数字化学习研究，引导学生学会选择App。学校也提供相应的学习工具，在数字化平台上进行各科教学实验。

2. 基于环境的学习方式变革（选择土壤）——创建或使用好个性化学习

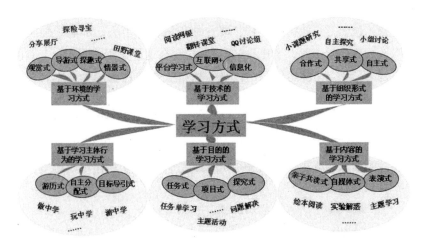

图 5 - 6

空间

在校园或班级内设置若干空间，如阅读空间、媒体空间、发现空间、表演空间、艺术空间、探险寻宝空间等，形成尊重儿童个性化学习的学习环境（见图 5 - 7）。

图 5 - 7

要为不同空间配置材料，通过材料来引导学生主动学习。这几个空间将会在某个项目学习中同时存在，但学生进入哪个空间属自主选择，可以填报"我的计划"卡，根据不同空间的要求完成"学习单"。学习以小组合作方式进行，也意味着学生积极参与课程建设。同时利用已有的无线全覆盖的数字化环境、分享展厅、阅览室、实践基地、实验室（比特、数学）、探趣生态园等，让学生在自主参与中开发出小导游课程、布展课程、探险课程、寻宝课程等，真正成为学习主人。

3. 基于目的的学习方式变革（选择任务）——开展项目化学习

要进行项目化学习实验——学生通过做项目，整合自己各个学科的知识和生活经验，并对自己的表现做出评价，同时促进团队协作。这是深度学习的一种表现方式。一般分为四个阶段：①项目启动；②项目计划；③项目执行；④项目收尾。项目学习指向学生核心素养的提升，也伴随着学生自主建构课程的过程。一般一个项目结束，学生要能撰写"项目报告书"，也要能清楚地知道并记录下该项目的实施流程。

4. 基于组织形式的学习方式变革（选择同伴）——开展共享式学习

尝试进行共享式学习实验——学生通过建构思维导图、小组合作式学习等方式达到共享知识与能力、信息与资源的效果。组织方式可以是利用自然空间，也可以是虚拟空间，即"网上学习空间"。无论是课堂上还是课余时间，无论是线上还是线下，要努力使学生学有同伴，乐于分享。

（2）聚焦教学方式的变革

借鉴语文、数学课程实施的经验，要从理念、文化、行为三个方面来变革。

"变"理念——拟形成"彼此尊重、互助共进、智慧分享"的课堂理念；

"变"文化——拟形成"全面关注、平等对话、资源共享"的课堂文化；

"变"行为——拟形成教师教学行为策略：耐心倾听、动态捕捉、指导合作、智慧引领。

拟形成学生学习行为策略：愿倾听、敢质疑、善合作、乐表达。

下图为教学方式结构如图 5-8 所示。

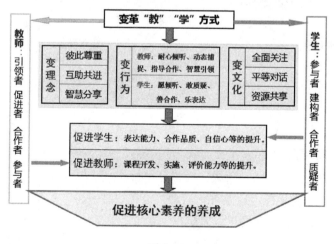

图 5-8

在教学方式变革方面，最重要的任务是：要让全校师生都"动"起来。语文的课型研究有待深入，能够积累大量案例；数学的教学方式创新尚需推广，各科老师都能主动思考、积极变革，促使"教""学"方式发生质的改变。

五、课程评价变革

进行学业评价多元化和综合素质评价结构化的探索。

1. 学业评价多元化

要采取"运用学习分析技术评价"与"学分制评价"两种方式。一是属于数字化学习范畴，二是属于评价机制的创新探索。

2. 在综合素质评价方面，要有四点突破

进行评价体系的建构：初步建构了评价体系范式（见图5-9）。

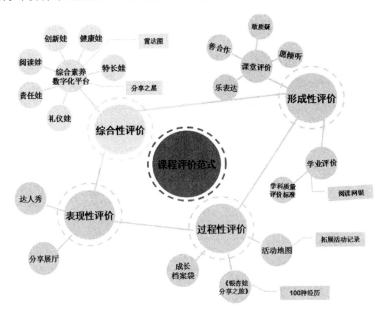

图5-9

进行表现性评价改革：主要方式为一"静"一"动"。一"静"是指开放"分享展厅"，为学生个人、年级、社团等举行"林—树课程"学习作品、成果展；一"动"是指举行"达人秀"活动，给在"林—树"式学校课程学习中有不同特长的学生进行才艺展示、表演。

进行综合性评价改革：在已有的综合素质评价平台上，更加丰富评价内容，让学生参与到评价体系中来，不断完善评价改革的内容、方式、手段、成效等。

突出形成性评价改革：要基于"互联网＋"，以"阅读网银"为载体，突破"大量阅读如何评价"的问题，既引导学生课外阅读，又能及时反馈，起到激励作用。

六、课程师资培训

常州实小拥有一支较为强大的师资队伍，具有很强的教学能力，课堂教学效率高，质量优。语文教师团队先行先试的实验，为"学校课程"整体推进奠定了基础，在不同课型研究方面给了老师们许多启发，如启动课、翻转课、拓展课等。同样，数学课程也积极探索，有了"核心问题导探式、数字平台交互式、实践操作体验式、合作任务驱动式"等教学方式的创新。在评价变革方面也做出了许多努力。例如，课程评价方面，较早地制订了学科质量评价标准，"依托标准实施学业评价"成为基本方法；在学生综合素质评价方面，已经开发了综合素质评价数字化平台，特别是在过程性评价方面，开展了"一册（银杏娃分享手册）、一图（活动地图）、一袋（成长档案袋）"的评价变革等。

目前最重要的任务是要实现教师"教学观"向"课程观"的转变，提升教师课程视野下的综合能力，包括课程开发、课程实施、课程评价等。师资培训要多以"任务驱动式"进行，教学变革要突出理念、文化、行为的变革。对学生学业的评价应更加多元，综合素质评价要更成体系。

首先是打造核心领导团队。学校成立"林—树"式学校课程开发与统整领导小组，汇聚学校的"校内学术专家"，定期进行理论学习与实战剖析，在"构建—实践—批判—再构建"中提升。

其次是锤炼骨干教师队伍。每个备课组、每个年级组均由学校骨干教师担任组长。学校将不定期举行组长研培会，以实际的案例进行分析、研讨、分享，提升开发与实施课程的能力。

第三是培训广大一线教师。要通过多种方式引导教师思考"我是谁"，找到"角色"定位，即我是小学教师，承担着整体育人任务。将从教师对实施课程的认知、反省、情意、行为四个方面提高教师的课程实施能力，而其中最有效的方式除了教师养成良好的阅读、思考、实践、反思的职业生活方式外，就是通过改善学校的教研方式来提升教师的能力。要能科学架构校本教研内容，突出课程研发；要丰富校本教研组织形式，突出课程开发小组为主体的课程研发教研活动；要定期进行跨学科经验分享，多举行全校性"林—树"式学校课程经验分享会。

一位好老师，就是一门好课程。加强教师培训，突出课程视野，带来教学方式真正革命的同时，让儿童走到课程中央，成为教育的"中心"。同时，好的老师好比一位好"导游"，要善于把儿童带进"林子"，教会他们看"地图"，却让他们自己走向目的地。这是"教师主导"价值意义的充分体现。

七、课程实施保障

（一）实施措施保障

1. 项目推进做到"点""面"结合。先组织语文组进行一年多的先行先试，在取得较丰硕成果的基础上再全校推广，让此实验项目的推进符合实际，具有实效。

2. 教师培训做到"举一反三"。重点做好骨干教师的培训，牢牢抓住这个"一"，以项目团队的方式全面推开就有了保障。这个"一"包括备课组长、教研组长、年级组长等核心人物，由此实现"反三"式的引领辐射作用。

3. 课程实施关注"人人""个个"。教师层面强化团队研究，各项方案的实施制订"保底"要求，鼓励创新实践，以评选"课改先进个人（团队）"的方式鼓励人人参与，个个加油；学生层面强调自主参与，积极建构课程，改变评价方式，鼓励学生全面、全程、全员参与学习过程，以评选"分享之星"等方式表彰积极参与者。

（二）实施路径保障

1. 设计好"林—树"式学校课程的实施完善路径，为推进全校性实验改革指明方向，见图5-10。

2. 每类课程将建立课程资源库。通过大数据平台分析，适时丰富完善课程资源，调整课程实施，实现共建共享。

（三）课程评估保障

学校将引入第三方评估。2015年底，常州市实验小学教育集团与上海思来氏评估机构全面合作，旨在对未来三年实小集团"林—树"式学校课程实施情况把脉、诊断、评估，用大数据的测试分析更加科学、规范、客观地引领学校发展。主要合作项目有：阅读网银升级版、一年级学生综合素质前测评估、一年级期末综合素养评估、"草本园课程"选课平台、"林—树"式学校课程建设平台。数字化平台的引入与校本化的建构也将帮助学校提高顶层设计能力，积累丰富的研究素材，提供更规范的资源保障，确保课程改革的顺利进行。同时也对各类课程是否受到学生的欢迎、是否具有生命力建立相应的课程评估机制，聘请相关专业人士、家长代表、社会贤达及学生代表，通过大数据平台、问卷访谈、实地调研等方式听取对课程实施的建议。

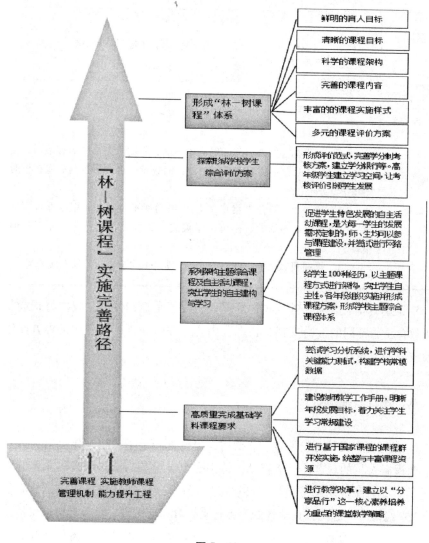

图 5 - 10

（四）实施机制保障

1. 财力保障。作为江苏省前瞻性实验项目，省里将给予一定经费的保障。除此之外，学校设立专门的资金，确保课程开发过程中必需的物资采购、环境改造、材料准备等，设立专项经费，并用实绩争取区、市级的重点项目经费，来表彰鼓励积极作为者。

2. 时间保障。学校进行课时安排弹性化试点，对于自主开发的主题综合课程的实施予以校内时间的保障（见表 5 - 2）。

表 5-2

课程科目	周课时						留白
	一年级	二年级	三年级	四年级	五年级	六年级	
乔木林课程							
灌木丛课程							
草本园课程							
备注	（1）这里标注的课时不是绝对割裂的，就如生态园之间有融通、交集一样，但总课时数不超过课程计划规定的数量，也严格控制学生在校时间不超过 6 小时。 （2）课时不一定是严格意义上的 40 分钟的一节课，根据课程实施需要，可以实施长短课时，也可以半天或一天为单位进行集中学习，但需报备。 （3）课时设置适当"留白"，考虑满足不同学生的差异发展需要						

3. 运行保障。"林—树"式学校课程的改革是结构性的。我们将积极争取上级教育主管部门的大力支持，在课程内容、课时安排、课程评价等方面给予学校改革的自主权。

八、课程成果预期

（一）创新预期

1. 在社会主义核心价值观、立德树人思想的指导下，校本化提出"人建课程、课程树人"的观点并付诸行动，特别提出学生参与课程建设的主张并将形成《学生参与课程建设指南》。在基础教育领域，这是将"社会主义核心价值观""立德树人"思想真正落地的实施行动，具有前瞻性，更具有推广价值。

2. 在学校教育哲学引领下，在课程统整背景下，以"林—树"作喻，直面"只见树木不见森林"的教育问题，形成依据学生素养研制学校课程的架构策略及课程体系，并将形成《"林—树课程"的课程纲要》《学生参与课程建设行动指南》，具有原创性与实践性。

3. 基于社会对人才培养的需求背景，形成"教""学"方式的变革策略，突出"儿童在林中央"的价值，架构学生综合素养培养策略与评价体系，具有校本性与发展性。

（二）成果预期

1. 针对学校课程体系研究，形成《"林—树"式学校课程建设纲要》。

2. 基于学习方式的研究，形成学生的学习方案与典型案例。

3. 基于学生参与课程建构，形成《学生参与课程建设行动指南》。

4. 撰写《"林—树"式学校课程建设的实践研究》一书（暂命名）。

"林—树"式学校课程建设是学校整体办学质量提升工程，同时把教育信息化建设融在其中、化在其中。希望"林—树"式学校课程营造的育人生态能够为儿童生动活泼地学习、健康快乐地成长服务，给他们留下一段温暖的记忆、温馨的故事。

第二节　学科课程方案列举

一、以常州市西新桥小学语文课程建设为例

（一）课程建设的背景

1. 学校文化建设的价值追求

苏霍姆林斯基说：教育的理想在于使所有的儿童都成为幸福的人。我校的文化价值追求——教育是教会每个个体追求幸福的事业。近五年来，在"让学校成为师生幸福栖息乐园"办学理念的引领下，西小对"幸福教育"初步形成了校本化解读："成长环境的安全感，学生主体的参与性，学习生活的充实感，互动交往的心灵相契"。在这样的文化土壤中，培养"大气向上、自立坚韧"的西小儿童。在这样的价值判断下，承载着重要的基础性素养培养的语文学科，成了我们最迫切需要变革的学科课程。

2. 语文课程深度变革的需求

语文课程深度变革需要贴近学生的生活，从仅关注"听、说、读、写"的语文能力转向关注学科核心素养；要从知识传授转向学生的生活学习、实践体验、验证探究；要从单一的教教材转向"创造性使用教材，积极开发、合理利用课程资源"。

由此，我们坚定了以"主题·实践"语文学习为抓手，撬动语文学习的整体转型。因为教学内容的主题化可以带来资源的整合化、组织的弹性化、评价的多元化、师生关系的合作化。更因为2011版的《义务教育语文课程标准》指出："语文课程是一门学习语言文字运用的综合性、实践性的课程。""应着重培养学生的语文实践能力，而培养这种能力的主要途径也应该是语文实践。"

3. 学校语文课程已有的基础

我校作为钟楼区语文课程基地（2013—2015），常州市数字化实验学校，拥有优美的校园环境、齐备的硬件设施，以及常州市优秀教研组的语文团队，为课程开发提供了丰富的资源。三年来我们叩问、试水、探索，在语文课程校本化的实践中坚实前行！

（二）目标任务

1. 总目标

（1）开发"开放、有活力"的主题群，构建"主题·实践"语文学习体系。

（2）建设促进语文实践的课程资源平台，实现母语教学与生活实践的整合。

（3）丰富学生学习方式，重建语文学习评价，培养学生具有适应实际生活需要的语文素养。

（4）提升教师课程开发、教学变革、学生评价的能力。

2. 分目标

学生发展目标：

从"儿童立场"出发，根据不同学生的学习需求和学生评价，丰富语文学习的样式，转变学习方式；落实学科核心素养的培养，提升学生整体的综合素养。

课程发展目标：

基于学生需求、基于学生培养目标，着力进行具有西小特点的主题群建设。主要在国家课程的校本化实施方面上进行资源平台建设、学习评价重建。

课堂发展目标：

探索课堂实践研究方式，树立课程的育人价值观，在教学实施中要有"学生立场"，关注对儿童的研究，要在开放互动的课程教学中学会整合资源的灵活处理，创生新的实践范式。

教师发展目标：

树立课程意识，以学科素养的提升为基石，融学习、实践、反思为一体，多方位、多角度、多策略推进教师的主动发展和整体提升，关注与推进教师的内力形成，激励和扶持骨干教师的特色打造，能在辐射引领中成就品牌教师。

教研组发展目标：

通过系统梳理，明晰教研组现有状态，重建教研组、备课组制度文化，激发不同层次教师研究热情，依托教研组开展学习与实践，打造学科品牌，争创市优秀教研组。

3. 语文学科年度发展目标性目标实施计划（见表5-3）

表5-3

学年	具体发展性目标（任务）	现有情况	主要成功标志
2016 年	1. 构架语文课程内容，清晰课程实施与研究。 2. 梳理教材与分析学生实际，进一步确定基于教材主题课程实施内容，借助已有经验开展课程实践。 3. 进一步探索基于学科融通主题的研究，注重已有的研究成果转化。 4. 探索超越教材主题的研究。 5. 购买学生阅读平台，启动BYOD研究项目。 6. 进一步进行校园环境建设	已初步搭建语文课程实施内容。 已经开展部分基于教材主题课程的研究，如节日串串烧课程等。 已经开展了部分学科融通主题研究，如春天课程、走进中国年课程	形成语文课程实施方案。 形成12个完整的基于教材的主题课程实施内容案例。 形成3个学科融通的主题课程实施内容案例。 初步研究节气课程。开展课程建设成果汇报、交流展示活动。 启动阅读平台，评选2016年阅读达人。形成BYOD研究小组，赴上海学习实践经验。形成研究方案。 建设春天长廊
2017 年	1. 深入推进课程实施。重点关注"学科融通主题"及"超越教材主题"。 2. 尝试开始"主题·实践"语文评价体系的建设。 3. 进一步进行"主题·实践"语文资源平台建设		至少形成4个相对成熟的学科融通主题课程纲要。 形成超越教材主题课程实施的初阶研究手册。 引进即时性评价系统。 建设秋、夏两条长廊。 建设模拟法庭、西新报社、古典文学馆。 开展课程建设成果汇报、交流展示活动
2018 年	1. 出台语文学业质量标准。 2. 形成1-6年级课程实施手册。 3. 建设冬天长廊		结合核心素养的研究与实践，出台比较完整的学科质量评价标准。 四季走廊全部完善。 形成《幸福教育理念下"主题·实践"语文课程实施手册》开展课程建设成果汇报、交流展示活动

（三）工作举措

1. 构建"主题·实践"语文学习体系

（1）逐步清晰语文课程学习的素养结构。

基于高中语文核心素养的界定（语言的建构与运用、思维的发展与品质、审美的鉴赏与创造、文化的继承与理解），在办学理念的引领下，结合学段特点，西小的语文课程核心素养定位在"厚德、尚文、养心"，指向语言、思维、审美、文化四个方面。随着教育部关于核心素养体系的研究以及我校课程实践深入，对基于校本的素养结构在研究中也会不断地完善，见图5-11。

图 5-11

（2）滚动生成三种主题类型。语文学习中的主题是连接着教材、社会、儿童的"共振点"。基于对幸福教育的理解，我们选择主题的三个纬度是：人与自我、人与自然、人与社会，依据资源来源共有三种主题类型，见图5-12。

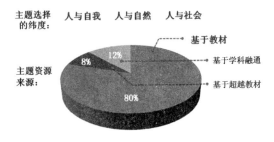

图 5-12

基于教材：打通课与课之间、打通单元与单元之间、打通多版本教材，增删调补，教材重组。每学期重点突破1—2个，骨干先行，梯队跟进，根据教师研发能力滚动生成。如表5-4。

表 5 – 4

纬度	主题	主要实施学科
人与自我	我是小学生了	语文、思品、美术、音乐、班队、体育、数学……
	我在成长	语文、思品、美术、音乐、班队、体育、数学……
	今天我毕业！	语文、思品、美术、音乐、班队、综合实践、数学……
	……	
人与自然	春天来啦！	语文、美术、音乐、思品、数学、体育……
	快乐的夏天	语文、美术、音乐、思品、数学、体育……
	秋天真美！	语文、美术、音乐、思品、数学、体育……
	冬天的童话	语文、美术、音乐、思品、数学、体育……
	……	
人与社会	走进中国年	语文、班队、美术、音乐、思品、综合实践……
	清明记忆	语文、班队、美术、音乐、思品、综合实践……
	情系端午	语文、班队、美术、音乐、思品、综合实践……
	但愿人长久	语文、班队、美术、音乐、思品、综合实践……
	走进民俗世界	语文、班队、美术、音乐、思品、综合实践……
	……	

基于学科融通：跨学科整合，提炼语文学科与其他学科连接的"触点"，在跨界学习中实现语文知识和能力的实际运用。每学年突破1—2个，如表5–5。

表 5 – 5

人与自我		人与自然		人与社会	
一年级	做勤劳智慧的好孩子	二年级	我爱小动物	一年级	我爱我家
五年级	做山一样的人	三年级	美丽中国行	二年级	节日串串烧
六年级	学会选择	四年级	动物大爱	三年级	我们爱科学
				四年级	探访苏东坡
				五年级	峥嵘岁月（长征）
				五年级	与《水浒》相约
				六年级	祖国在我心中

基于超越教材：因为"语文课程对继承和弘扬中华民族优秀文化传统和革命传统，增强民族文化认同感，增强民族凝聚力和创造力，具有不可替代的优

势。"为了更好地落实立德树人的根本任务，这三年我们先将聚焦节气主题开展，后续将会沿着这条线自主开发更多的主题。见图5－13。

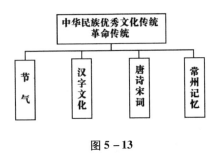

图5－13

（3）形成课程实施范式

基于教材的主题与学科融通的主题在实施时，超越了课与单元的界限，实现主题下的统整。通过主题导学、主题推进、主题总结的课型范式，形成了"一课带一串""一课带一本""一本带多本"的实施样态，见图5－14。

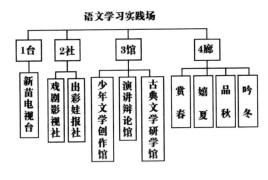

图5－14

超越教材的主题则按年段分模块选修，每两周拿出一节语文课，学生跨年级进行选修，混合学习，采用学分制进行评价。

在主题学习中，充分体验语文内容的丰富性与语言运用形式的综合性，从"听、说、读、写"拓展到"观、吟、诵、唱、演、辩、画"……语文的学习将走进博物馆、纪念馆、公园、名人故居、企业等，在社会实践中学习语文，实现学科育人的真正价值。见图5－15。

2. 建设"主题·实践"语文资源平台

（1）数字化和语文学习的融合：采用BYOD（即每一个学生都能够使用自带设备进入互联网＋教育时代的个性化学习）模式，利用珠峰数字化学习平台，促进学生语文个性化学习。建设"西小数字化语文阅读平台"，实现"时时、处

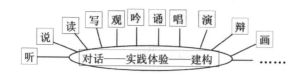

图 5 - 15

处、互动"的阅读体验，形成每位学生的阅读经历，通过大数据分析，及时调整课程实施。

（2）把学校建成语文学习的实践场，为学生语文学习与表达创设环境与平台。见图 5 - 16。

图 5 - 16

（3）开发资源，形成《幸福教育理念下"主题·实践"语文课程实施手册》。见下图 5 - 17。

3. 建设"主题·实践"语文评价体系

（1）对课程有效性的评价：组织教师、学生、家长、专家进行调查问卷和研讨会。

（2）对学生语文学习水平的评价：

细化"年级能级目标"，用数字化、嘉年华等方式进行学生语文素养检测和评估。

用电子研究手册与主题护照，在过程中客观评价，注重学生的可持续发展。

每学期开展"阅读达人""表演星""文笔星"等评选活动，激励学生的语文学习。

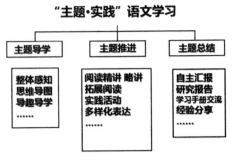

图 5－17

（3）对教师课程实施的评价：引导教师自我反思，通过主题成果包、课程故事集进行教学督察评价。

（四）时序进度

第一阶段准备阶段：2015 年 12 月完成语文课程基地建设方案，并组织申报常州市语文课程基地。

第二阶段实施阶段：2016 年 1 月—2017 年 6 月，再次开展内部调研，聘请专家指导论证合理规划，搭建语文课程基地的活动平台，开展实践研究。

第三阶段总结阶段：2017 年 7 月—2018 年 6 月，踏实开展"主题·实践"语文学习探索与实践，同时进行语文实践场的建设。

第四阶段推广阶段：2018 年 7 月—2018 年 12 月，总结语文课程基地建设经验，挖掘语文课程基地的内涵，全面推进课程建设与发展。打造语文课程特色，彰显小学语文课程基地的功能，带动区域学校语文课程的深入推进。

（五）绩效预期

（1）通过课程基地创建的实践与研究，促进了师生的发展。这个项目是在学校办学理念"让学校成为师生幸福栖息的乐园"引领下，根植于学校原先特色项目与教学研究的基础之上，在研究中依据学生学习的规律，逐渐明确学校语文课程的文化立场，培养儿童核心素养，为成为能谋取幸福生活的现代公民奠基。同时也使教师开发、实施、评价课程的能力得到了提升。

（2）通过课程基地创建的实践与研究，找到语文课程建设的突破点。学校以主题引领，整合教材、生活中的资源，来拓展语文学习的时空，并将校园文化、实践活动和数字化平台相勾连，将孩子参与活动的过程赋予语文实践，让孩子在校园各种场域中互动，在真实的情境中提升语文素养。

（3）学校的语文课程建设是一套完整的体系，且具有明确的目标和内容，具有可行性。符合语文学习的规律，有利于师生语文素养的提升和精神的提升。

且在实践的基础可以总结经验，具有辐射、推广的效能。

（六）课程基地建设的保障

（1）组织管理保障。成立学校语文课程基地建设领导小组。校长亲自带头对语文课程建设的整体实施工作进行统一协调、指导、监督。由专业学科带头人、骨干教师组成团队，各尽其职，层层落实。

组　长：金松武

副组长：王莺

组员：学科主任、年级组长、教研组长、所有语文老师

建立语文课程基地建设的检查、指导和评估制度。

教研组活动围绕主题寻找素材，整合资源；不同学科教师间实现跨界合作，为同一主题提供智力支持与技术指导、协同教学；不同主题开发实施中研究单元灵活组合。

（2）师资保障。除对教师进行培训外，聘请上级的领导、专家和社会上有专长的其他方面的人才为校外"智囊团"，定期到我校指导语文课程基地建设工作。开发社区资源，获得社区支持。学校成立的家长委员会，为学校发展提供了重要的社会资源。

（3）课堂实施保障。根据课程实施需要，实现弹性制学习，课时灵活设置，课时不一定是严格意义上的 40 分钟的一节课，可以实施长短课时。

（4）财力保障。在钟楼区教文局的支持下，在自身优势和基础建设保证上学校前期已投入经费，在现有基础上继续提供经费，在业务培训、资料搜集和开展活动等方面，保证经费的落实。

（5）信息技术资源保障。课程资源丰富，硬件设施齐备。学校图书馆是常州市优秀图书馆，同时拥有两个现代化电子阅览室，一个教师阅读室；学校是常州市数字化试点校园之一，持之以恒开展数字化、信息化教学研究；信息中心为教师与学生的课程学习提供基本的服务。

（6）社会支持。聘请上级的领导、专家和社会上有专长的其他方面的人才为校外"智囊团"，定期到我校指导语文课程基地建设工作。西新桥小学与社区的关系良好，互动学习平台多，是社区学校共建的优秀单位，社区为学校发展提供很多帮助。学校成立的家长委员会，为学校发展提供了重要的社会资源。

二、以常州市怀德苑小学数学课程建设为例

（一）背景分析

常州市怀德苑小学建校时间不长，1999 年作为居民小区配套学校应运而生。

建校初期为民办性质，2001 年，被钟楼区政府接管，改制成为一所公办学校。2013 年香江华廷小学成立，两校组成怀德教育集团。

年轻的怀德苑小学建校时正值第八次课程改革初期，各学科课程标准，尤其是《全日制义务教育数学课程标准》给学校带来了极大的冲击，颠覆了即有的传统观念与思维方式。如何在新课程理念指导下，改变师生教与学的方式，提升教师的实践智慧，促进学生主动健康发展？学校数学课程建设势在必行。始于 2003 年的怀德数学课程建设经历了三个研究发展阶段：数学活动课程的探索与实践、小学数学文化场的构建、"玩数学"教育价值的彰显。每一阶段的研究都产生于对学校教育现状的分析，针对实际教学中的真实问题而展开；每一阶段的研究都立足于前一阶段研究的背景之下，环环相扣，体现循环往复、螺旋上升的趋势。

怀德苑小学创建之初，很多教师都是从全区各个学校抽调过来的。其中有几位教师来自同一所学校，他们在原学校就已经认识到仅将书本上的数学知识传授给学生是远远不够的，因此 20 世纪 90 年代就尝试在学科教学之外，利用数学兴趣小组活动的形式给学生开设数学活动课，将数学知识与现实生活紧密联系，同时又利用数学知识解决实际生活中的问题。在尝试探索中，形成了一些比较好的思考与做法。新一轮课程改革启动，全新的教育理念与这些在教改领域先行先试老师的思考不谋而合，更系统地引领指明了研究发展方向，极大激发了这一批教师研究的积极性。因此，在怀德苑小学开展"数学活动课程"的探索与实践成为必然。2003—2007 年，学校对数学活动课程的实施从制度层面予以了设计与保障，以校本课程的形式，每周一课时安排入课表。课程内容的开发与组织从教师个体的"单打独斗"到备课组的"抱团发展"，逐步形成了以"开发教材相关内容""整合学校重大活动""聚焦时事新闻"为主线的系列数学活动课。经过几年的实践与努力，学校数学活动课程在省内外引起了比较大的反响，一批教师在研究中成长，怀小学生身上独特的数学特质逐步凸显。但是，处于这一阶段的研究实践也存在着一些问题：国定课程与活动课程内容简单叠加、实施呈现"两张皮"的现象；缺乏更高层面的整体架构，实施随意性相对较大；课程评价没有因课程外延的拓展而变得更丰富多元……

对"小学数学活动课程"的研究反思，经历了比较长的一段时间，在自上而下，又自下而上的多循环论证中，学校逐步清晰了进一步研究的方向——构建小学数学文化场。数学文化场的构建，超越了点状的、单一的数学教学研究，站在大课程观的角度，系统架构了学生小学阶段数学学习生活，并致力于评价改革的研究，形成了"三个三"的实施策略：打造三个阵地（数学课堂教学、数学思维体操、数学实践活动），搭建三个平台（数学报、数学节、数学网），进行三项评价改革（能力比武、成长记录、数学报告单）。切实可行的操作策略在校园中形成了特殊的"数学文化场"，置身于场域中的每个人在"有形"与"无形"，"内隐"与"外显"的不断作用、相互转化下悄然发生着改变，学校也呈现出鲜明的数学文化特色。但依然存在问题：国家课程与校本课程的内容与实施依然整合不足，两者之间没有彻底打通，教学资源相对不足，教师控制依然明显，学习方式有待改进……

在经历前两个阶段尝试探索的基础上，学校于2013年开启第三轮研究，并建构起"玩数学"的课程理念。"玩数学"是儿童立场的集中体现，"玩"的主体是儿童，数学教学要以发展儿童，培养儿童的核心素养为根本任务。启发我们数学课程不仅要培养儿童的数学素养，使儿童具有创新精神和实践能力同样重要。"玩数学"是儿童学习的重要方式，"玩"是方式，要让儿童有足够的时间和空间经历观察、实验、猜测、计算、操作等活动过程。启发我们要让数学学习活动富有综合性、实践性，让学生充分动手实践、自主探索、合作交流。"玩数学"是儿童学习数学的理想样态，"玩"是载体，"玩"的背后是"数学地思考"，是理性精神、创新意识、实践能力等的培养。启发我们不仅仅是把"玩"当作手段，更要彰显儿童内在的游戏精神，让儿童的数学学习呈现出自由、自主、体验、探索、创造的特征。我们将课程的价值定位于"玩数学"，遵循了普通教育学的一般原理与规律，符合数学学科自身的基本特点，更是基于儿童学习数学的心理学原理与成长规律。为通过"玩数学"价值的彰显，实现小学数学课程的整体转型，特制定本方案。

（二）课程目标

怀德苑小学对数学课程目标有着自己独特的表述，旨在通过怀德数学课程学习，让学生拥有一双能用数学眼光观察事物的眼睛，拥有一个能用数学思想思考问题的大脑，拥有一双能用数学方法尝试实践的巧手。

三个"拥有"蕴含着三个层次的目标。第一层次："动眼、动脑、动手"是指让儿童在数学学习过程充分经历（感受）、体验（体会）、探索，从而在掌握知识技能过程中学会数学思考和解决问题；第二层次："数学眼光、数学思想、数学方法"强调的是学生要获得基本的数学思想方法；第三层次：让儿童拥有探索精神和学习数学的兴趣。

（三）课程内容

为弥合国家课程与学校和学生的距离，改变各领域课程内容之间实施不均衡的现状，对国家课程、校本课程和校本化实施成果进行重新整合，形成学校实施层面的怀德数学课程内容（见图5－18）。

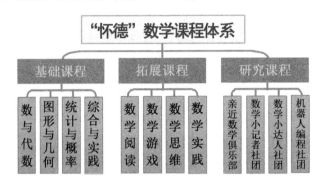

图5－18

　　在国家数学课程标准的指导下，以省编教材为主要教学资源，对省编教材的部分内容进行重构以优化国家课程内容；以自编教材《亲近数学》丛书为主要教学资源，开发拓展课程和研究课程内容，体现课程内容的弹性，满足不同学生的需求（见表5－6）。

表5－6　拓展课程"数学游戏"内容框架

年级	学期	游戏主题	年级	学期	游戏主题
一年级	上	拼图游戏	四年级	上	方格游戏
	下	棋类游戏		下	数独游戏
二年级	上	拼板游戏	五年级	上	魔方
	下	聪明格		下	汉诺塔
三年级	上	剪纸游戏	六年级	上	孔明锁
	下	扑克游戏		下	九连环

　　三级课程内容课时结构为5＋1＋X，即每周5课时基础课程，1课程拓展课程，X为以走班俱乐部、社团形式进行的研究课程。

　　（四）课程实施

　　怀德数学课程实施，以"玩数学"理念的建构为起点，通过开发资源——让数学可"玩"，统整实施——让儿童会"玩"，变革评价——让儿童愿"玩"，实现数学课程从价值取向到内容选择、教学方式、学业评价的全方位变革（见图5－19）。

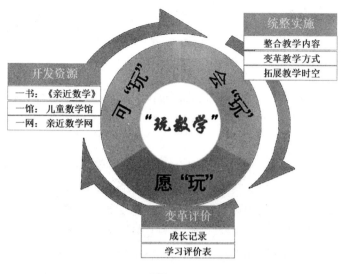

图 5 - 19

1. 开发资源——让数学可"玩"

"玩数学"离不开构成课程基本要素的课程资源。资源决定着教学内容是否贴近学生；资源影响着教与学方式的选择，决定着教学的宽度、厚度和深度。丰富的课程资源是"玩数学"的基本条件，为了让数学可"玩"，通过"一书""一馆""一网"的打造，形成一个从文本到环境与工具，从线下到线上的多维资源库系统。

（1）修订《亲近数学》。对校编《亲近数学》丛书的修订紧扣省编教材内容，让国家课程内容更贴近学生、更"好玩"，同时打通国家课程与校本课程内容的经脉，拓宽数学学习的视野，使学习资源更丰富。修订的内容主要有四类：一类，对教材部分内容进行单元重组，素材重编。二类，开发数学阅读材料。三类，设计综合实践活动。四类，编排思维开发习题。

（2）建设儿童数学馆。通过环境与工具的改造开发，让实践性探究学习成为可能。数学馆两校同步建设，怀德数学馆适用于四至六年级学生，包括数科园、数学步道、数学实验室、数学文化窗。香江数学馆适用于一至三年级学生，分五个区：日常教学区、网上学习区、数学实验室、交流体验区、校园各角落。

（3）开发亲近数学网。亲近数学网是一个咨询丰富、即时交互、功能强大的数学网站。主要通过"麦斯 e 校"的建设，为学生搭建一个"玩数学"的多样化互动学习平台，支持学生个性化学习。"麦斯 e 校"分四大板块：游戏室，为学生每学期学会 2 个数学游戏服务，形成 12 个经典数学游戏资源包。口算吧，提供与教材配套的网上口算练习平台。单元练，配合教材提供单元基础练习，供有需要的教师、学生自主选用。勇闯关，为学有余力的学生提供暑期"上册""下册"在线拓展练习。

2. 统整实施——让儿童会"玩"

探索以"主题模块教学"为载体，对国家课程和校本课程进行统整实施，以此实现教学内容的整合、教学方式的变革、教学时空的拓展，让儿童会"玩"。

（1）整合教学内容。通过主题的提出，将数学教学内容整合成综合的数学实践板块，让学生在综合、实践的数学学习活动中获得充分、和谐的整体发展。

主题的提出，注重长程规划以"类"推进教学。例如，"数与代数"领域中运算律或其他一些规律的教学，"图形与几何"领域中面积或体积计算公式的推导等，它们虽然不在同一年段，但其蕴含的数学思想与方法结构却是相通相容的，我们通过诸如"推理能力""转化思想"等主题将它们归为若干类别，进行"类知识"的教学。

主题的提出，注重拓展融合以"活动"推进教学。例如，"数与代数"领域中的计算教学，"统计与概率"领域中的统计方法教学，常常因素材与学生有距离、活动拘于课本和教室等原因造成学生被动学习，我们通过综合与实践活动主题的提出，将数学与生活融合、与其他学科融合，将数学学习拓展到课外、拓展到生活中。

（2）变革教学方式。以"主题模块教学"为载体，将"综合与实践"的教学形式体现在日常教学活动中，让"综合""实践"的主旨在所有课程内容的实施中得以体现，以此促进教学方式的变革。

设计课堂观察量表。通过课堂观察量表的设计，研究不同主题、不同学习内容的评价指标，为课堂的教与学建立明确的引导。

建构课堂动态流程。具体到主题模块中每节课的教学，在实践的基础上逐步提炼形成基本的教学动态流程，以便一线教师具体操作。

积累课堂教学范式。通过剖析一些成功的研究案例，积累各种类型的教学范式，给教师的教学实践提供一些可以参考的"方式"或"指南"。

（3）拓展教学时空。主题模块教学的活动，从时间上要超越课堂 40 分钟，做到前伸后延；从空间上要跨出单一教室，进入多维空间。

超越课堂 40 分钟。除了日常数学课和亲近数学课，探索课前先行作业、课间数学游戏、午间数学阅读、俱乐部社团、周末网上课堂、假期"长作业"等形式，将学生的数学学习从课内向课外开放。

跨出教室、学校。尝试跨出班级教室，充分利用数学馆、各学科专用教室，将数学的课堂拓展到学校的每个角落。引导学生从学校走向家庭、走向社会，将数学学习的触角延伸到学生生活的各个领域。

（五）课程评价

随着怀德数学课程内容的重构、教学形态的变革以及实施路径的拓展，学生学习数学的面貌将发生巨大的改变，传统的评价方式已无法全面、科学地评价学生的数学学习。探索以"成长记录"的形式建构过程性评价体系、以"数学学习评价表"的形式建构基于学期终结性评价的数学学业质量评价体系，从数学课程建设的角度，创新怀德数学评价体系。

1. 过程性评价体系

通过成长记录的内容设置来体现过程性评价的指标。成长记录的内容包括特色内容，如首页照片、数字告诉你、我认识的数学家、学分银行等；常规内容，如先行作业、能力展示、作品展示、学习小结、数学日记等；提倡内容，如探究活动、开放式问题、活动报告等。

通过形成记录细则、丰富记录范例、加强记录指导三方面的探索，创新成长记录的记录方式，以使学生轻松、高效地进行成长记录。探索呈现方式多样、呈现时间灵活、反馈方式多样的成长记录评价方式，从而优化、提高成长记录的可操作性，充分发挥成长记录的价值功能。

2. 学业质量评价体系

学业质量评价，主要指学生每学期的数学成绩评定，也指学期评价的最终结果。为了解决传统评价方式以书面测试代替学习评价、无法全面评价学生学业质量、与学校的课程实施无法匹配等问题，我们探索以"学习评价表 + 学期成绩评定"的模式，逐渐形成一套适合怀德学生的、评价多元且易操作的数学学业质量评价系统。

改变过去平时成绩的采集全部依据书面测试的状况，将平时作业和成长记录核定成分数各作为一次平时成绩，以此完善平时成绩的构成。加强命题研究，提高教师命题能力，设计试题时关注并体现"怀德数学"教学的核心特质，通过提高自主命题的质量保障课程评价的质量。

（六）实施保障

1. 组织保障

"怀德"数学课程实施建立了以校长为第一责任人的工作机制，成立由学校行政、各学科骨干教师代表组成的课程建设领导小组，同时获得数学家的支持、课程专家的引领，以及学科专家的深入。

2. 师资保障

为保障"怀德"数学课程的实施，区教育文体局保障学校数学教师队伍的基本稳定，在优秀人才引进等方面优先考虑。学校在数学教师培训及队伍的建设等方面重点关注。

3. 经费保障

学校应为"怀德"数学课程实施提供充足的经费，新建数学馆、改建数学网，添置相应的教学辅助设备，为教师外出学习、学生实践活动、数学类书籍的购置等提供物质支持。

三、以常州市觅渡教育集团英语课程建设为例

（一）现状分析

1. 已有基础

（1）市级英语课程基地的导向作用。2013 年初，市级英语课程基地建设工作开始启动。我们始终以课程基地总方案为方向性指导，在课程设置、课程资源、课程实施、课程评价等维度做了一定的研究与探索。截至 2015 年，一至六年级课程整体架构初具形态，课程资源由散点逐步走向聚合。但是，由于课程基地建设方案比较宏观，有些方面可操作性不够强。因此，在后续的课程建设中，我们将根据学校实际情况及学生发展需求对课程方案进行细化和微调。

（2）国际理解教育探索的支撑作用。我校是常州市国际理解试点学校之一，国际理解课程的实施以及国际交流活动有助于学生在更好地了解世界，增进他们与其他国家青少年的沟通与交流的同时提升他们用英语传播中国文化的能力，这对于他们的认知、情感、责任与义务等方面都有深远影响。

（3）低年段语文课程改革的融通作用。我校低年级语文课程改革的重点项目是绘本阅读与教育戏剧，这些课程的实施对学生的成长大有裨益，既能增长认知学习、增进语言学习、培养品行习惯、提供生活经验、进行美学熏陶、感受阅读乐趣，又能丰富情感体验、锻造团队精神、培养创造想象能力。它们赋予了语文课程新的内涵，也给英语课程建设提供了极好的启示和借鉴。

2. 存在问题及原因分析

（1）国家课程满足不了多数觅渡学生的英语学习需求。大多数觅渡学生的家庭非常重视孩子的英语启蒙教育，入学前已经有了一定的英语学习经历，如毕业于双语幼儿园或具有参加校外英语学前培训机构的经历。而义务教育阶段小学英语课程开设从三年级开始，国家课程与学生英语学习需求之间出现了两年的断层期。

国定课程所提供的牛津英语教材有一定的局限性。我们使用的教科书是实施学校基础型课程的重要载体，但它所能为学生提供的英语学习素材毕竟很有限，它只是课程的底线，在很大程度上滞后于觅渡学生的学习需求。其次，教科书都是以主题为单位依次编排的，主题与主题之间往往互不相干，使得孩子的英语学习支离破碎，更大的问题还在于提供给孩子的语言输入少，难以激发学生的学习兴趣。

（2）部分老师缺乏德育为先、能力为重、全面发展的学科教育理念，课程意识不强，英语课堂仍然止步于英语课本上语言知识的学习，学生把大量时间花在记单词、背课文上，制约了想象和创造的时空，因而窄化了英语课程对于学生发展的意义，忽视了学生在学好英语的同时还需要提高综合语言运用能力，发展自主学习能力，提升跨文化意识，提高综合素质，形成良好的意志品德和正确的价值观。

（二）课程目标

整体目标：

培养具有善于倾听、勤于阅读、乐于表达、自主探究、主动合作、开放包容、国际视野等英语学科素养和个性特长的觅渡学生，让英语成为学生喜欢的有用的、有趣的课程。

具体目标（见表5-7）：

表5-7

年段	课程目标
低年段	对英语有好奇心，喜欢听他人说英语。 能根据教师的简单指令做动作、做游戏、做事情。 能做简单的角色扮演。 能唱简单的英文歌曲，说简单的英语歌谣
中年段	对继续学习英语有兴趣。 能用简单的英语互致问候、交换有关个人、家庭和朋友的简单信息。能表达简单的情感和感觉。 能根据所学内容表演小对话或歌谣。 能在图片的帮助下听懂和读懂简单的小故事。 能模仿范例书写词句。 在学习中乐于模仿，敢于表达，对英语具有一定的感知能力。 对学习中接触的外国文化习俗感兴趣

续表

年段	课程目标
高年段	对英语学习表现出积极性和初步的自信心。 能听懂有关熟悉话题的语段和简短的故事。 能就日常生活话题做简短叙述。 能与教师或同学就熟悉的话题（如学校、家庭生活）交换信息。 能在图片的帮助下听懂、读懂并讲述简单的故事，能在教师的帮助下表演小故事或小短剧，演唱简单的英语歌曲或歌谣。 能读懂小故事及其他文体的简单书面材料。 能根据图片、词语或例句的提示，写出简单的对话或语段。 在学习中乐于参与、积极合作、主动请教，初步形成对英语的感知能力和良好的学习习惯。 乐于了解异国文化、习俗

（三）课程内容

课程内容如下：基础型课程 + 拓展型课程（必修类拓展型课程Ⅰ + 选修类拓展型课程Ⅱ）具体在课表中体现为：每周 3 节英语课实施基础型课程（国定课程牛津英语教材），每周 1 节校本课程实施必修类拓展型课程（绘本阅读），采用走班形式实施选修类拓展型课程Ⅱ（社团活动）（见表 5 - 8）。

表 5 - 8

年 级		基础型课程（必修）	拓展型课程	
			拓展型课程Ⅰ（必修）	拓展型课程Ⅱ（选修）
低年级	一年级		义务教育教科书 + 每学年至少 20 首儿歌诵读	
	二年级			
中年级	三年级	义务教育教科书	"悦读绘本" 每学年至少 40 篇 原版绘本阅读	Joy English 小读者社团 小编剧社团 小演员社团 小歌手社团）
	四年级	义务教育教科书		
高年级	五年级	义务教育教科书		
	六年级	义务教育教科书		

（四）课程实施

1. 基础型课程——减少课时，提升效率

教学对象：三至六年级全体学生

学习方式：必修

课时安排：每周 3 课时

教材选用：《义务教育教科书英语》

实施目标：大多数学生能达到《英语课程标准》所要求的知识结构、能力结构、策略意识、文化意识等要求，鼓励部分学有余力的学生有所突破。

实施要求：

（1）努力探索课程建设背景下的学科教研活动。基础型课程由原来的每周 4 课时减少到 3 课时后，深入研究教研组与备课组"统"与"分"的活动实效显得尤为重要。大组教研活动应聚焦优化教材整合、优化活动设计、优化学习方式，进一步探索提高课堂学习实效。分年级备课组活动则要关注日常备课、作业设计、有效检测，切实做到减时增效。

（2）切实落实校本化的英语年段目标及知识体系。把课程目标细化落实到每个年段，形成觅渡特质的年段目标体系。依据目标体系，对教材进行选择、整合、补充，逐步完善适合觅渡孩子的知识体系。每个年级按单元多维度系统梳理，形成单元目标导航，包括话题与功能、语言知识（单词、短语、句子、日常交际用语、语法、语音）、语言技能、情感态度、文化意识、学习策略等，既涵盖教材中每个单元的全部内容，又适度融合拓展。

（3）整体变革日常课堂结构。以"十二五"课题"基于自主学习理念的小学英语课型研究"为抓手，以自学任务驱动、小组合作学习为两大突破点，继续建构觅渡英语教学模型。通过预学、共学、延学三个板块，展示觅渡"真学课堂"。在预学阶段，教师激发学生思考，学生提出问题和困惑；在共学阶段，教师与学生一起，通过引导点拨、互动交流，解决学生质疑。在延学阶段，教师留给学生思考、辩论的空间，并向学生推荐延伸学习的资源，引导学生带着问题与期待走出课堂。

（4）基于数字化的教学研究。继续研究数字化平台功能，助力教师课堂转型，改变学生日常学习方式，拓展学生的学习时空。具体体现在开展数字化与课型建模相结合；数字化与学生个别化学习需求相结合，如开发 E 课程和实施 E 自测；数字化与学业检测相结合，如改革英语口试方式。

2. 拓展型课程 I ——"阅读""分享""游戏"

教学对象：一至六年级全体学生

学习方式：必修

课时安排：每周 1 课时（低年级每周 0.5 课时）

教材选用："Joy Reader"校本绘本教材及电子阅读包

实施目标：为学生提供英语学习与实践的场景和机会，提升学生英语阅读兴趣及能力，增进跨文化意识及国际理解能力，同时掌握一定的英语阅读策略。

实施要求：

（1）拓展型课程 I 各年段阅读能力目标。

低年段：①激发和培养学生的学习英语的兴趣。②能在绘本图片的提示下听懂、读懂简单的小故事。③能对绘本中的内容做简单的角色表演。④完成与绘本学习相关的活动。

中年段：①培养和激发学生的学习英语的兴趣。②能听懂简单绘本故事。③能正确朗读所学的绘本故事中的会话。④能在教师的帮助下表演或讲述简单的绘本故事。⑤能根据要求制作简单的英语绘本。⑥在了解熟练 26 个字母的基础上，对绘本中所出现的一些语音规则有一定了解，形成一定的语感。

高年段：①激发学生的学习英语的兴趣。②能借助提示听懂绘本故事并抓住大意。③能正确朗读所学的绘本。④能用短语或句子描述绘本。⑤编写制作简单绘本。

（2）拓展型课程 I 各年段实施重点。

一、二年级：儿歌诵读 兴趣培养

教材以《义务教育教科书》提供的主题为主，以基于学生生活背景的 20 首（每学年）英语儿歌或童谣为辅，每周 0.5 课时教学。运用儿歌的简易性、趣味性充分调动学生的积极性，关注学生语音语调的准确性，为学生未来的英语学习奠定良好的基础。

三、四年级：分享阅读 渗透文化

教材内容是每学年 40 个英语原版绘本故事为主，适度兼顾英语知识类拓展。每周 1 课时，其教学形式采用分享阅读的形式，可在英语视听室、英语绘本体验馆等场所开展教学。三、四年级绘本阅读其着力点是帮助学生了解、包容他国文化。在绘本阅读的同时，潜移默化地培养学生跨文化交际能力，提高对英语国家文化的敏感性，提升学生的国际理解力和文化融通力。

五、六年级：分享阅读 掌握策略

教材内容为每学年 40 本原版绘本阅读，每周 1 课时，既关照学生的国际理解、文化融通能力，还需兼顾学生即将步入初中学习的需求，帮助学生掌握一定的英语阅读策略，促进学生开展自主阅读，更好地培养觅渡学生开展英语阅读的习惯和能力。

（3）拓展型课程 I 的教学建议。

教学理念的变化。我们的绘本教学秉承的是"分享阅读"的教学理念，重在"阅读""分享""游戏"。分享阅读过程，让孩子感受爱、享受爱，让儿童从"听故事"过渡到"读故事"。分享阅读不以识字为目的，却可以让儿童在不知不觉中学习了识字，是阅读活动的一种副产品。分享阅读是一种游戏，重要的不是在阅读中学习，而是体验到阅读的乐趣、掌握阅读的技能、养成阅读的习惯。分享阅读中的插图具有很高的价值，在阅读之前，要恰当地引导孩子观察插图，以引发孩子的好奇心，锻炼他们利用已有资源，获取有用信息的能力。

教学方式变化。在分享故事的过程中，老师可以运用声音变化、手偶或其他道具辅助讲解。尽可能穿插孩子们喜爱的歌曲、游戏等活动，以便调节气氛，活动身体。在故事结束后，还可以向学生推荐阅读同类绘本，让孩子们延续阅读的快乐。

学生座位变化。老师坐小凳上，视线与学生平齐，学生面向老师，围成半圆形，随意坐在坐垫上。

3. 拓展型课程Ⅱ——"Joy English"

教学对象：三至六年级全体学生

学习方式：选修

课时安排：每周1课时

教材选用：教师根据自己的特长及学生的需求进行自主开发的校本课程教材

实施目标：促进觅渡学生英语学习能力的个性化发展，开阔学生的国际视野，提高学生英语综合运用能力，提升学生的英语学科素养。

实施要求：此课程是选修课程，以走班形式开展，学生根据自身需求进行自主申报。根据学生需求及教师的特长兴趣逐步优化现有社团，体现年段特征和学习内容的序列性，在中高年段开设四大门类英语社团：小读者社团、小编剧社团、小演员社团和小歌手社团。

（1）Joy English——小读者社团（中高年段）

主要选择英语儿歌和英文绘本进行朗读指导、阅读欣赏，组织学生对绘本、美文畅谈感受。中年段以模仿诵读为主，培养学生良好的语音语调和增强英语语感。高年段以阅读为主，扩大学生阅读范围，增加词汇数量，丰富语言知识，增强英语语感，感受原汁原味的语言文化。

（2）Joy English——小编剧社团（高年段）

采用"绘本阅读，主题写作"的教学思路，通过阅读绘本故事，输入丰富的语言、文化等多元信息，从复述、改写、续写绘本中的故事为突破口，鼓励学生从模仿开始进行初步写作，逐步提高语言的书面表达能力和运用能力，以实现"听说读写"能力的全面提升。

（3）Joy English——小演员社团（中高年段）

小演员社团利用读者剧场的空间开展故事表演、电影配音、排演话剧等，让学生在表演中提高英文的口语水平。在轻松愉悦的氛围中，克服不敢开口说英语的心理障碍，增强学习英语的信心和兴趣。

（4）Joy English——小歌手社团（中高年段）

以经典英语歌曲或歌谣学唱为核心，运用丰富的多媒体设备，让孩子快乐学习歌曲、歌谣的同时多维度地接触纯正的英语语言及英美文化。除了儿童英语歌曲外，还可以学习电影的主题歌、优美流畅的英语乡间民歌等。通过学唱歌曲扩大学生的知识面，开拓学生的视野，增强学生学习英语的兴趣，丰富学生的课余生活。

（五）课程资源

1. 环境资源

（1）每周一歌：课间、午间全校集体播放英语歌曲，营造英语氛围；各班学生自主推荐共同学习喜爱的英文歌曲。

（2）每周一读：建设班级英语绘本角，引导学生进行绘本分享阅读。

（3）每日一词：黑板报设立英语角，学生自主推荐课外自学的词（中年段）或句（高年段）。

（4）充分利用阅读场馆（阅读馆、剧场），开展晨读、午读、表演活动。

（5）充分挖掘校内环境资源，如红领巾商店，英语角，院士墙，学校花园，引导学生开展英语学习活动。

2. 文本资源：配置三至六年级的分级阅读读本，梳理形成各年段拓展课程必读绘本书目及推荐阅读书目。逐步编制形成校本化的社团教材。

3. 数字化资源：主要是在集体备课的基础上，达成共识后积累的课件、音像资料；研讨活动照片、录像；绘本教材电子包；电子配套教学资料（教案、练习）等。

4. 活动资源：国际理解文化周、英语节、双语讲解团、升旗礼、各类赛事等。

5. 社会资源：专家资源、家长资源、英语培训机构资源、瞿秋白纪念馆等校外资源。

（六）课程评价

1. 对学生的评价

（1）重视日常评价。我们以《觅渡教育集团学生学业评定管理流程》为学生学业评价纲领，学生的学科成绩由过程性评价与期末终结性测试共同构成。过程性评价重在关注学生日常学习表现，主要包括日常出勤、课堂表现、作业质量、阶段检测。让师生通过对过程表现考评，发现日常学习中的不足，促进即时反思，优化学习策略，引导学生更好认识自我，完善自我。

（2）加强能力考查。期末终结性评价淡化对课程知识的机械识记考查，强化学生综合运用知识解决问题能力的评价。低年级采用与平时教学活动相近的方式进行，通过对学生学习行为的观察、与学生交流等方式，考查学生用英语做事情的能力。中高年级将口试纳入中高年段期末检测的重要部分，着重考查学生朗读、交流、讲述、语音语调等内容，引导学生更加注重培养语言实际应用能力。笔试题更加关注开放性、人文性、差异性和校本化。同时将对学生课程学业评价，作为每一位教师教学研究工作的重要组成部分，引导教师通过参与课程学业评价改革研讨，提升教师把握学情的专业水准，让教学更有利于激发学生的学习兴趣。

（3）采用多元评价。

基于基础型课程的形成性评价——培养学生自我管理的能力。以档案袋为载体，保存学生英语作业、作品、日志等，记录学生日常英语学习情况。期末进行档案袋评选、展示活动，通过自评、互评、家长评及教师评，引导学生实现自我监控、自我管理。

基于拓展型课程Ⅰ的过程性评价——培养学生自主阅读的能力。评价主要从课堂表现、小组口试以及延伸活动中的表现三个方面相结合的评价方式。每一篇绘本，教师根据要求考查学生，同时根据完成情况，给出星评分，填写好记录单，学期结束时，汇总评估。记录表内容如下：课堂表现（听、说、读、演）；小组口试：会读指定的单词或句子，会读整篇绘本；延伸活动：读书推荐卡，绘本创编，故事续写等。

基于拓展型课程Ⅱ的表现性评价——给学生搭建展示平台。定期举办"英语活动周"，通过动静结合的方式展示学生英语学习成果。一二年级：英语老师策划，以班级为单位在班主任的配合下开展英语类游艺活动。三年级：朗读比赛；四年级：故事大王；五年级：读者剧场；六年级：绘本创编。力求通过多形式的展示，让学生体验到成就感，真正做到"享受英语"。首先是学生自评：让学生自我评价自己在活动中的得失，特别强调在过程中的深刻体会和感悟，可以从学生主体性的体现、参与的程度和态度、体验感悟的深度与广度、相互协作的情况，以及资料收集整理情况、活动成果等方面进行评价。其次是互评：通过学生之间的相互评价，团队合作精神得到培养，相互尊重得到发扬。第三，指导老师评价：指导老师也要从学生自评时的那些方面来进行评价，可以在学生自评、互评时发表自己的看法和意见，也可以在学生自评、互评后谈谈自己的想法或建议。第四，其他人员评价：可以是学生家长，也可以活动中邀请的人员。

实施免试奖励——鼓励优秀，促进全面发展。为优秀学生提供英语期终测试的"免试"机会。由学生自己提出申请，由任教的英语教师、班主任和教导处经综合考评后，共同批准其享受"免试"的待遇。具体操作见《Pass port 免试学生评选条例》。

2. 对教师的评价

（1）教材开发能力、反思改进能力、评估学生学习效果能力等；

（2）由学生欢迎和受益程度问卷、授课教师自评和校本课程管理领导小组综合评价为主；考核采用阶段评价与结果评价相结合的方法；

（3）所有授课资料的完整归档。

3. 对课程的评价

（1）对基础型课程的评价。

上级相关部门的检查、督导督查；

学校课程部周期性评估；

教师自查诊断，及时调整和改进。

（2）对拓展型课程的评价。

课程目标及内容评价以"科学性、趣味性、启发性、实践性、完整性"为依据。

课程实施及评价由领导小组进行课堂调研，分析其设计是否精心，教法是否得当，评价是否合理。

四、以常州市清潭实验小学音乐课程建设为例

音乐是人类最古老，最具普遍性和感染力的艺术形式之一，是人类实现思想交流与感情表现必不可少的方式，音乐以其丰富的文化和历史底蕴、艺术魅力，满足人们精神生活的需求。

我国的音乐教育坚持以社会主义核心价值体系为导向，为培养学生良好的审美情趣和人文素养发挥重要作用。国家义务教育《音乐课程标准》明确了音乐课程的性质、目标、内容，提出了实施与评价的建议。那么，学校的音乐教育如何高质量地达成国家课程标准？如何在音乐学科日常教育教学中落实清潭实小"让每一个生命都闪光"的办学理念？鉴于此，我们制定清潭实验小学音

乐课程实施方案。

（一）背景分析

1. 优势分析

（1）清潭实验小学有一支相对专业的教师队伍（见表5-9）。

表5-9

姓名	性别	出生年月	毕业院校	专业专长	专业荣誉
蒋 竹	女	1985年3月	常州工学院	琵琶	
刘 旻	女	1983年9月	上海音乐学院	钢琴、声乐	市基本功比赛二等奖
张 璐	女	1985年2月	南京师范大学	舞蹈	省评优课一等奖
陈寅汝	女	1990年4月	厦门大学	钢琴	区素质赛二等奖
何 檀	女	1985年10月	江西师范大学	二胡	
蒋 媛	女	1967年8月	常州师范	幼儿教育	区优秀老黄牛
蒋若萱	女	1973年6月	南京师范大学		

从上表中，可以看出：学校大部分音乐教师毕业于名校，不光钢琴功底深厚，又兼有琵琶、二胡的专长。在课堂教学中也颇有建树，屡屡获奖。刘旻、陈寅汝曾分获区青年教师素质大赛的一、二等奖，张璐老师曾获得省评优课的一等奖。

（2）清潭实小音乐教研组有研究、有成效。清潭实验小学在音乐学科教学研究中，进行过"奥尔夫教学法"的专项研究，各位音乐老师在日常的教学活动中，采用各种生活用品开展有趣的教学活动，2016年1月，清小在区级活动中，蒋竹展示了《节奏律动》公开课，刘旻、张璐、陈寅汝带学生进行节奏律动的表演，展示了学校的教研成果，获得了大家的好评。

（3）清潭实小学生在艺术展演中，曾取得不俗的成绩，如清韵合唱团屡获省、市、区一等奖，器乐合奏曾获得市一等奖，舞蹈获得市二等奖。

2. 劣势分析

（1）音乐老师特长发挥尚有余力。从音乐老师的统计表中，可以看出我校音乐老师有一定的专长与能力，但目前仅仅只完成音乐课堂教学任务，他们的专长、特色都没有能为学生提供更优质的音乐课程方面发挥作用。因此，学校需要建设更丰富多彩的音乐课程。

（2）学校硬件设施需进一步改善。清潭实验小学是一所老新村学校，校园面积狭小，学生能活动的空间严重不足。尤其是近几年来，第二校区一直处于改建、加固的争论过程中，校舍被长期搁置，三四年级20个班的学生被分流至一、三校区，导致一、三校区学生的教学与活动的面积都大大缩小，音乐专用教室被挤占，合唱等项目的排练无理想的场地，在一定程度上也影响了比赛成绩。

（3）生源状况悄悄地发生着变化。作为一所新村配套学校，近年来，清潭新村的居民结构发生了一些微妙的变化——常州的原住民慢慢地减少了，有一定经济实力的家庭都选择到市中心名校择校。而购买清潭新村老旧商品房的新市民，渐渐占了清潭实小学生的半壁江山。我们对部分班级的学生在校外学习声乐和器乐的情况，进行了抽样调查（见表5-10）。

表5-10　清潭实小学生在校外学习声乐、器乐的抽样调查表

班级	人数	声乐	器乐	合计	比例
一（2）	48人	10人	1人	11人	22%
二（1）	47人	11人	0人	11人	23%
三（2）	47人	11人	2人	13人	27%
四（6）	50人	8人	2人	10人	20%
五（5）	52人	13人	2人	15人	28%
六（8）	46人	9人	1人	10人	21%

这张表可以看出：清潭实小的学生在校外学习声乐和器乐的人数占全班人数比例是比较少的，学生的音乐素养呈现两极分化——在外面参加培训的学生，素养较高，上课就不爱听；没学过的人，音乐方面几乎是零，需要从头教。

面对各种变化，清潭实小的音乐课程建设必须发生变化。如何让孩子快乐地学习音乐，在课堂中获得相应的音乐素养，拥有一定的音乐能力，高质量地达成国家课程标准的要求，实施清潭实验小学学校音乐课程实施方案。

（二）学科培养目标

（1）以"奥尔夫教学法"为载体和抓手，激发学生对节奏律动的学习兴趣，在"乐中学、乐中动"课程的浸润、滋养下，感受音乐文化，鼓励音乐创造，激发学生爱音乐、学音乐的兴趣。

（2）围绕音乐学习，开设多项社团，丰富学生的课余生活，让学有余力的学生更好地享受音乐带来的愉悦，落实"让每一个生命都闪光"的办学理念。

（3）抓好传统特色项目——合唱，进行合唱课程的开发与建设，使合唱为学校特色的打造、教师的成长、学生的发展助力。

（4）用多种方式营造学校的音乐学习氛围，组织学校艺术节，搭建学生艺

术展示的舞台，促进学生的生命成长。

（三）内容架构

清潭实验小学高质量达成国家课程标准拟从以下几个方面着力，见图5 -20。

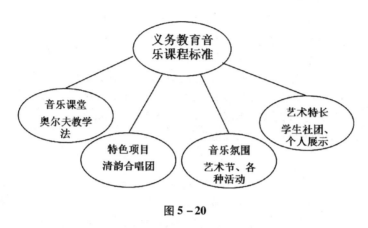

图 5 - 20

（四）实施方式

1. 音乐课堂，动起来

"奥尔夫音乐教学法"为德国著名音乐家卡尔·奥尔夫所创建。"一切从儿童出发""通过亲身实践、主动学习音乐""培养学生的创造力"是奥尔夫教学法三大基本原则。音乐课堂中让学生"动"起来，即"综合式、即兴式"学习音乐，这是奥尔夫教学法的外在表现特征。

音乐教师都会有这种体验，学生在课堂上一"动"起来，气氛就活跃多了。学生在课堂上在老师的引导下做音乐性的"动"，必然沉浸在一种游戏般的欢快之中，他们在不知不觉地接受着音高、节奏、听辨、协调统一等综合音乐能力的训练。这种综合能力的培养，符合国家音乐课程标准。

"动起来"的教学模式对硬件、对教师的要求都比较低，音乐课堂中的小乐器都是容易掌握的打击乐器，人体的很多部位也都可以发出的声音参与演奏表演。这项课程更符合我们学校、教师的现状。

基于这样的认识，清潭实验小学音乐组以"奥尔夫教学法"为音乐课堂教学改革的切入口，提出了建设"动起来"的音乐课程。为此，音乐组梳理了教材，提出了不同年段学生基于"奥尔夫教学法"要求下的新要求、新内容（见表5 -11）。

表5-11 基于"奥尔夫教学法"的课堂教学要求与内容

学段	指导思想	教学要求	教材内容
低年段	低年段以身体律动教学为主。低年段孩子爱好动，所以选择的内容以游戏律动为主。孩子们在乐中学、乐中动，感受节奏的存在及变化，以增加对音乐的兴趣	在音乐课堂中加以进一步地引导利用，教师放手大胆让孩子去动、去玩、去实践、去感悟音乐，既培养孩子的肢体协调能力，发散孩子的思维，也培养了孩子创新的个性和能力。而在培养孩子创新的同时，则可以积极运用肢体律动来表现孩子的想象力和创造力	1. 玩具进行曲 2. 你听，什么敲响了 3. 不能告诉你 4. 隆咚锵 5. 拍皮球 6. 火车开啦 7. 其多列 8. 亚克西巴郎
中年段	中年段以打击乐器教学为主。中年段孩子好玩，所以选择的内容以游戏律动为主	打击乐器对孩子有着较强的吸引力，敲敲打打本就是孩子的天性。打击乐器教学的图谱直观形象地表示了节奏和乐器间的联系，孩子不仅在敲打中掌握了乐器的演奏方式，体会了节奏的动感，还培养了孩子间相互合作的意识	1. 木瓜恰恰恰 2. 司马光砸缸 3. 快乐的孩子爱唱歌 4. 溜溜山歌 5. 捉泥鳅 6. 铃儿响叮当 7. 打麦号子 8. 跳柴歌
高年段	高年段以声势教学为主。高年段的教学和低中年段的教学有所不同，高年段孩子不愿动，有时表演起来也会难为情	根据这些特点，可选择声势（指身体作为乐器，通过身体动作发出声响）训练作为高年段孩子节奏教学的主要方式，不仅培养了个人的协调能力，也增进了和伙伴的合作默契	1. 快乐的嚓嚓嚓 2. 抓妈荷 3. 故乡恋情 4. 蓝天白云 5. 唱着跳着走近你 6. 牛角出来尖对尖 7. 蓝色的雅德朗 8. 七色光之歌

课堂中如何运用"奥尔夫教学"使课堂更为活泼有效？清潭实小音乐组不同年级的教材选取典型课例，提出了更为细致的课堂教学操作流程（见表5-12）。

表 5－12　课堂教学建议

年级	内容	主题	活动	表现形式
一年级	玩具进行曲	小手拉小手	走恒拍，休止符停止	1. 听音乐走步 2. 诵读歌词
	你听，什么敲响了	听，谁在唱歌	模拟、听辨打击乐器音色	1. 听辨乐器 2. 演奏打击乐器
二年级	火车开啦	郊游	表现 X －，X，XX 基本节奏，并进行自由创编	1. 律动 2. 拟声伴奏
	亚克西巴郎	小鬼当家	节奏组合表演	1. 打击乐器演奏 2. 两声部合奏
三年级	木瓜恰恰恰	快乐恰恰恰	了解叫卖，进行打击乐器演奏	1. 模仿叫卖 2. 打击乐器伴奏
	司马光砸缸	爷爷故事多	以游戏、律动、打击乐器等方式表现歌曲	1. 有节奏的诵读歌词 2. 歌曲律动表演 3. 打击乐器演奏
四年级	打麦号子	丰收之歌	了解民间音乐题材"号子"，模拟打麦子	1. 喊号子 2. 律动打麦子
	铃儿响叮当	铃儿响叮当	打击乐器和简单舞蹈动作，合作完成歌曲	1. 声势动作模仿铃声 2. 打击乐器伴奏
五年级	快乐的嚓嚓嚓	快乐的嚓嚓嚓	结合身体动作感受音乐，认识"升记号"，学会二四拍指挥图式	1. 声势律动 2. 二四拍指挥
	蓝天白云	蓝天白云	以音乐为主线，采用"说、听、动、唱、玩"等多种形式表现歌曲	1. 念白 2. 杯子歌

年级	内容	主题	活动	表现形式
六年级	唱着跳着走近你	七彩桥	感受热情友好的音乐形象，通过合作演奏体验同学间的团结默契	1. 声势伴奏 2. 肢体律动
	牛角出来尖对尖	南国风情	熟悉主奏乐器的音色，感受音乐文化	1. 了解主奏乐器 2. 广东音乐的特点 3. 歌词创编

"奥尔夫教学法"的最大特点是关注对孩子内心世界的开发，在这样的学习中，孩子不会把学音乐当成一种负担或功利，而会全身心地投入到音乐世界中来，用他们肢体、语言、乐器自由地演绎，以独特的方式抒发内心世界。当音乐成为孩子自身的需求，孩子对乐理、乐感、表演、演奏及音乐文化的掌握自然轻松快速，而且根深蒂固。同时强调创造精神的塑造，在课堂上，孩子用蛙鸣筒模仿秋夜的蛙声，用腕铃描绘春江细雨，用语言与拍打肢体来演绎节奏，尤其一群孩子一起表演不同声部时，一部悦耳动人的交响乐就在孩子们中诞生了。"乐中学、乐中动"给孩子发展个性提供了无限的空间，也在集体表演中给了孩子集体意识与合作精神。

（二）特色项目，亮起来

清潭实小清韵合唱团成立于 2004 年。经历十多年，在区域内小有名声。清韵合唱团在区级比赛中屡获一等奖，且于 2007、2012、2015 年先后代表钟楼区参加市赛，均获市一等奖。2015 年，代表市参加省赛，获二等奖。2016 年，参加全国比赛，获一等奖。

一泓清泉幽谷来，汇成清潭育众生。清潭实小的"清韵合唱团"已成为学校最亮的名片。如何让这张名片更"亮"？合唱还不应仅仅停留在训练的层次上，需要向着课程建设的方向迈进（见表 5 - 13、表 5 - 14）。

表 5 - 13 合唱课程教学内容

类别	具体训练内容（要求）
声音的训练	（1）呼吸；（2）声音位置；（3）直声训练
音准训练	音准是音乐表现的基础，好的音准来源于基础训练。多声部合唱的音准训练较为复杂

续表

类别	具体训练内容（要求）
寻找共鸣扩大音域	（1）胸音训练；（2）头音训练
合唱表现手段	（1）连唱；（2）跳唱；（3）强而有弹性；（4）不连不跳
节奏训练	音乐是在时间中展示的艺术，节奏是它的组成部分和主导因素，没有节奏也就没有音乐
咬字与吐字的训练	

表5-14 合唱训练计划表

时间段	教学内容
三月	气息训练、基本发声训练
四月	音准练习，节奏练习，歌曲练习
五月	各声部的协调和统一训练
六月	各声部的协调和统一训练

（三）音乐氛围，浓起来

音乐氛围的建设，对于培养学生学音乐、爱音乐的兴趣，有着重要的作用（见表5-15）。

表5-15

年级	艺术节展演的内容与形式
一	歌表演：富有童趣的歌表演，每班20人以上
二	拉丁舞比赛：体育舞蹈整班比赛
三	小型舞蹈比赛：每班以10人以下的团体进行
四	艺术表演组合：内容自选，歌唱、器乐、小品，二人转等
五	班级歌唱：整班歌唱比赛
六	综合性动态展示：艺术形式不限

音乐组结合学校的艺术节活动，制订了细致的方案：

同时，音乐组还将借助各种活动，来落实学校的音乐课程建设，如"叮咚之声"校园歌手比赛、每周一次的各类艺术社团、逢周五进行的班队主题活动等。

（四）艺术特长，展起来

1. 学生社团

不同的学生有着不同的发展需求，除了音乐教材中给予学生们的"必修"

的知识能力外，学校还成立了多个音乐社团，来帮助学生寻找到新的"生长点"（见表5－16）。

表5－16 清潭实小拟开设的音乐社团一览表

序号	社团名称	辅导员	序号	社团名称	辅导员
1	舞蹈社团	张璐	4	器乐社团2	陈寅汝
2	合唱社团	刘旻	5	器乐社团3	蒋竹
3	器乐社团1	何檀			

学生们在社团中能够拥有更充足的实践空间，更开阔的艺术视野，挖掘学生对艺术的好奇心，激发他们对艺术的求知欲，鼓励学生提出疑问，结合实际，培养他们的艺术类特长，促进学生全面素质的发展。

社团是小学生素质拓展的载体，在我校的合唱社团里，识谱知识的传授是不可缺少的一部分，学生掌握好识谱知识，可以更加准确地唱好歌曲、理解歌曲，同时也可以培养他们的节奏感和识谱能力等。在舞蹈社团中，学生通过肢体的表达去体现歌曲的美感及形象，既锻炼了他（她）们的肢体，也提高了他（她）们的音乐审美感和艺术想象。

2. 周末才艺秀

有才艺的学生需要获得表演的机会。清潭实小音乐组举办的"周末才艺秀"是学生们展示的舞台。每学年才艺秀内容不同，围绕"我是小歌手、我是小小演奏家、我是小舞者"分别展开。先由各班海选，参加人数不限，由班级同学选出各班优秀选手，直接进入每周五中午的选手PK赛，由音乐老师和部分学生评委评选出得票率最高的十位选手，直接进入最后的专场表演。

3. 个人才艺展示会

清潭实小的学生们音乐素养的发展也是不均衡的，有许多学生在各种培训机构学习了器乐、声乐，他们需要有展示的舞台。学校会不定期地为学生举办个人演唱会、钢琴演奏会等。学生的才艺展示，不光对他本人，对其他同学也有着极大的教育意义。

（五）课程评价

1. 完善现有的评价体系

目前，音乐课程的评价是以学生的课堂表现、音乐欣赏、音乐表现为基本的评价内容。

这样的操作模式是单一的，音乐课程的评价还可以更加丰富、多元。清潭实小采用"七色小水滴"对学生的发展进行综合性评价，其中有一项是"才艺小水滴"。"才艺小水滴"的评价,也可以成为音乐课程评价的一个重要的方面。音乐、美术组提出了"才艺小水滴"的评价要求,如表5-17所示。

表5-17

低年级段(1—2年级)	中年级段(3—4年级)	高年级段(5—6年级)
有自己的兴趣爱好,并乐意向大家展示	有一两项特长,并积极参加学校组织的主题节活动,且有一定的能力或水平	有自己擅长的一两项特长,能不断学习,并在校内外各级各类比赛中获得荣誉

2. 探索发展性评价的方式

学生的发展是不一样的,有的学生的音乐素养一直处在较低的水平。因此这些学生长期以来,成绩单上的成绩一直是"合格"的。这样的评价只能让学生对音乐学习丧失信心。因此,清潭实小音乐组也在探索基于"发展性"的要求来评价学生。例如,平时课堂表现非常积极、态度良好的学生,哪怕音乐素养稍低一些也可以考虑成绩给予"良好"或以上;可以按照学生擅长的艺术表现形式来打分,不拘泥于考试卷;以小组合作的形式展现才能,充分发挥学生的创造力以及团队合作的精神。评价者也可以从班级学生中选举,这样可以避免老师一人打分的主观性。

(六)实施保障

(1)组织保障。健全组织领导,成立课程基地建设领导小组,实行专人负责,重点申报,聘请专家指导课程基地建设,成立课程基地建设工作小组,组建课程中心组,以学科教师为骨干力量,协同区域内课程建设合作校的力量,推进课程基地的建设。建立各项工作的相关规章制度,确保基地建设工作有章有序地开展。

(2)考核保障。建立相应机制,制订考核奖励办法,并与绩效挂钩,调动成员工作积极性。

(3)师资保障。在学校现有师资的基础上,学校将争取高校、省、市教研室、艺术协会团体等多方位支持,共同推进课程基地的建设。

五、以常州市钟楼实验小学美术课程建设为例

贯彻立德树人要求,关注核心素养,在落实国定课程校本化实施基础上创生小学"乡土美术"课程,培养"明礼志学乐群向上"的钟楼实小学生特质,具有家国情怀、开放视野、特色鲜明、师生认同、社会认可的实验小学特制定本方案。

（一）背景分析

学校之根：钟楼实小原名北港中心小学，明国初期在蚕舍旁建校，怀北乡乡董赵季云为学校题词置于蚕花殿。上联为"北港建学堂，学舍相依，育蚕育人，千载今论原一贯"；下联为"西邻留圣像，神明所在，治丝治世，双方灵爽牖诸生"。"育蚕育人、治丝治世"，是"乡美课程"可寻之根。

课改方向：教育部《落实立德树人根本任务的意见》中关注核心素养，强调家国情怀。学校现有 3669 名学生，来自 24 个省（含 12 个民族）。

师资优势：我校有 10 名美术专职教师，其中 1 名市学科带头人、1 名区学科带头人和 3 名区骨干教师，领衔人庄栋青副校长是区美术教研员和市学科中心组成员。专业的师资为课程基地建设打下坚实基础。

环境基础：我校现有 7 个美术教室，从"学科教室"的角度于 2014 年重新进行规划布置、装修。充满学科味的教室布置让学生浸润其中时刻都能受到美的熏陶。

基于以上分析，在与学校办学追求相结合的过程中，我们选择"乡土美术"课程，让孩子过六年的"乡美"生活，聚焦核心素养、培育家国情怀。

（二）学科培养目标

小学"乡美"课程通过三年建设，在课程体系、课型建构、教师发展、资源建设等方面有所突破，向区域辐射推广，形成影响力。主要完成以下五大目标：

1. 传承弘扬优秀传统文化，培育家国情怀。

2. 架构乡土美术课程实施纲要及校本教材。

3. 着力教学方式变革，建立乡美课型范式。

4. 发挥辐射引领作用，成就优秀教师群体。

5. 通过环境资源建设，促进课程文化浸润。

（三）内容架构

1. 课程结构

课堂结构：让学生过六年的"乡美"生活，依托美术课堂，通过三维目标的有效达成，满足学生个性化学习的需求。

课程结构：关注核心素养，依托美术课堂，围绕育人目标开展"乡美"主题拓展学习（见图 5-21、图 5-22）。

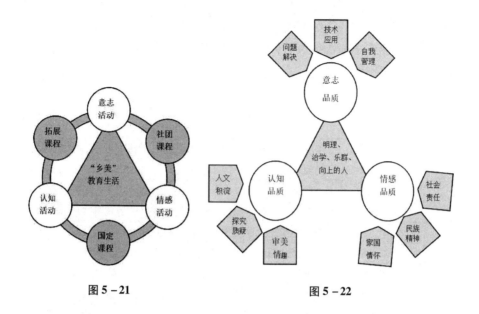

图 5－21　　　　　　　　　　　　　图 5－22

2. 课程架构

对国定课程优化实施。对国定省编教材按学习领域进行梳理，将国定课程内容与地方特质进行整合，主题拓展实施（见图 5－23）。

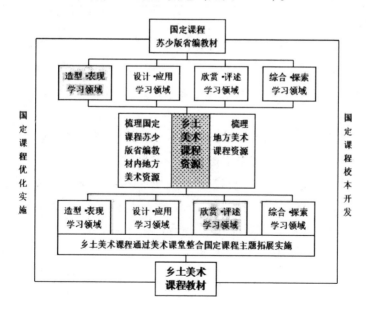

图 5－23

3. 课程内容

探索形成各年级的"乡美"主题，形成"乡美"校本教材，后续不断开发与建设（见表5-18）。

表 5-18

年级	主题	活动内容
一	服饰美食	美食名片设计、美食制作、新花布新花衣
	民俗玩具	民间玩具、陀螺、风车、书签
二	吉祥图案	小挂件、青花盘、红包袋、民族服饰、邮票、玉石文化
	花博园艺	花儿朵朵、树上树下、会变的花树叶、各式各样的椅子
三	老手工艺	图形印章、皮影戏、剪纸、盘扣、风筝、彩灯
	快乐卡通	我设计的动漫形象、动起来动起来、校园吉祥物
四	古巷探秘	门窗墙、老房子、我造的小房子、瓦当、宫梳名篦
	童谣记忆	经典儿歌、童谣传唱、端午赛龙舟、年画娃娃
五	风土人情	风景如画、雕萝卜、丝绸印染、常州梳篦、画脸、看戏
	运河新貌	家乡的桥、桥上桥下、船载江南
六	家乡新貌	现代建筑、菜场、画人物、美丽的园林
	民间戏曲	偶戏、玩偶、戏曲头饰

4. 课程活动

组建乡美社团，实施选择性课程。

根据实践教师特长充分挖掘乡土美术课程资源，对"乡美"进行主题实践，以版画、国画、陶艺、布艺、纸艺等形式，满足学生个性化学习的需求。

（三）实施方式

1. 开发利用"乡土美术"课程资源——"四个一"工程项目

"一馆"——创造一个"乡土美术馆"

在现有美术教室的基础上升级，改造成"乡美课程"框架下集布艺、穿编、国画、民间玩具、剪纸、青花、戏曲等形式，表现不同主题风格的学科教室，7个不同主题的学科教室将组成一个主题式"乡土美术馆"。

"一厅"——打造一个"艺术校史厅"

用艺术的方式来设计学校的校史展示厅，以"乡美"的元素巧妙嵌入，使之成为一个独特的既能呈现学校校史，又是一个"乡美"课程资源集聚区和教学的实践区。浸润历史、对话乡美，在这里升腾起厚重的家国情怀。

"一墙"——共建一面"乡美主题墙"

美术学科利用乡土、民俗、民间等艺术形式主动与各学科打通、融合，借助“乡美”元素共同表现节日或活动主题，实现师生课程内容延伸，主题实践与展示的互动墙。

“一网”——完善一个“数字美术网”

“数字美术网”是一个分层级、分主题和个人的展馆，也是学生展示的平台，“云端的个展、群展”成为可能。这是探索数字化美术评价体系的研究平台，更是面向全区师生一个可欣赏、可借鉴、可互动的对话平台，是一个分享源。

2. 探索“乡土美术”课型模式

在常州小学美术课堂范式的课型基础上创新变革，将浓郁的乡土文化艺术和课堂融合渗透，形成具有“乡美”特色的钟楼实小课堂特质。

欣赏·评述，造型·表现，设计·应用，综合·探索四种课型模式框架（见图5-24至图5-27）。

欣赏·评述课型实施流程：

图5-24

综合·探索课型实施流程：

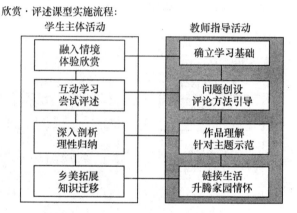

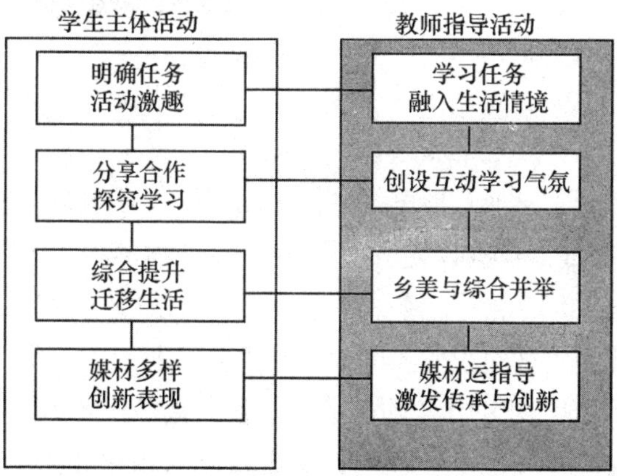

图5-25

设计·应用课型实施流程：

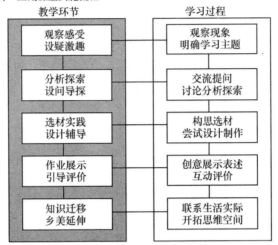

图 5 - 26

造型·表现课型实施流程：

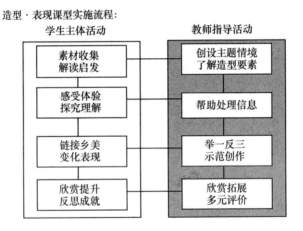

图 5 - 27

（五）评价

从课堂、作业、学业、展览等进行多元评价（见图 5 - 28）。

1. 形成性评价：根据国定课程目标、核心素养及学校育人目标，制订了"乡美"课堂的评价要素（兴趣、品味、表达、创造）。用课堂评价的改革助推教与学方式的变革，通过课堂不断促进师生的发展。

2. 过程性评价：利用日常的美术作业和"数字美术网"网络平台汇集作品功能，形成每生每学年的数字画册，通过六年的积累让学生、家长和教师看到学生成长的轨迹，有助于教师掌握教育规律不断优化课堂教学行为。

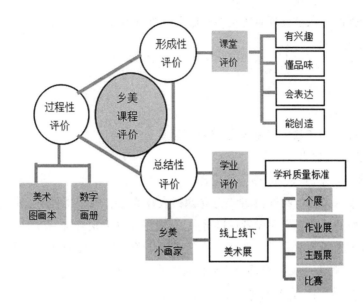

图 5 – 28

3. 总结性评价：利用线下学校展厅和线上数字美术馆定期举办展览，通过个展、作业展、主题展及比赛等，鼓励学生自评、互评和教师评的方式，每学期评选出一批"乡美小画家"。同时按照市区学科质量标准，在期末对学生的学业展开专题调研并进行质量分析。

4. 课程自评：根据课程实施过程中学校教导处、课程项目组、教师进行过程性质量监控，对于"乡美"课程科学性、规范性、有效性实施形成评价指标与量表，让"乡美"课程经验、实施策略、成果等固化，最终形成学校特色品牌课程。

（六）保障

1. 项目保障

政策保障。国家中长期教育改革与发展规划纲要（2010—2020）已将深化教育改革的重点转移到一些弱势学校。

组织保障。健全组织领导，聘请专家指导课程建设，以学科教师为骨干力量推进课程建设。

经费保障。广泛筹措资金，积极争取政府、社会的支持与帮助，以确保课程建设各项工作的顺利开展。

考核保障。"乡美"课程建设列为"十三五"学校主动发展项目，坚持优先发展，强化过程管理，落实考核评价。

师资保障。在学校现有师资的基础上，争取多方专业支持，保证课程建设。

2. 社会支持

专家引领，扩大辐射层面。

家校合作，挖掘社会资源。

六、以常州市泰村实验学校体育课程建设为例

（一）课程建设

1. 落实立德树人根本任务的需要

党的十八大报告明确指出"把立德树人作为教育的根本任务，培养德智体美全面发展的社会主义建设者和接班人。"党的十九大报告进一步强调"落实立德树人根本任务，发展素质教育，培养德智体美全面发展的社会主义建设者和接班人。"这些要求必须全面落实到体育课程改革之中。

2. 深化学校体育改革的需要

随着江苏省'三项改革'中"深化学校体育改革"的指导意见的出台，为深化学校体育改革指明了方向。多年来，江苏省通过不断加大学校体育经费投入，建立学生体质健康监测体系，实施学生体质健康促进工程，执行体育教师体能标准和职业技能标准，开足上好体育课和开展好课外体育活动，加强学校体育科研和开展学生体质健康干预行动，有效改善了全省学生体质健康状况，为深化学校体育改革打下了坚实基础。我市、区均成为省的实验市和区，我校也成为我区的实验学校之一。

3. 解决学生现有体质状况的需要

自 1985 年全国第一次大规模学生体质测试开始，随着社会经济条件的改善伴随而来却是我国学生体质状况的不断下滑。到 2010 年我国学生的体质状况问题才开始出现改善，但是肥胖检出率持续增加，近视检出率居高不下并出现低龄化趋势。研究表明，与体质相关的某些人体生理指标的提高，必须要有一定的锻炼时间、量和强度的积。此研究提示我们，如果每周体育课仅仅是 3—4 节体育课，那么利用体育教学提高学生某些生理机能的作用微乎其微。所以，必须进行体育课程改革，每天一节体育课。

（二）课程建设指导思想

以全面贯彻落实《国家中长期教育改革和发展规划纲要》和《中共中央国务院关于加强青少年体育增强青少年体质的意见》为指导，根据《常州市体育课程建设改革的意见》《常州市教育局关于开展体育课程建设改革试点工作的通知》及《钟楼区促进学生身心健康的学校体育课程体系》要求，从我校办学理

念、培养目标和办学特色出发，根据我校学生运动水平、体质健康状况、学校师资力量及运动场地设施，构建具有本校特色的体育课程体系。

（三）课程建设目标

作为钟楼区的一所农村九年一贯制学校，根据钟楼实验区的总体目标，结合我校实际，我们归纳为一句话：九年体育课，影响伴终身。

具体来说，主要是达成以下目标：

（1）爱体育：即对体育有兴趣，愿意参加体育运动。

（2）有意识：对体育有兴趣，还必须养成自觉参与体育运动的意识。我们要教给孩子们一句话："今天，你练了没有"，并让这句话伴随终身。

（3）会锻炼：要通过九年的体育课程，教会孩子一定的体育运动技能，科学正确的健身方法，使孩子感兴趣的体育项目得到强化，甚至成为一种伴随终身的特长。

（4）强体能（健体魄）：体育从一定程度上说，它的根本目标是增强体质，它也应该成为学校体育和体育课程改革的主要目标，学校始终坚持"健康第一"的体育观，真正实现健康工作五十年、幸福生活一辈子的目标。

（5）美人格：体育对阳光心态、人际交往、团队精神、合作意识、意志品质等方面，都有较大的促进作用。

（四）课程建设内容

根据国家体育课程标准，结合九年一贯制学校的校情，以及学生的身心发展规律和个体差异，在课程架构上设置基础课程、普及课程、选修课程、展示课程四大类课程。

基础课程：我们以国家课程作为基础课程。

普及课程：以体育运动之母——田径、我校现有的体育特色项目——排球、中国传统体育项目——太极拳、传统民间体育项目——跳绳作为普及课程。

选修课程：结合学校的条件，我们将设置学生喜闻乐见的、参与兴趣浓厚、参与群体面广的体育项目如篮球、乒乓、羽毛球、棋类、传统体育游戏（如踢毽子、跳皮筋、滚铁环）等为兴趣和选修课程，以丰富学生的体育技能的习得。

在普及课程和选修课程上，我们将按提供菜单、自选项目、自由组合、基本固定、适时调整的方式进行，以充分保障孩子们的兴趣得到充分发展，并在自由结合中培养团队合作精神。

展示课程：将统一规划学校的运动会、体育节及小型班级对抗赛、年级联赛，为孩子们搭建平台，以充分展示学生的体育特长，呈现生命的精彩。

（五）课程建设具体实施

1. 课时

基础课程：每周 3 课时（由专职体育老师上，长课：45 分钟）

普及课程和选修课程：每周 2 节课时（由其他老师上，短课：小学 40 分钟；中学：35 分钟）

（1）附作息时间表，如表 5 - 19 所示。

表 5 - 19　常州市泰村实验学校 1—6 年级冬令作息时间表（2018/2）

时间		内容	
8：15—8：25		晨会	
8：35—9：15		第一节	
9：20—9：35		课间操（周一为升旗仪式）	
眼保健操			
9：40—10：20		第二节	
10：35—11：10		第三节	
周一、周三、周五		周二、周四	
眼保健操			
13：10—13：50	第四节	12：50—13：30	第四节（1、2 年级）
13：55—14：20	大课间	13：40—14：20	第五节（3、4 年级）
14：20—15：00	第五节	14：30—15：10	第六节
15：15—15：55	第六节	15：20—16：00	第七节（5、6 年级）
16：15	静堂	16：00	静堂

表 5 - 20　常州市泰村实验学校 7—9 年级冬令作息时间表（2018/2）

时间	内容
7：40—8：25	第一节
8：35—9：20	第二节
9：20—9：35	课间操（周一为升旗仪式）

续表

时间	内容
眼保健操	
9：40—10：25	第三节
10：35—11：20	第四节

周一、周三、周五		周二、周四	
眼保健操			
13：10—13：55	第五节	12：50—13：30	第五节
13：55—14：20	大课间	13：40—14：20	第六节
14：20—15：05	第六节	14：30—15：10	第七节（7、8、9年级）
15：15—16：00	第七节	15：20—16：00	第八节
16：10—16：30	自习	16：10—16：15	自习

备注：由于我校是九年一贯制学校，小学与中学教室距离很近，为减少相互干扰，钟声必须一致，且在校时间小学不可突破6小时，中学不可突破7小时。

（2）附普及课程及选修课程的菜单、师资、上课地点安排表，如表5-21所示。

表5-21　周二、周四体育课安排表

年级	序号	项目	周二负责人	周四负责人	晴天上课地点	雨天上课地点
一二年级	1	田径	张洁		田径场、草坪	一（1）
	2		陶跃进		田径场、草坪	一（2）
	3		史旭辉		田径场、草坪	二（1）
	4		贺雯		田径场、草坪	二（2）
	5		李苏艺		田径场、草坪	一（3）
三四年级	1	排球	夏惠娟	夏惠娟	排球场（1）东	社团活动室（2）
	2	篮球	宦明方	王丽	篮球场	四（2）
	3	田径1	高伟兰	高伟兰	田径场	三（1）
	4	田径2	洪伟锋	洪伟锋	田径场	四楼科学探究教室
	5	乒乓球	周萍	周萍	教学楼大厅	教学楼大厅
	6	太极拳	刘飞（外聘）	刘飞（外聘）	田径场北侧	教学楼大厅
	7	跳绳	史旭辉	贺雯	广场东	一楼实验室门口走廊
	8	踢毽	何慧琼	何慧琼	广东西侧花坛	一楼南北走廊
	9	羽毛球	王开页	王开页	广场西	四（3）

续表

年级	序号	项目	周二负责人	周四负责人	晴天上课地点	雨天上课地点
三四年级	10	民间体育1	张建平	张建平	田径场南侧（滚铁环）、排球场（2）（打陀螺）、高尔夫球场南侧道路、排球场东侧道路（绳梯）	三（2）
	11	民间体育2	沈萍娟	沈萍娟		三（3）
	12	民间体育3	季华健	委华健		四（1）
五六年级	1	排球	夏惠娟	蒋立春	排球场（1）	社团活动等（2）
	2	篮球	贺泰青	贺泰青	篮球场	二（2）
	3	田径1	盛小红	陶跃进	田径场	六（2）
	4	田径2	洪伟锋	洪伟锋	田径场	六（1）
	5	乒乓球	周萍	周萍	教学楼大厅	教学楼大厅
	6	太极拳	宦明方（外聘）	宦明方（外聘）	田径场北侧	教学楼大厅
	7	跳绳	高利群	徐蓉	广场东	一楼实验室门口走廊
	8	踢毽	何慧琼	何慧琼	广场西侧花坛	一楼南北走廊
	9	羽毛球	马燕	马燕	广场西	五（2）
	10	民间体育1	张建平	张建平	田径场南侧（滚铁环）、排球场（2）（打陀螺）、高尔夫球场南侧道路、排球场东道侧路（绳梯）	二（1）
	11	民间体育2	季华健	贺志平		五（1）
	12	飞镖	王栋（外聘）	王栋（外聘）	五楼飞镖	五楼飞镖
七八年级	1	排球	顾健	顾海燕	排球场（1）	七（1）
	2	篮球	应位峰	崔清霞、姚康民	篮球场	七（2）
	3	田径1	张奕	尹建红	田径场	八（2）
	4	田径2	王霞	陈金燕	田径场	八（4）
	5	乒乓球	周春华	周致云	教学楼大厅	教学楼大厅
	6	太极拳	姜峰（外聘）	贺杰（外聘）	田径场北侧	教学楼大厅
	7	跳绳	吴洁	张亚菊	广场东	七（4）
	8	踢毽	陈菊华	何丽芬	广场西侧花坛	八（3）
	9	羽毛球	堵惠芳	徐春妹	广场西	八（1）

续表

年级	序号	项目	周二负责人	周四负责人	晴天上课地点	雨天上课地点
七八年级	10	民间体育	陈忠伟	曹青峰	排球场东侧道路（滚铁环）、排球场（2）（打陀螺）、高尔夫球场南侧道路、排球场东道侧路（绳梯）	七（3）
	11	飞镖	刘为民（外聘）	杨志光（外聘）	五楼飞镖室	五楼飞镖室
九年级	1	中考项目	邓丽佳、王虹	邓丽佳、王虹	操场	九（2）
	2		秦雯、张惠芬	秦雯、王春霞	操场	九（3）
	3		陶云燕、沈科峰	陶云燕、刘惠芬	操场	九（4）

备注：

（1）巡查人员，小学部：中低年级：马燕、袁彩红；小学部高年级：袁彩红；初中部：徐文艳。巡查人员要配合体育组做好体育器材的借还工作。

（2）周二和周四增加的体育课由巡查人员负责拍摄活动照片。

（3）请上课老师提早做好准备（如向体育室借好体育器材等），认真负责好你所上的体育课，及时做好记载，保留好过程资料，特别要注意学生的安全。

（4）上课老师必须本人亲自向体育室借还体育器材，不能叫学生去借还体育器材，而且要做好登记。

（5）每次上体育课时，务必要清点学生数量，如果学生缺席，一定要打电话询问班主任该学生缺席的缘由。

（6）民间体育包括滚铁环、打陀螺、绳梯等项目，有的年级有 2 组或 3 组民间体育，不能并组上课且不能同时上同一项目，以免器材场地不够。

（7）跳绳项目的绳子、踢毽项目的毽子自带。

（8）雨天安排室内活动，有的组可以照常安排，有的组可以看体育比赛讲解比赛规则，还有的组可以去体育组借器材安排棋类活动等。

2. 内容设计

学校结合国家、地方、校本课程实施计划，在基础课程之外，学校根据师资力量及运动场地设施等架构本校的普及课程和选修课程的内容。

（1）排球课程：了解排球运动的发展史，习得排球运动技术，强健体魄，激发学生对排球运动的热爱之情。

教学内容：排球运动简介，准备姿势和移动，发球，垫球，传球，扣球，拦网，阵容配备，进攻和防守，排球操编排。

（2）跳绳课程：让学生掌握跳绳运动的基本知识、基本技能和方法，并能在日常锻炼中加以运用。同时提高学生体能、自主锻炼的能力与环境的适应能力，促进其身心全面发展。培养学生体育锻炼的习惯、良好的思想作风、顽强的意志品质、强烈的竞争意识及高尚的团队精神。

教学内容：技体跳绳和花样跳绳两类。竞技性跳绳主要是参与班级之间的竞赛，以及区市级的各种比赛，主要包括：一分钟单摇、一分钟双摇、两分钟双摇、8字跳长绳、8字鱼贯跳长绳。花样跳绳体现的是全员性和群体性，主要目的是自娱自乐，强健体魄，赋予观赏性。花样跳绳的创新空间非常广阔，现有的种类就多达几十种，如比翼双飞跳、斗转星移、三人一体、网绳跳等。

（3）田径课程：发展速度、耐力、灵敏等运动素质和有氧耐力、肌肉力量、肌肉耐力等健康素质；掌握跳跃、投掷的基本技术和技能，安全地进行田径锻炼；以积极进取的态度和行为参与田径锻炼；增强自尊和自信，培养不怕挫折的精神和坚强的意志品质。

教学内容：以速度、耐力、协调、柔韧、力量为主。

（4）太极拳课程：了解太极拳历史、文化、哲学理念对中华民族的影响，从中培养热爱祖国，热爱民族的情感；培养团结、互助、谦让、诚信等良好品质。逐步形成积极向上的人生观，正确的价值观，提高艺术修养和文化品味；强调习武应以强身健体为主。

教学内容：了解太极拳的起源和发展过程，简单知道太极拳的种类和从中衍生出来的其他拳类，学会一套简单的太极拳。

（5）篮球课程：使学生初步掌握篮球运动的基本知识、技术、战术配合和科学健身的方法；发展学生的身体素质、心理素质、培养良好的体育道德风尚；培养学生对体育运动的兴趣和爱好，逐步养成终身锻炼的习惯；全面发展学生身体素质，提高健康水平。

教学内容为专项理论和技术实践，包括移动、传接球、运球、投篮、持球突破、防守、进攻战术基础配合、全队进攻战术配合、防守战术基础配合等。

（6）乒乓球课程：培养学生合作、诚信、果敢、公平等优良品质，发展学生个性特长，促进学生身体、心理和社会适应能力等方面健康和谐的发展，丰富校园文化生活。

教学内容：掌握乒乓球基本打法和比赛规则、熟悉乒乓球球性，进行球感训练、学习并掌握乒乓球的正确握拍姿势、上手发球、下手发球等基本发球方法、培养意志品质。

（7）羽毛球课程：使学生初步掌握羽毛球运动的基本知识、技术、战术和科学健身的方法；发展学生的身体素质、心理素质、培养良好的体育道德风尚；培养学生对体育运动的兴趣和爱好，逐步养成终身锻炼的习惯；全面发展学生身体素质，提高健康水平。

教学内容：专项理论和技术实践，包括吊、挑、搓、推、杀、接杀、网前球、全场步伐的训练、培养球路、技战术意识，积累实战经验等。

3. 课程实施形式

基础课程与原来一样，不做任何改变。但普及课程和选修课程，采用走班、走项的形式开展。其步骤如下：① 期初，教导处和体育组共同商量本学期体育的普及课程和选修课程并向全体教师公布。② 班主任向本班学生公布。③ 学生根据自己的兴趣爱好，自由选择自己喜爱的普及课程和选修课程，并上报给班主任做好登记。④ 教导处根据学生的意愿统计好具体人数、人员。如果发现某些课程人数太多，再找学生商量，根据学生意愿再进行调整。⑤ 教导处在学校通知栏公布普及课程和选修课程的人数、人员、负责老师、上课地点等。（6）在实施过程中教导处会巡查普及课程和选修课程开展情况，及时解决上课过程中产生的问题，保证普及课程和选修课程顺利进行。当然每个学期都是要根据学生需求和意愿对课程进行优化和调整。

（六）课程建设评价机制

1. 学生学业成绩评价

在课程评价上，我们按照"基础课程能达标、普及课程都学会、选修课程扬特长、展示课程出精彩"的基本要求，分四个水平等级（分别为1—2年级、3—4年级、5—6年级、7—9年级）对四项课程目标的过程性、达成度设计评价量表。量表将归入每位学生的成长记录袋，反应孩子们的成长轨迹。

学习还将利用好"常享动"等数据平台，对学生参与体育运动、体质体能变化等情况进行监测和评估，不断调整我们的课程实施过程。

2. 教师教学质量评价

学校教导处不定时督查普及课程及选修课程的教师上课情况，做到与教师的绩效工资相挂钩。

（七）课程建设预期成果

1. 形成校体育课程改革方案论文。

2. 形成校体育课程案例。

（八）课程建设保障

1. 思想保障

学校体育课程改革，其出发点是基于学校的办学理念及学校的办学目标，其实施是一项系统工程，需要全体教职员工的群策群力，共同努力。我们通过各种途径组织全体教职员工特别是体育组教师认真学习、深入探讨、充分论证、深刻领会，充分内化为全体教职员工特别是体育组教师的行动纲领，在思想上保障学校体育课程改革的实施。

2. 组织保障

为了把握正确的改革发展方向，确保体育课程改革不走样、不变形、不缩水、少走弯路、不走老路，成立了以校长为组长、分管校长为副组长、总务处、教导处等行政班子成员、体育及各学科教研组长为核心成员的领导小组和工作小组，对本改革进行整体谋划，对方案的实际、资源的开发、师资培训、课程实施等进行统筹安排、调控与管理。

（1）体育课程建设领导小组。组长：姚康民；副组长：贺泰青、王霞、崔清霞；组员：左伟国、曹青峰、马燕、袁彩红、刘惠芬、徐文艳。主要职责：对学校实施课程工作做出正确的决策和部署，在人事安排、经费投入、政策支持、制度建设、办学条件、资源开发、师资培训、舆论宣传等方面提供保障，对课程的具体实施过程加强领导，及时管理、调控，把握学校课程的发展方向。

（2）课程整体设计工作小组。组长：王霞；副组长：贺泰青、夏惠娟；组员：全体体育教师、徐春妹、吴洁、陈忠伟、秦雯、沈科峰、曹青峰、高伟兰、周萍、袁彩虹、洪伟锋等。主要职责：负责普及课程和选修课程的课程设置、教学管理和教学评价的整体设计，合理分工、组织培训等工作。

（3）教学实施工作小组。组长：夏惠娟；副组长：左伟国；组员：全体体育教师、班主任、兴趣式在职教师。主要职责：负责普及课程和选修课程的教学实施和教学评价。

3. 制度保障

完善和修订《奖励性绩效工资发放办法》，制定年度考核、评优评先等相关激励制度，使之与学校的课程改革相适应。

4. 师资保障

（1）九年一体。九年一贯制学校，在师资使用上，一般还是中小学分开使用。但在体育学科上，由于许多体育老师所学专业、特长不同，打通中小学界限，能更大程度地满足课程需要。

（2）基础培训。对全体教师进行体育基本知识、基本技能的培训，让每一位教师在田径、排球、跳绳等项目有常识的了解，能掌握体育运动的基本术语、基本动作，能在体育课程的实施中给予学生适当的指导，还使教师本身掌握更多的体育运动技能，达到教学相长、师生双赢的效果。

（3）特长提升。对一些确有特长，及对某些体育项目有浓厚兴趣并有较好基础的老师，我们将通过专业培训的方式，增强提升他们的专业技能，为选修课程、定制课程提供更多的师资保障。

（4）外聘补充。通过外聘的方式，包括邀请有体育运动特长的家长、校友，外聘专业体育教练定期来校授课，以弥补师资的不足，提升项目水平。

（5）学科共研。体育与其他学科教学往往各自为政，在学科融通上，我们将通过培训、共研、互听，增进两类学科对课程内容的相互了解，加强两类学科在课程实施上的融通融合。

（6）保障待遇。完善我校体育教师的绩效考核办法，将体育教师组织的课间操、大课间、体育课外活动、校运动队课余训练和竞赛活动等纳入绩效考核，保障体育教师在职称评聘、福利待遇、评先选优、晋级晋升等方面与其他学科教师享有同等的待遇。并且为体育教师配备必要的户外服装及防护用品。

5. 物质保障

为了全面推进学校课程改革，学校加大了对学校体育的财政投入，将对现有的场地设施实施改造，增添体育课程改革教学所需的体育器材，为课程实施提供物质保障。

例如，在场地规划利用上，我们将做好两方面工作：

一是进一步整合两校资源。主要是进一步明确场地设备设施的维护、配置、更新的主体责任。做好体育课程教育教学场地使用及大型活动的协调工作。

二是进一步提高使用效率。主要是要合理分配并细化场地的体育课程教育教学功能，加强活动项目负责人指导能力的培养，以满足学校各类体育运动的开展。

常州市泰村实验学校运动项目规划如图5-29所示。

（九）时间进程

1. 学习启动阶段：2017年8月听取《钟楼区关于深化体育与健康课程改革的实施方案》报告

2. 实施第一阶段：2017年9月 探索我校体育课程改革方案。

3. 实施第二阶段：2017年10月 完成我校体育课程改革方案。

4. 实施第三阶段：2017年11月—2018年8月 全面推进实施，检测效果，通过案例分析，研究成功与失败的原因，落实各项课改目标，进一步完善体育

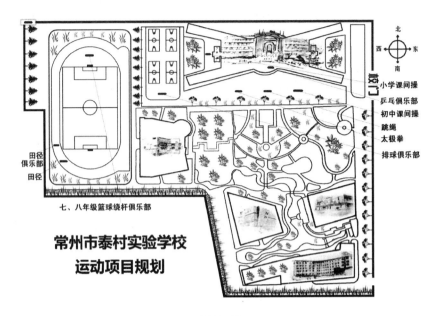

图 5 - 29

课改体系。

七、以常州市花园小学科学课程建设为例

（一）课程建设背景

1. 综观国际科学教育的改革趋势。英美等国在科学教育上最明显的特点就是将科学课程放在优先位置，把科学课程与语文、数学并列为小学的三门核心课程。而且非常关注三点：一是要拓宽学生对周围世界的理解；二是要让学生在生活中学会活化和运用科学；三是要给学生提供机会接触和体验新技术、新科技。

2. 科学核心素养的提出素养的含义："全部的教育影响都忘了以后在一个人身上剩下的东西。"在 PISA2009 科学素养框架中，就明确指出科学的能力为核心，情境为背景，知识、态度为影响能力形成的基础。所以只有以情境为背景，加强科学知识和态度的提升，才能真正提高学科核心素养——科学能力的形成。

3. 现有科学课程存在的问题：目前小学科学课是三至六年级，一二年级学生的科学素养如何培养？三到六年级科学课的课时只有两课时，而教学内容偏多，两课时也远远不能满足学生科学核心素养的提升；同时，科学课的有些内容与生活脱节，课内的知识也得不到活化，学生更缺少实践的体验；另外，目前的科学课程资源配置与科学课程实施要求也有相当大的距离，等等。这些问题，使得建设科学课程尤为迫切。

4. 花小十年课改路，科学之花满园香。

（1）"快乐"文化逐步形成。"新课程改革"一路走来已有十个年头，在这十年间花园小学以新课程的实施为契机，基于我们对教育的本质认识，结合我们学校的实际，围绕"快乐生活每一天"的办学理念，打造一座人人喜欢的"缤纷的花园、精神的家园、幸福乐园"。

（2）科学课程建设基础厚实。学校经历了两轮三年主动发展规划实践，做到国家课程校本化、校本课程特色化。2009年，我校在全市小学中率先开设智能机器人校本课程，编写了《智能机器人》校本教材，在全市进行成果的推广。2011年，学校成为区科学课程基地。2012年，省级探究性学习课题获区成果一等奖。2011年，成功申报两个市级科学重点课题，其中《小学智能机器校本课程开发与实践的研究》课题在2014年被评为市精品课题培育对象。学校两次获机器人世锦赛国际邀请赛一等奖，获全国、省市级一二等奖近百人次。连续三年获省机器人大赛团体一等奖，多人连续多年获省金钥匙比赛特等奖、市区科技、航模等竞赛的一二等奖。2012年，学校荣获了首批"江苏省科学教育特色学校"的称号。

（3）师资队伍力量雄厚。花园小学拥有一支优秀的教师队伍，省特级教师1名，引领学校课程教学改革，学校现有市区学科带头人5名，五级团队教师占比42%。两位科学专职教师和二位校本机器人课程教师，一位市区学科带头人，两位区学科带头人，一位市教学能手。其中沈伟琴是区兼职科学教研员。沈莲是区"名师工作室"领衔人。

我校将以"生活·科学·技术一体化"科学课程基地建设为抓手，践行学校"快乐生活每一天"的教育主张，以培养具有"博学、善思、强体、乐群"花小特质的学生为目的，做真正有利于小学生科学素养形成的课程。

（二）课程建设目标

1. 培养一群具有"乐探究、善合作、好创新"的学生

通过一至六年级科学课程的实践研究，提高学生运用所学知识解决实际问题的综合能力，全面培养学生的科学技术素养。通过"必修＋选修＋活动"等一系列课程的有机融合，充分利用本土的课程资源，加强课内外结合、校内外沟通，强调对学生交流与合作能力的培养，从而拓宽学生的实践领域和研究领域，让学生乐探究、善合作、好创新。

2. 建设一门具有"综合性、实践性、趣味性"的课程

建设符合校情的科学课程资源库，整体建构科学课程体系，促进学校特色文化的形成。通过选择贴近学生日常生活、符合儿童兴趣和需要的学习内容，引导教师运用灵活多变、有利于发展学生探究能力的教学形式，同时开发多渠道的实践基地，用课程的眼光策划多样化的活动平台，使课程更具综合性、实践性、趣味性。

3. 打造一支具有"课程意识、研发能力、实践智慧"的研究团队

科学课程的综合性、实践性、趣味性，就要求教师不断积累新的知识，重构自己的知识体系，否则将难以胜任这一课程的指导工作。在课程实施中，通过多学科的整合、融通、拓展，培养教师的课程意识。在学科教学向课程开发的转化中，提升教师课程研发的能力，从而提高实践智慧。

4. 培育一种具有"仁爱和谐、快乐生活、创新超越"的学校文化

创建适合学生发展、符合学校文化特点的课程是学校课程改革的宗旨。我校的科学课程以学生发展为中心，将学校的育人目标逐步构建领域、学科、模块三级课程体系。在这一过程中，从传统中挖掘，从实践中提炼，从历史积淀与未来发展中弘扬学校精神与文化。在多学科整合、多途径传承的过程中实现多元融合，从而形成独具特色的学校科学课程文化。

（三）课程建设内容架构和实施方式

1. 架构花小科学课程体系

我们结合学校办学理念"快乐生活每一天"，育人目标"博学、善思、健康、乐群"，架构了"生活·科学·技术"一体化课程的课程框架图，如图5－30所示。

我校"生活·科学·技术"一体化课程实施采取2＋1＋X方式："2"是每周2课时进行固定课程的校本化实施，"1"是校本课程中有1课时进行拓展性课程实施，"x"是每周选择性课程，采用学生社团的方式，利用课余时间进行探究学习活动。

2. 打造花小科学课程资源——"四大中心"

围绕课程内容的架构，我们从打造"四大中心"入手，这也是我们"生活·科学·技术"一体化课程建设中的亮点。我们的设计理念是让每个孩子在这里快乐地探究！

"四大中心"是"家政中心""建筑中心""交通中心""能源中心"。"四大中心"既让学生有视觉的享受，又有动手的体验，达到科学、技术、工程、数学、艺术的有机整合。现在"家政中心"和"交通中心"已经建成，"建筑

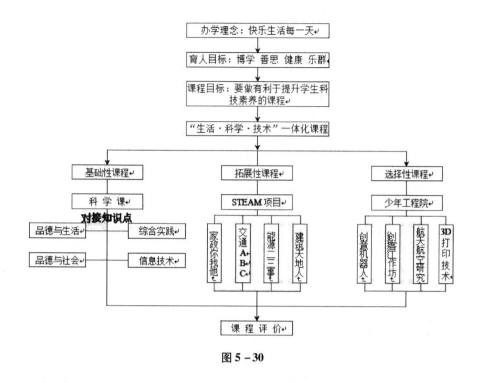

图 5 - 30

中心"和"能源中心"设计图纸也已完成，年内有望建成。

（1）家政中心。主要在馆内展示厨房中蕴含的科学原理和科技成就，围绕厨具的认知与使用、食材的认知与加工、厨房中的化学、食品的安全、冰箱天地、厨余垃圾的认识与处理、洗涤剂的认识、抽水马桶的工作原理、节水器材等内容进行探究活动。同时结合各主题的特点，提供操作流程和要领的展板说明及实践素材，以帮助学生完成自主探究活动。

（2）建筑中心。围绕巢居文明、看建筑识朝代、世界房屋大观、建筑与环境、建筑与安全、房屋构造、形形色色的建筑材料、智慧建筑、低碳家居设计、搭建房屋等十余项内容，让学生了解古今中外房子的特点，知道设计在建筑中的重要作用，并且参与设计房子、搭建房子的过程，计算房子的用料，体会造房子的艰辛和快乐。

（3）交通中心。围绕轮的诞生、蒸汽机家族、交通标识、磁悬浮列车、汽车模拟驾驶等内容，利用图片、模型、实物等让学生了解交通工具大家族，车的发展史、汽车的动力装置等，了解车子的工作原理，研究车子的变速等问题。

（4）能源中心。为大家呈现能源的形式、能源的分类、能源的转换、能源的使用、能源与环境、畅想未来能源，让学生在其中学习、操作、探究，知道能源对人类发展有巨大贡献的同时也会造成日益严重的环境污染，从而探索新能源在校园、家庭中的应用。

3. 以"生活"为导向的国家科学课程的二度开发研究

（1）课程定位：校本化的国家科学课程（基础性课程）。

（2）开发理念：高质量实施国家课程，校本化拓展课程视野。

（3）开发内容（如表5–22所示）。

表5–22

年 级	内 容
三	节水在我身边
四	节约粮食，从我做起
五	变废为宝，从我做起
六	节能在我身边

（4）开发主体：教师、学生。

（5）开发原则：基础性、拓展性、发展性。

（6）开发举例：（以五年级的科学课为例）随着人类在资源加工处理与运输过程中产生的废弃物越来越多，生活中产生的废弃物的种类也变得越来越多，废弃物回收与再利用正在逐步走入人们的视野，而对于青少年来说，资源的节约利用并不仅仅是一句口号，而是应该用行动践行于生活当中，所以在五年级学生的科学课上讲到相关的内容后，我们对教材进行了二次开发，在这一方面做足文章，确定了《变废为宝，从我做起》活动。让学生了解废弃物，调查家庭产生的废弃物，开展变废为宝就在我们身边和我是再生纸制作小能手的等活动。

4. 以"STEAM"四大项目为主题的校本课程开发研究

（1）课程定位：校本开发的项目课程（拓展性课程）。

（2）开发理念：学会生活、科学生活、智慧生活。

（3）开发内容："生活科技"课程重在实践体验。课程目标主要扣住"学会科学生活"，课程内容框架分为"科学厨房""建筑科学""交通科学""科学能源"四个主题。

（4）开发主体：以项目为单位的老师、学生及家长、专家。

（5）开发原则：丰富性、实践性、人文性。

（6）开发举例：（以"科学厨房"为例）随着研究的深入，我们对课程的认识越来越深刻（见表5-23）。

表5-23

生活科技课程——科学厨房

一、厨具的认知与使用	二、食材的认知与加工	三、厨房中的化学	四、食品的安全
1. 灶具的认识与使用	1. 碳水化合物	1. 神奇的发酵粉	1. 现代农业带来的问题
2. 炊具的认识与使用	2. 蛋白质	2. 醋和小苏打	2. 有机农业的认识
3. 刀具的认识与使用	3. 水果和蔬菜	3. 油和蜂蜜	
4. 餐具的认识与使用	4. 营养配餐	4. 盐	
五、冰箱天地	六、厨余垃圾的认识与处理	七、洗涤剂的认识	
1. 冰箱的容积和体积	1. 什么是厨余垃圾	1. 洗涤剂的工作原理	
2. 冰箱的工作原理	2. 厨余垃圾的日常处理	2. 洗涤剂的浓度配比	
3. 温度与生命活动	3. 厨余垃圾对土壤的危害	3. 不同洗涤剂的效果	
4. 食品保鲜	4. 厨余垃圾对水域的污染	4. 洗涤剂对环境的影响	
5. 做冰激淋	5. 不同国家对厨余垃圾的处理	5. 自制洗涤剂	

这样的体系下我们发现课程实施中教学的痕迹还是太重，我们不断追问自己"我们为什么要设计这门课程？"我们的课程是为学生素养养成提供新的平台，让他们整合运用知识，活用课内所学，用课内所学知识解决问题，所以逻辑是生活的，而不是科学的……于是我们重新调整方向，以活动串起我们的课程，见表5-24。

表5-24

生活科技课程——科学厨房

从吃饱到吃好	冰箱天地	厨房中的化学	食品安全
1. 食物的能量 2. 食物的营养 3. 营养配餐 4. 我是小当家	1. 冰箱的体积容积 2. 冷冻得快慢 3. 温度与生命活动 4. 做冰激淋（棒冰） 5. 做个土冰箱	1. 油盐酱醋茶 2. 洗涤剂对环境的影响 3. 自制洗涤剂	1. 残留农药 2. 霉变食品 3. 添加剂

续表

生活科技课程——科学厨房			
菌临天下	冷餐汇	神奇的酵母	变废为宝
1. 种蘑菇（木耳） 2. 烧蘑菇（蘑菇汤、炒蘑菇）	1. 切切切，切出花 2. 大拌菜 3. 一百年的蛋	1. 活的酵母 2. 做饼干（面包……）	1. 沼气 2. 酵素 3. 地沟油
中国"功夫"			
1. 蒸煮汆 2. 煎炒炸 3. 熘烧烤			

以《神奇的酵母》一课为例，我们利用酵母吹气球，让二年级的孩子在高涨的情绪中仔细观察酵母发酵时的变化，知道发酵的条件是糖和温水。了解发酵在生活中的应用，尤其是在食品制作中的作用。并且亲自来动手制作饼干、馒头，尽管做出的馒头外形、口感都不如购买的好，但是吃着自己做的食物，学生的感觉是很好吃，有的还用保鲜袋装好带回家与父母分享。

5. 以"少年科学院"为专题的选修课程开发研究

（1）课程定位：自主活动课程（选择性课程）。

（2）开发理念：促进"不一样的学生"的自主性、选择性、社会性发展。

（3）开发内容：以少年科学院为项目，进行"创意机器人""创意工作坊""航空航天研究"，"3D打印技术"的课程开发研究。以社团形式开展，学有余力的学生进行自主申报。构建课程自选超市并分期推出，形成精品社团、精品课程。具体内容如表5-25所示。

表5-25

课程名称	课程类别		课程内容
少儿科学院课程	智能机器人技术课程	"动手做"课程	结构与力、简单机械、动力机械、能量转化四大系列
		技术体验课程	从实体机器人为载体，探究其硬件与电子方面的各种相关因素，掌握机器人搭建、编程的一些基本技能

续表

课程名称	课程类别		课程内容
少儿科学院课程	智能机器人技术课程	虚拟机器人课程	萝卜圈3D仿真虚拟机器人模型结构、编程技术的学习
		创新机器人实验课程	采用能力风暴机器人套装为授课平台，通过一个个实际的项目，将知识学习和能力培养融为一体
	航空航天技术课程	航空模型（模型飞机）	纸质模型飞机、纸质手掷飞机、弹射模型滑翔机、牵引模型滑翔机、电动自由飞机模型、橡筋动力模型、电动遥控模型滑翔机、线操纵模型、遥控特技模型
		航天模型（火箭模型）	伞降模型火箭、带降模型火箭、火箭助推滑翔机、火箭遥控、滑翔机、旋翼模型火箭等
	3D打印技术课程	艺术类	旨在创造出艺术品，注重美感
		科学类	旨在反复验证，具备科学原理
		概念类	旨在用模型说明不可思议的想法
		实用类	旨在缺什么，设计什么，打印什么，可以用什么
	创客工作坊	创意电子课程	应用智慧派对六十余总传感器以及电机、音乐播放等各种输出设备以及基于Scratch2.0编程软件进行项目开发
		创意编程课程	运用scratch软件进行创客项目研究

（4）开发主体：学生、教师、家长。

（5）开发原则：选择性、特色化、社会化。

（6）开发举例：（以创意机器人课程为例）创意机器人（中级）的课程采用体系化的设计，分为三阶段的课程，三个阶段在知识点的传递和项目的难度上成螺旋式阶梯上升。第一阶段采用能力风暴创新课程中级套装为授课平台，通过一个个实际的项目，将知识学习和能力培养融为一体，在完成项目的过程中不仅学习知识，各方面的能力都得到了提升。第二阶段课程采用能力风暴类人基础套装作为仿生教学平台，生动活泼的造型能够吸引学习者的浓厚兴趣，在学习程序设计、理解工程概念的基础上更深入地学习舵机的控制，在学习过程中培养学习者的动手能力和以多元智力为导向的综合素养。第三阶段课程以国内外的权威机器人赛事为授课内容，通过亲身的体验，在陌生的环境中利用所学知识解决实际的困难并完成项目任务，学习者的自信心和成就感都得到进一步的提升。

6. 以提高学生科技素养为目的，进行"家、校、社"三位一体的平台建设

（1）整体策划主题科技节活动。结合学校科学课程的主要内容，整体策划学校科技教育系列活动。每年五月的科技节是学校的固定节日，为了让每位学生都能在这一舞台上绽放自己的科技梦想，我们学校都会在几大部门的通力合作下，整体策划科技节，每年都有明确的活动主题，如"我与蚕宝宝共成长""科技在我身边""我动手，我快乐""节伴成长，珍爱生命之水""乘科技之风 展新校梦想"……活动的策划也由教师全部全程策划，逐步地重心下移，让学生唱大戏做主角，做到"我的节日我做主"。在科技节上，科技节节标设计、科学家校园行、桥梁承重比赛、科学幻想画比赛、亲子科技小制作、变废为宝科技小制作等，活动丰富多彩，学生人人动手，享受科技的乐趣。

（2）家庭营造科技教育氛围。借助学校的科技节、科学课、亲子课程等主题活动和课程的实施，与家长合作，开展家庭科技教育活动。例如，在家庭中对科学课的小实验进行模拟和实践；在科技节中，开展亲子科技小制作活动；在家庭文化建设系列活动中，开展"科学饮食，低碳生活"的系列活动，引导学生和家长共同关注饮食的健康，关注日常生活中的低碳、环保小窍门等。同时定期开展亲子内容的科技活动，促进家长与学生互动的活动，更在家庭中为孩子营造浓浓的科技教育氛围。还定期评选出科技环保家庭，并在家长会上邀请这些家长做经验交流。

（3）共建社区科技教育基地。积极开发社区的科技资源，我校位于花园社区，花园社区有非常丰富的科技资源，我校与花园社区的3家单位签订共建科技教育基地的协议书，有航空技校、联华超市、花园社区，等等。同时，将学校活动与花园社区的相关活动有效整合，借助丰富的活动资源，开展科技类的学生进互动类社区活动。社区组织开展"科学生活、健康养老"的系列活动时，学生和父母一起参与，学习和了解科学的生活常识；植树节中，学生与家长一起在福园广场种下了爱心树苗，为小区的绿化添砖加瓦；高年级的花小小义工们还深入社区，就"科学饮食""保洁环保""科学养宠""科学设置车位"等管理中的常见问题进行深入调查，并提出自己的主张，在社区内向居民宣传，为社区的和谐共建出谋划策。丰富的社区资源，提高了学校教育的力度，增加科技教育工作的技术支持，有效地提高了我校整体科技教育的水平。

7. 初步构建了科学合理的多元评价体系

（1）科学学业质量标准：在郝京华教授为顾问的带领下，我们与科学课标

组合作，尝试利用科学学业质量标准来对我校一至六年级学生进行检测，从而逐步提升全校学生科学素养。

（2）少儿工程院的"小院士"选拔：每年，学校都将进行选拔小院士、小博士、小学士的活动。选拔方法为学校推荐和自由报名相结合，在科学素质测试和培训后，由学校考察、少儿工程院审核，确定录取名单。这是对那些在花小少年科学院中评价优秀、综合能力强的学生颁发的一种荣誉称号，旨在激励录取学生再接再厉，并为其他学生树立学习榜样，激发更多的花小学生的科学梦和创造梦。

（3）建立基于"STEAM"云中心的综合素养测试系统。"STEAM 综合素养测评系统"主要针对测试者各学科基础知识的掌握、跨学科知识的运用、科学研究方法及逻辑思维能力等多方面进行测评。测评内容包含各科关键能力、学科素养、学习习惯和态度、跨学科问题解决，测试形式有机考选择题、开放性试题等，以各学科为背景，多角度、全方位地反映学生的综合素养。

（四）保障措施

（1）组织保障：学校组建了由蒋玉琴校长担任组长，史铭玉副校长担任副组长的课程建设领导小组，全面协调课程建设的保障工作，并建立各项工作的相关规章制度，确保课程建设工作有章有序地开展。

（2）规划保障：把科学课程建设列为学校未来三年主动发展规划的重要项目，坚持优先发展，并接受教代会的过程监督指导。

（3）经费保障：学校将进一步投资进行软硬件的建设，按照市教育局对课程的经费同等投入。经费使用重点是与科学课程相关的场地、设备，机器人课程需要的设备，教学软件与网站建设，名师工作室启动经费等。

（4）师资保障（见表 5-26）。

表 5-26

姓名	性别	学历	教龄	职称	职务	五级梯队	特长
蒋玉琴	女	本科	45	中高	校长	省特级	市数学名师工作室领衔人
史铭玉	女	本科	40	中高	副校长	市学带	语文
沈伟琴	女	本科	45	中高	教科室主任	市学带	兼职科学教研员
唐丽君	女	本科	38	小高	教研组长	区骨干	科学和社团活动
沈莲	女	本科	36	小高	信息中心主任	区学带	区名师工作室领衔人
吴碟	女	本科	30	小高	教师	教坛新秀	信息技术
蒋燕媛	女	本科	35	小高	教师	区骨干	数学和信息技术
范晓燕	女	本科	39	小高	副校长	市骨干	学生活动策划
周亚娟	女	本科	40	中高	课程教学部主任	市骨干	语文

（5）聘请顾问：为确保课程建设的顺利进行，学校将聘请南师大郝京华等教授、常州市教研室瞿晓峰老师、钟楼区文体局副局长叶舟为顾问，为课程基地建设提供学术指导。

八、以常州市邹区实验小学品德课程建设为例

（一）背景分析

1. 学校背景

我校于2005年成为江苏省首批确定的公民教育实践活动试点单位，近十多年来，我校在公民教育研究方面取得了显著的成绩，积累了丰富的经验。公民教育研究项目每年在省市区各级各类比赛均获得佳绩，参与研究的老师有多篇研究论文在核心刊物上发表，不仅全面提升了学生的综合素养，而且开创了学校德育工作新途径；不仅创新了学校研究性学习新形式，而且有效地构建了学校、社会、家庭三位一体的教育资源库。

2. 教师基础

多年来，我们践行在公民教育的道路上，广大教师积极参与到这一活动中，教师的理论研究能力，学习践行能力、创新实践能力等方面得到了有效的提升，活动不仅要得到广大家长的热情支持，还要得到政府相关部门和部分企事业单位的配合，通过活动，教师勾连了学校与社会、家庭的联系，推进我校教育改革，因此，教师队伍具备开展小公民道德教育活动的能力。

3. 学生基础

在公民道德教育活动的整个过程中，从问题选择、收集资料、调查研究、制订方案到举行听证演示，所有过程都须由学生自主进行，强调活动的实践性、自主性与合作性，老师仅仅担当着活动的组织者、指导者、协调者的角色。这十多年来，学生在这一过程中，参与意识、责任意识、法律意识等公民意识逐渐加强，形成了一定的文化积淀，在邹实小学生中开展小公民道德教育有可行性，更具价值性。

（二）学科培养目标

1. 课程总目标

培养学生良好的品德，促进学生社会性的发展，为学生认识社会、参与社会、适应社会，成为具有爱心、责任心、良好的行为习惯和个性品质的公民奠定基础。主要引导和帮助学生达到四个方面的目标如表5-27所示。

表 5 - 27

情感·态度·价值观	1. 珍爱生命，热爱生活，养成自尊自律、乐观向上、勤劳朴素的态度。 2. 养成文明礼貌、诚实守信、友爱宽容、热爱集体、团结合作、有责任心的品质。 3. 初步形成规则意识和民主、法制观念，崇尚公平与公正。 4. 具有关爱自然的情感，逐步形成保护生态环境的意识。 5. 珍视祖国的历史和文化，具有中华民族的归属感和自豪感
能力与方法	1. 养成安全、健康、环保的良好生活和行为习惯。 2. 初步认识自我，掌握一些调整自己情绪和行为的方法。 3. 学会清楚地表达自己的感受和见解，倾听他人的意见，体会他人的心情和需要，与他人平等地交流与合作，积极参与集体生活。 4. 学习从不同角度观察社会事物和现象，对生活中遇到的道德问题做出正确的判断，尝试合理地、有创意地探究和解决生活中的问题，力所能及地参与社会公益活动。 5. 初步掌握搜集、整理和运用信息的能力，能够选用恰当的工具和方法分析、说明问题
知识目标	1. 理解日常生活中的道德行为规范和文明礼貌，了解未成年人的基本权利和义务，懂得规则、法律对于保障每个人的权利和维护社会公共生活具有重要意义。 2. 知道一些基本的地理常识，初步理解人与自然、环境的相互依存关系，了解人类共同面临人口、资源和环境问题等。 3. 了解我国历史常识，知道在历史发展的过程中形成的中华民族优秀文化和革命传统，了解影响我国发展的重大历史事件和社会主义建设的伟大成就

2. 年段目标

低年段（1—2 年级）

低年级《道德与法治》注重儿童与自我、社会、自然的联系，引导儿童健康安全、愉快积极、负责任、有爱心地生活，动手动脑、有创意地生活。培育儿童的社会主义核心价值观，滋养优秀中华传统文化，融入法治意识教育。本课程要求低年级学生达到以下三方面学科培养目标，见表 5 - 28 所示。

表 5 - 28

情感·态度·价值观	1. 了解自我，建立乐观、健康的生活态度。 2. 培养孩子热爱家庭、关心父母，热爱校园、尊敬老师，热爱自然、保护自然的情感。 3. 了解基本的道德、规则，学做文明人，乐于帮助别人
能力与方法	1. 培养良好的生活、学习的习惯。 2. 初步认识自我，并不断进行自我完善，养成良好的行为习惯。 3. 学会一些自我保护意识，能进行自我保护
知识目标	1. 认识自我，了解自我成长过程。 2. 学习一些基本的健康知识，学会自我防护。 3. 了解大自然的构成，动植物与人类的关系。 4. 知道一些基本的道德与规则

第二年段（3—4 年级）

中年级道德与法制以"遵守规则"为主题，围绕"我与社区"展开活动设计，旨在培养具有良好的公民道德习惯、有强烈的责任感和法律意识的学生。本课程要求中年级学生达到以下三方面的学科培养目标，见表 5 - 29 所示。

表 5 - 29

情感·态度·价值观	1. 热爱自己的家乡和家乡人。 2. 养成文明出行、与人和睦相处、有爱心、有责任心的品质。建立良好的同学和邻里关系。 3. 珍视家乡的非物质文化遗产，有强烈的家乡自豪感
能力与方法	1. 养成文明出行、有爱心的道德习惯，有爱护环境和节约能源的社会责任感，学会明辨是非，有自我保护的法律意识。 2. 初步认识成长过程中的烦恼，学会解决生活中的小问题。 3. 学会从多个角度看待、客观地分析能源与环保问题。 4. 学会基本调查问题的方法，学会合作探究，共同解决身边的问题

续表

知识目标	1. 了解自己家乡的发展变化、民风民俗。 2. 学会和同学合作完成任务，学会与人协作。 3. 能用科学文化知识解释迷信现象，会明辨是非，远离危险，有很强的自我保护意识。 4. 掌握基本购物常识和环保观念

第三年段（5—6 年级）

高年级道德与法治以"担负责任"为主题，围绕"我与祖国"展开活动设计。旨在培养学生的爱国意识，增强民族归属感和自豪感。本课程要求高年级学生达到以下三方面的学科培养目标，见表 5 - 30 所示。

表 5 - 30

情感·态度·价值观	1. 热爱自己的祖国和人民。 2. 培养爱国、敬业、诚信、友善的高尚品质，成为合格的小公民。 3. 珍爱祖国文化，传承民族精神，有民族归属感和自豪感
能力与方法	1. 尊重社会各行各业的劳动者，爱惜他们的劳动成果。 2. 有较强的公民意识，爱祖国、爱家乡、爱集体，愿意贡献自己的力量。 3. 尊敬国旗、国徽，正确看待历史。 4. 会用观察、比较、调查等方法进行生活和社会探究活动
知识目标	1. 了解祖国的风景名胜、主要物产等有关知识，感受祖国的发展变化。 2. 热爱革命领袖，了解英雄模范人物的光荣事迹。 3. 了解祖国的文化、历史和民族精神

（三）内容架构（见表 5 - 31 至表 5 - 33）

表 5 - 31　低年级内容架构

主题	教材	单元	课题	内容说明	备注
健康生活	一上	三	健康每一天	1. 幸福一家人	
				2. 可爱的校园	
				3. 学会自我保健	
				4. 红绿灯在站岗	

续表

主题	教材	单元	课题	内容说明	备注
健康生活	一下	一	我的生活好习惯	1. 餐桌上的学问	
				2. 春夏秋冬的自护	
				3. 他们需要关爱	
	二上	三	亲近大自然	1. 爱护动物	
				2. 爱护花草树木	
				3. 他们的贡献大	
	二下	二	我的班级我的家	1. 我为班级添光彩	
				2. 生活需要小创意	
				3. 可爱的家乡	

表 5－32　中年级内容架构

主题	教材	单元	课题	内容说明	备注
遵守规则	三上	一、	可爱的家乡	1. 家乡的变化	
				2. 家乡的民风民俗	
				3. 可爱的家乡人	
				4. 请到我的家乡来	
	三下	二、	快乐成长	1. 成长的烦恼	
				2. 擦亮眼睛	
				3. 面对欺负与威胁	
				4. 让危险从我身边走开	
	四上	一、	小公民道德	1. 快乐的邻里生活	
				2. 我们的合作、真正的友谊	
				3. 在公共汽车上	
				4. 伸出我的手	
	四下	二、	聪明的消费者	1. 衣食的来源	
				2. 逛商场	
				3. 塑料与我们的生活	
				4. 从一滴水说起	

表 5-33 高年级内容架构

主题	教材	单元	课题	内容说明	备注
担负责任 担负责任	五上	一	我们都是炎黄子孙	1. 让我们来寻根	
				2. 我们为祖先而骄傲	
				3. 大好河山任我游	
	五下	二	我的权利和责任	1. 我来做市长	
				2. 我是共和国的公民	
				3. 法律保护我成长	
	六上	一	我和祖国一起成长	1. 身边的变化	
				2. 感受村民选举	
				3. 隔海相望	
	六下	二	我们生活在一个地球村	1. 可爱的地球	
				2. 从世界看中国	
				3. 我们互通有无	
				4. 网络连接你我他	

（四）实施方式

以现有道德与法制、品德与生活、品德与社会国定教材为基础，整合教材中小公民道德教育素材，以年段培养目标为单位，分低中高年段架构主题教育活动。

课时安排：以春季学期 16 周计算，品德课程总课时为 32 课时/班，其中 24 课时完成教材内容，另外 8 课时分四个节点完成小公民道德教育实践活动，第一个节点，每学期第一个月，用 2 课时进行问题筛选，确定选题、分组并开题指导；第二个节点，第八周左右，利用两节连课，带领学生开展社会实践活动；第三个节点，第十二周左右，进行班级资料整理交流，形成班级行动准则；第四个节点，期末，各班进行活动成果汇报。

（五）课程评价方式

1. 发展性评价

教师进行道德与法制教学评价时，应该更加注重学生在日常生活中的表现及学生的成长、变化，强调对儿童学习活动过程的评价，重视儿童在活动过程中的态度、情感、行为表现，重视儿童活动中付出努力的程度，以及过程中的探索、思考、创意等。即使活动的最后结果没有达到预期的目标，也应从儿童体验宝贵生活经验的角度加以珍视。

2. 开放性评价

随着课程教学内容逐渐趋于开放，教学过程中评价方式也趋于开放。这种开放式评价不再由教师一人完成，而是由学生、家长、教师多方面的力量共同完成，通过学生自评、同学互评、家长和社区参评等评价方式，实现评价模式的开放性、多元化，使评价结果更公正，更有利于学生的发展。

(1) 学生自评与互评

学生进行自我评价，是对自己的行为、学习状态进行反思，让学生充分认识到自己的优点，发现自己的不足，进而改正缺点，不断进步，提高自我评价的意识和能力。生生互评可以进一步加深学生之间的相互了解，也可以让学生通过与他人的比较更加清楚地认识到自己的优点与不足，有利于学生的健康成长，促使同学之间相互学习、互帮互助，营造良好的班级学习氛围。评价的手段可以是个人成果展示、即兴点评、课堂谈论等。

(2) 家长、社区参与评价

家长参与对学生的教学评价，不仅可以增强家长对学生在学校表现的了解，还可以帮助家长加强对学生品德的培养，在家庭生活中给予学生良性引导，让学生在家庭中也可以接受品德教育。随着课程内容的不断改革，课程内容指引儿童走进社区、步入社会，社区的相关人士的评价也显得尤为重要。在教学中，教师可邀请家长和社区工作人员走进课堂，如让家长观看学生的表演，从而对学生在学校的表现有直观的了解；让学生和社区工作人员就社区的某个问题进行深入沟通和交流，答疑解惑中加深学生与社区之间的了解；在班内组织小型的比赛，请家长担任评委，让孩子在比赛过程中感受到来自父母的支持与鼓励。

(3) 教师多角度评价

教师的评价对于学生成长和发展有着重要的意义，教师要从多个角度对学生进行评价，评价内容涉及学生的学习状况、人际交往、日常表现等，应充分挖掘学生的亮点、闪光点，对学生多采用激励性的语言，以激发学生的潜力。教师的评价还要尊重学生的差异化发展，鼓励学生进行个性化选择，保护学生的创造性，允许学生大胆"发出自己的声音"，不断改善、调整自己，实现自身发展。

(六) 保障

(1) 建立课程开发组织，设立组长、组员，并邀请资深课程专家、领导对课程的开发进行监督和指导。

(2) 建立课程开发团队，组织团队人员开展理论学习，为课程开发奠定理论基础；组织大家研究教材，认真厘定内容，及时研讨，为后续开发统一思想。

（3）学校支持。我校办学机制灵活，领导重视课程开发，开发经费的筹措、研究资料的获取都能得到有力保障。

九、以常州市勤业小学综合实践活动课程建设为例

（一）背景分析

1. 已有基础

（1）民俗资源较为丰富。常州市勤业小学毗邻运河五号，运河文明孕育了无数常州名人，也留下了无数弥足珍贵的文化遗产，同时周边民俗资源丰富（见图5-31）。

图5-31　民俗文化体验圈

整体打造以学校为圆心，以古运河两岸为"文化带"的民俗文化体验圈。

校内已经形成了独具特色的"一馆一厅一角两室30小景"的"校园民俗文化体验区"：

一馆：一个民俗文化体验馆。150平方米左右的体验馆里，用不同的展示方式来表现常州民俗文化的魅力。

一厅：一个民俗文化展示厅。用图片和文字展示学校民俗文化课程的发展历程，呈现历届民俗文化节的现场照片和活动内容。

一角：一个民俗文化活动角。富有童趣的蘑菇亭里，张贴着学生日常生活中触手可及的民俗文化内容，为学生交流互动提供生动的一角。

两室：两间民俗文化制作室。"工艺制作室"里，摆放了常见的劳动工具，陈列着学生的工艺作品；"美食制作室"里，设施齐全，四周的"美食文化墙"里张贴着常州美食文化的历史与部分美食的制作方法，学生可以根据视频和文字，自主体验，动手实践。

30 小景：校园若干边角和 23 个班级体验小景。通过"名人生活区""节日习俗区""老常州风貌区"等校园和班级体验小景的打造，让孩子随时随地接触民俗，体验民俗。

校外已经建立了多个包括梳篦博物馆、运河五号、刘海粟美术馆、天宁寺、东坡公园、文化宫、少年宫未园、薛家华夏艺博园等带有常州老文化印记的实践活动基地。

（2）课程建设初见成效。在多年的课程建设中，我们逐步形成了一支课程意识较强的教师队伍，拥有了自己独特的校本教材，固化了部分课程实践基地，引进了各种教育教学资源并得以充分地利用。学生在民俗文化传承过程中了解了部分民俗知识，感受到了城市的变迁和文明的进步，逐渐变得知书明理（见图 5 - 32）。

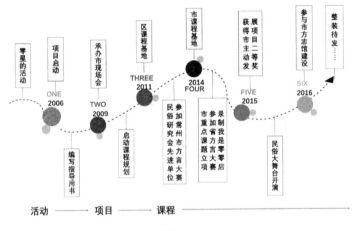

图 5 - 32

学校连续七年策划并组织实施学校民俗文化节，从学校独立策划实施、联系社区联合组织到引进市民俗研究会一起实施，活动规模越来越大，活动效应也越来越明显。从最初学校自我推荐参加各类活动，到社会各界积极邀请学校参与活动，可以说，学生受益是最明显的。学生组队参加了各级各类的演出，省、市电视台活跃着学生们的身影，学生们走进了市中秋、端午等传统节日的演出舞台，走进了红梅公园、人民公园、青枫公园等大型演出现场，受到了市民们的热切欢迎。社会各界都予以关注，市、区教育局、民俗研究会领导专家、家长、媒体都积极参与。常州电视台、常州日报、常州晚报、扬子晚报、现代快报、南京晨报、中吴网、化龙巷、凤凰网等多家主流媒体对于我校的活动开展、研究团队的成果展示等多次予以报道。

（3）校园文化稳步传承。独特的地理位置令学校紧抓发展机遇，早在2006年起学校就把常州民俗文化的研究作为一个项目进行了实施与打造。在多任学校领导的努力下，通过开展校园民俗文化节、外出参观实践活动，编写《小学常州民俗文化读本》等举措，实现了常州民俗文化的初步浸润。在实施的过程中，我们越来越清晰地认识到这个项目发展是学校特色发展的一种需求，也是学校办学理念的体现——在传播家乡文化中知书明理，在学习民间工艺中实践创新，在寻根传承中提升能力，它与学校办学理念以及学生五勤培养目标进行无缝对接，对培养具有勤小特质的学生起到了至关重要的作用。

2. 价值意义与定位

（1）文化立人。中共中央办公厅、国务院办公厅印发了《关于实施中华优秀传统文化传承发展工程的意见》（以下简称《意见》）。《意见》指出了实施中华优秀传统文化传承发展工程，是建设社会主义文化强国的重大战略任务，具有重要意义。提出：要围绕立德树人根本任务，遵循学生认知规律和教育教学规律，按照一体化、分学段、有序推进的原则，把中华优秀传统文化全方位融入思想道德教育、文化知识教育、艺术体育教育、社会实践教育各环节，贯穿于启蒙教育、基础教育、职业教育、高等教育、继续教育各领域。以幼儿、小学、中学教材为重点，构建中华文化课程和教材体系。编写中华文化幼儿读物，开展"少年传承中华传统美德"系列教育活动，创作系列绘本、童谣、儿歌、动画等。修订中小学道德与法治、语文、历史等课程教材。

文化立人是"立德树人"的要求和必然。"国家好，民族好，大家才会好。"家国情怀凝聚我们历久弥新的伟大国度的精神资源。习近平总书记也在多个场合多次强调家国情怀。怎样培养家国情怀？还是要从娃娃抓起，从学校教育做起，让孩子从爱上自己的家乡做起。学校重视常州民俗文化的教育和传承，恰恰给我们响应《意见》明确了方向，找到了突破口，有利于培养学生的家国情怀。

文化立人是城市和谐的途径和策略。民俗文化促进了外来务工人员子女的融入，稳定了社会和谐。受到当前经济发展形势的需要，学校的外来务工人员子女越来越多。这些学生中，很大一部分都是到了入学适龄时才来到常州生活，甚至还有一部分是中途转进。基于现实情况，往往成年后他们都会成为常州建设的主力军。因此他们迫切需要的就是融入常州的生活，融入常州学校的学习生活。融合首先必须是文化的融合。只有文化认同，才能真正地融入这座城市。学校民俗文化课程的实施，恰恰为这些学生提供了机会。外来务工人员子女在深度接触常州民俗文化，尤其是和本地孩子一起亲自体验常州的民俗文化后，一定会被常州悠久的历史、灿烂的文化所吸引，所感染，也会为自己选择在常州生活、学习而觉得自豪。文化认同后的外来务工人员子女也会享受到和本地孩子一样的教育公平。

（2）课程固本。国家课程是面向全国的，确保大多数学生甚至所有学生都能接受，强调普适性。但实际上，国家课程很难满足全国不同地区、不同学校、不同学生的需要，也很难适应不同地区的实际情况。现代社会发展对人才的素质要求较多，国家课程不能全部覆盖。因此，国家课程只是规定了最低标准和基本要求，对于国家课程所没有涵盖的、不能满足的、无法考虑周全的内容，校本课程正好可以弥补。

作为教育较发达的苏南地区，校本课程的实施已经能够很好地促进国家课程的有效实施。民俗课程作为一门课程，它是学校实施民俗文化教育的主要载体。它是一门独立的课程，它有着自己的课程体系，承担着自己的职责与使命。同时，作为一门校本课程，民俗课程在实施民俗文化教育的同时，也在弥补着国家课程的不足，对于学生家国情怀等思想教育以及综合素养的培养都起着其他学科所无法比拟的巨大作用。

（3）活动促学。活动贯穿民俗文化课程实施的全过程，在活动中促进学生学习方式的变革也是民俗文化课程实施的一个重要的特点。

教师也会逐渐将研究的重心从"教"转化为"学"。在学习活动中，无论是学习时间、学习空间都将不再受到限制，学习资源进一步丰富，广泛的社会生活、校园环境都可以成为学习的场所，实践、体验、观察、制作等都将成为学生学习的手段和方法。以问题为载体，通过自己收集、分析和处理信息来实际感受和体验民俗文化的演变历程，发展现状，进而了解民俗，学会学习，培养分析问题、解决问题的能力和创造能力。采用"请进来，走出去"的方式推进课程建设，请进优秀的资源，请进优秀的师资，同时积极地走出学校，走向社会，因为优秀的民俗文化都在民间，都在社会。在这期间，学生的收获无疑是巨大的。他们可以零距离地接触民俗文化，可以和民俗专家面对面，更可以直接从事、体验民俗活动。无论是采访、参观还是体验、研究，学生的综合素养肯定会得到很大的提升。这些是国家课程所无法做到的，这也是民俗文化课程开发和实践的目标，更是这门课程对于学生的吸引力所在。

（4）现场导教。民俗文化课程的实践性、研究性和综合性，要求教师不断积累新的知识，重构自己的知识体系，不断地创新教学方式，否则将难以胜任这一课程的指导工作。在课程实施中，通过多学科的整合、融通、拓展，培养教师的课程意识。在学科教学向课程开发的转化中，提升教师课程研发的能力，从而提高实践智慧。混龄编班、走班教学、社会实践、校外体验等都将使课堂更加开放，教师甚至可以申报实施不固定的弹性课程。

这样的课堂，可以没有固定的场所，甚至没有固定的教师，有的只是真实的学习过程，有的只是强烈的现场感。当场的制作、品尝、体验、参观、考察、展评，家长、专家、民间艺人甚至学生自己都有可能成为教师。

将民俗文化研究从项目提升为课程，将项目作为一个系统工程进行全面打造，通过保障课时、师资、教材、资源、活动等全面保障并推进民俗文化课程，我们学校无疑走在了整个常州市的前列。

2. 研究目标

（1）优化民俗资源，创新利用模式。评估、梳理现有课程资源，进一步优化，有效利用各类资源，促进课程实施，在实施过程中，不断生成新的资源，促进资源的再度开发和利用。

（2）完善课程目标，稳固内容体系。整体建构主题式民俗文化课程目标体系与内容体系，实践中不断调整、完善，并最终固化，用课程的眼光策划多样化的活动平台，使课程更具实践性、研究性和综合性。

（3）变革教与学的方式，形成新的样态。从关注"教"到关注"学"，从活动内容、活动时空、活动方式、活动现场等多个维度进行实践，变革教师"教"与学生"学"的方式，进一步丰富并形成教与学的新样态。

（4）提升核心素养，实现育人目标。通过学习体验常州民俗文化的精髓，激发学生对家乡文化的热爱、自豪和传承，产生浓厚的爱乡情结；通过感悟了解家乡文化的精神、审美理想、审美情趣等，感受传统文化的魅力，增强民族自信心和自豪感；通过必修＋选修＋活动等一系列课程的有机融合，充分利用本土的课程资源，加强课内外结合、校内外沟通，从而拓宽学生的实践领域和研究领域，逐步提高实践能力。

（5）传承民俗文化，实现文化浸润。从传统中挖掘，从实践中提炼，从历史积淀与未来发展中弘扬学校精神与文化。用常州传统优秀的人文精神激励人，在吸纳传播传统文化的同时尊重外乡文化，在多学科整合、多途径传承的过程中实现多元融合，从而形成独具特色的学校民俗课程文化。

3. 内容架构与实施方式

内容一：从"僵化"到"鲜活"，打造有生命力的民俗教育资源圈。

多年的建设，学校已经形成了民俗文化教育资源圈，但事实上，很多资源出现了"僵化"，无法使用，不想使用，不会使用。因此，必须打造有生命力的民俗教育资源圈，让资源重新"鲜活"。

（1）优化资源，构建三个课堂。进一步丰富资源，赋予资源更多的意义和价值。全面整合学校资源，重新梳理和定位各种民俗文化资源的价值和意义，以"大中小"三个课堂来整体构建校园环境。

首先，充满民俗文化气息的教学区就是一个"大课堂"，无论是墙壁、地面还是周围景观的布置，都能让学生感受到民俗的魅力。在这里，"大课堂"已经不再是固定不变的物化环境，它会随着课程的不断推进，根据课程实施的需要而实时发生变化。

其次，行政楼一楼的四间教室将建设成"非遗剧场"，也就是我们的"中课堂"，有点类似于"常州书场"似的小剧场，可以举行专场的小演出，可以举行民俗专家的真人秀，也可以邀请家长来讲讲民俗典故。我们可以现场直播，也可以有针对性地组织部分师生参加活动。

最后，两间非遗教室就是我们所说的"小课堂"，我们将进行规模和功能的系统升级，专门用于民间工艺和常州美食的制作坊。

"大中小"三个课堂的重新定位，将原本固定不变的民俗文化资源彻底盘活，变得更加生动，更富情趣，将看得见摸得着的物化资源转化为可以发挥价值的课程资源，原来，民俗真的就在身边。

（2）开放资源，实现课堂灵动。当各类资源不再是单纯的固定的物化资源后，这些资源就能随着课程内容的变化、课程实施策略的变化而变得更加灵动。教师也不再拘泥于仅仅只是使用资源，而更加关注有效甚至高效的利用。

开放校内体验区，随时随地接受民俗文化的熏陶；开放课堂，让家长、艺人甚至学生成为老师；开放课程，建设移动课堂，走进实践基地；开放活动，让社会互动，实现价值的最大化……

只要课程建设需要，就可以不受时间和空间的限制，可以打破课时、课堂的桎梏，可以随时随地地利用这些资源，推动课程的建设。

（3）创生资源，再度开发利用。随着课程的不断纵深推进，会不断地创生出新的资源。学生的学习心得和成果，不断生成的实践基地，置换后的校园民俗环境、逐年变化的家长资源等都会成为新的教学资源。首先，进行价值判断，甄别出需要的适合的民俗资源；其次，进行资源的再度开发，形成可以利用的有效民俗资源；最后，进行有效的利用。从中，提炼出对于创生性民俗资源开发和利用的有效策略，推动学校民俗资源库的建设和运行。

内容二：从"零散"到"稳固"，形成完善的课程目标和内容体系。

民俗文化是博大精深的，我们根据研究目标，将精神民俗、物质民俗、社会民俗、岁时民俗与礼仪民俗中适合小学生发展的内容挑选出来，建设民俗文化课程资源库，整体建构主题式民俗文化课程目标与内容体系。在"以勤育人，业实怀远"办学理念的指引下，围绕民俗文化课程学生培养目标，全面融合"知识和能力，过程与方法，情感态度价值观"三维目标，架构主题式、序列性、螺旋上升的年级目标。在此基础上，逐步探寻学校民俗文化课程实施的优化策略，提供民俗文化课程实施的成功案例，从而形成具有我校特色的、可借鉴推广意义的民俗文化内容体系。

目标体系：

（1）通过课程实施，帮助学生真正地了解常州，熟悉常州，做个地地道道的常州通，成为传统文化与现代文明相结合的一代新人。

（2）在了解常州魅力的过程中，获得丰富的情感体验。初步形成对自然、社会、自我的责任感，产生浓厚的家乡情结，形成正确的常州荣辱意识，激发积极向上的探索创新精神。

（3）培养学生实践意识、主体意识、创新意识、合作意识、劳动实践的能力、发现分析并解决问题的能力、培养搜集信息处理信息的能力等。

内容体系：

我们将构建起学科课程和活动课程相结合的民俗教育内容体系。充分利用综合实践活动和校本课实施以民俗文化为核心内容的主题学习，具体研究内容如表5-34所示。

表 5-34

年级	课程名称	研究主题	常规活动	经典活动
一上、一下	常州童谣、方言俚语	童谣二十首	童谣班班唱	
二上、二下	常州吟诵、方言俚语	吟诵十四首	吟诵大比拼	
三上	传统游戏	丢沙包、趣味跳绳、跳房子、跳皮筋	课间游戏文明玩游戏道具自己做	八大传统节日
三下	美食文化	老厨房、龙城名菜、风味小吃、家乡的味道	学做常州地道菜吃遍家乡品文化	二十四节气
四上	习俗文化	中秋与月饼、重阳与糕、腊八与粥、年与馒头	习俗故事大展演孝顺老人我最会	十二个春秋游
四下	典故传说	钟楼桥韵、弄伴历史、街坊传说、公众之园	典故传说大家演公园文化大家做	

续表

年级	课程名称	研究主题	常规活动	经典活动
五上	民间工艺	十字绣、梳篦、风筝、剪纸	放飞理想的风筝绣出美好的明天	八大传统节日
五下	钟楼非遗	豆炙饼、芝麻糖、四喜汤圆、乾隆传说	非踏承我拿手乾隆故事我知晓	二十四节气
六上	名胜古迹、历史名人	常州历史、常州方言（一）、讲述常班事	方言考试行不行常州历史知多少	十二个春秋游
六下	地方曲艺	常州方言（二）、常州锡剧	方言等级谁最行锡剧票友进校园	

内容三：从"单一"到"丰富"，寻求"教"与"学"活动新样态。

（1）弹性的活动内容。必修与选修相结合。以民俗文化为核心，科学地规划课程内容，编制《勤业小学常州民俗文化读本》。三至六年级每周1节综合实践课，全学期1/3课时从《勤业小学常州民俗文化读本》各年级的研究主题筛选研究小课题，全面普及、传播常州民俗文化。充分利用校本课，打通校本课和综合实践活动课的联系，赋予校本课新的内涵，深入演绎民俗文化。校本课从综合实践活动课中相应研究主题中精选3—4个主题，进行深入研究，演绎常州民俗文化的魅力。

常规与经典相结合。根据各年级研究主题中生成常规活动，每个学生每个年级都将参与1—2次民俗体验或实践活动，同时，学校策划组织"大传统节日""二十四节气""十二个春秋游"三大经典系列活动。常规与经典相结合，留给孩子一个难忘的儿时记忆。

预设与生成相结合。预设的学习活动中有很好的活动内容，但民俗文化教育中往往能从中生成更好的体验活动，或者需要研究的内容。两者结合，可以弹性实施，从中选择更好的活动内容，取得更好的活动效果。

（2）灵动的活动时空。长短课时结合。常规课时40分钟，有时很难满足学生的求知欲。根据活动内容的不同，打破课时及学科的界限，设置20分钟、40分钟，甚至80分钟的不同的课时，以满足不同活动内容及活动形式的需求。

走班教学与混龄编班。从各年段"民俗文化"研究主题中拓展延伸，注重学生的实践与体验，选择一些体验项目，由学生自主选择感兴趣的项目，采用混龄的编班模式或者走班的教学模式，让学生亲身体验传统游戏、常州方言、民间工艺、常州美食等民俗文化的精髓。

校内校外联动。打破时间和空间的限制，积极利用校外实践基地以及人力资源，在课程需要的时候走出学校，建设移动课堂，将课堂搬到实践基地、民俗场馆、社区等场所；资源进学校，打破课堂的桎梏，让课堂灵动起来。

（3）多元的活动方式。研究性学习：在教学过程中以问题为载体，创设一种类似科学研究的情境和途径，让学生通过自己收集、分析和处理信息来实际感受和体验民俗文化的演变历程，发展现状，进而了解民俗，学会学习，培养分析问题、解决问题的能力和创造能力。

综合性学习：根据各学科的特点，挖掘学科内可渗透的民俗文化元素，挖掘民俗文化中的学科育人价值，在学科课程的主干上渗透或嫁接相关的民俗文化内容，并进行专题拓展性的课堂教学（见表 5 – 35）。

表 5 – 35

学科	常州民俗文化元素
美术	服饰、装饰文化、民间工艺、剪纸传统图案及蕴意、国画、脸谱
音乐	地方锡剧、常州小热昏、常州吟诵、常州童谣、常州说唱
语文	礼仪习俗、童谣民歌、典故传说、经典诵读、名人名胜
品德	习俗文化、典故传说、名人名胜、地方曲艺、传统美德、传统节日、民俗服饰、民俗节日、民俗历史、美食文化
体育	传统游戏、杂技竞技

微课堂学习：师生制作民俗微视频，上传至学校民俗信息平台，形成微课堂学习资料。充分利用电脑，进行远程的微课堂学习，并进行及时的互动、交流，展示学习成果和心得。

（4）真实的活动现场。活动暨教育，活动是民俗教育实施的最好途径。真实的活动现场既包括了课堂教学的学习活动，更包括了学校精心策划的主题活动。

一个传统节日：组织实施一年一度的"校园民俗文化节"活动，用课程的眼光精心设计和规划活动内容，立体架构活动过程，力求使主题活动"课程化"，既满足学生多样化的学习需求，又成为学生课内学习的展示舞台。"民俗文化节"中，我们将充分用好社区资源，邀请更多的民俗专家、民间艺人走进学校，近距离感受民间艺术的魅力和风采。

一次寻根之旅：统筹策划每学期一次的学生社会实践活动，开展寻根之旅。一方面，寻找与民俗文化相关联的地点，选择相关主题；另一方面，长程设计活动过程，放大活动效应，从前期热身、知识储备，到活动策划、过程记录，再到后期交流、总结提升。通过"寻根"找到归属感，激发家乡情结。

一支娃娃艺术团：学校将充分利用教师特长，充分利用学校以及社区的各种资源，成立"勤业小学民俗文化娃娃艺术团"。艺术团将聘请有专长的民间艺人来校成为指导老师，同时也有效带动此项目的骨干教师热情参与其中，艺术团将包含"老常州"画舫、"老房子"纸艺社、舞龙队、风筝社、童谣社、空竹社、锡剧社、常州方言研究社、民俗文化讲解团等。通过娃娃艺术团的运作，激发学生主动学习、快乐学习，并发掘和培养常州民俗文化研究的精英学生。

一系列平台：开展社区共建，让学生走出校园，走进社会，既弘扬传播民俗文化，又搭建学生展示的舞台。参加常州电视台每年的方言大赛，在常州电视台"都市生活频道"开辟民俗文化专栏，与社区联手开展宣传展演活动等。

内容四：从"结果"到"过程"，探索民俗文化评价机制。

我们将积极探索民俗文化的评价机制，注重发展性评价，用《民俗文化学生成长体验册》（以下简称《成长体验册》）记载成长的足迹，促进学生在民俗文化领域及一般能力等方面的不断进步。《成长体验册》以学期的课程目标和学生学习现状为基础，旨在展示学生的最佳成果、记录学生学习与发展的过程，对学生的发展水平进行评估。我们从《成长体验册》运用的目标出发，将教师、学生、同伴与家长都作为参与者，其目的在于让不同的参与者在民俗文化课程实施过程中发挥不同的作用，调动一切可利用资源帮助学生成长。

内容五：从"静止"到"互动"，打造民俗文化信息平台。

打造民俗文化信息平台，根据阅读主体与阅读目标的不同，分为"民俗文化教学区""民俗文化体验区""民俗文化互动区"等板块。

民俗文化信息平台首先是民俗文化的传播平台，是学校对外交流展示的平台；其次也是民俗文化的学习平台，是促进学生课外承续和传播民俗文化的互动平台；同时，还是民俗文化的评价平台，多元的评价主体、科学的评价方式、互动的评价过程，其目的还是促进民俗文化的学习和传播。

其中，"民俗微课程"的制作和使用将成为一项重要的举措。"民俗微课程"将结合单元学习内容，由师生共同策划演绎，采用PPT式、讲课式、情景剧式等制作形式，教给学生民间小工艺、小美食的做法，传统小游戏的玩法，常州方言的说法，等等。引导学生通过微课程网络学习途径，巩固、演示、体验、承续、传播常州民俗文化（见图5-33）。

内容六：从"封闭"到"开放"，凸显民俗教育社会功能。

（1）社会共建，推动课程的可持续发展。通过社区、实践基地、民俗场馆等的共建，引进优质资源，将单一的民俗文化学校教育变为社会共建，共同推动学校民俗课程的可持续发展。

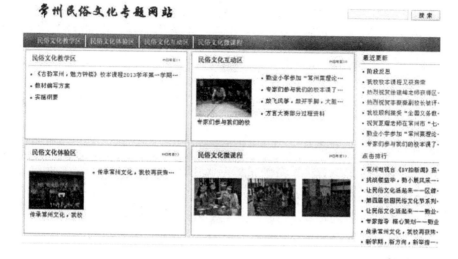

图 5 - 33

（2）积极辐射，促进民俗的全社会关注。通过娃娃艺术团的各类展演活动，通过信息化平台的积极传播，通过各类媒体的广泛宣传，学校民俗文化课程与社会各界遥相呼应，让民俗文化教育和传承引起全社会的关注，共同促进中华传统文化的回归。

（3）形成合力，生成场域的民俗化特质。整合独特的环境资源、丰富的社会资源、特色的网站资源，构建有品位的民俗文化学习生活，各方形成合力，形成有民俗化特质的勤业小学民俗文化场域。

（三）推进措施

1. 保障资源的有效利用

通过诊断、吸纳、运用、评估、再开发等，丰富课程资源，并且用"活"课程资源，将资源为课程所用，不再僵化。

2. 完善课程目标和内容体系

通过研讨、论证、实践、反思、调整等过程，不断完善课程目标体系和内容体系，并且逐渐固化下来，形成较为稳定的课程实施纲要。

3. 变革"教"与"学"的方式

理念先行，倡导"活动促学"和"现场导教"，不断变革教师的教学方式，增强教学的现场感；精心设计各类课程活动，在活动中不断变革学生的学习方式，提升学生的核心素养。

4. 生成评价机制

通过专家指导，组织各方面相关人员的座谈研讨，形成科学的评价体系和方式。用评价促进教学改革，开放评价过程，用发展代替定性评价。

5. 建设信息化平台

集思广益，建设民俗文化信息平台。提高信息化平台的使用效能，逐步增强互动功能，将传播、学习、评价融为一体，建设成为师生、家长最喜欢的平台。

6. 放大民俗文化社会性

积极地策划、组织各类民俗研究和传承活动，打通学科界限，由课内走向课外，由学校走向社区，由家庭走向社会，用活动的开展促进民俗文化课程的深度发展，促进学生的发展，促进社会大众对于民俗文化的关注和浸润。

（五）项目保障

1. 组织保障

学校领导十分重视项目的研究，经常深入一线，指导工作，保证该项目得以顺利地实施和推动。同时，我们还将聘请专家进行理论与实践的指导，组织教师参加培训学习，提高教师的理论与实践水平。

2. 经费保障

在现有的各类设施条件的基础上，我们还将积极筹措资金，优先保障民俗文化课程建设所需的各类设施设备，同时建立相应的校内实践场所和研究场地。

3. 师资保障

我们将建立学校的"民俗文化教育人才库"，尽可能地将既热心于民俗文化教育的，又有这方面一技之长的教师稳定在民俗文化教育教师队伍中。同时，积极地招募志愿者，民俗专家、民间艺人、社区工作者、家长志愿者等，凡是有志于传统文化教育的人，都有可能成为我们师资队伍中的一员。

十、常州市东方小学信息技术课程建设为例

（一）背景分析

1. 学校背景分析

学校从第一轮三年发展规划起，便确立了"快乐生活　健康成长"的办学理念，并不断丰富其内涵。我们认为，"尊重""平等""促进发展"的生活才是快乐的生活，"强健""阳光""适应社会"的成长才是健康的成长。

2. 师生情况分析

学校现有信息技术专职教师一名，具备一定的信息技术教育教学经验。其中学生群体具有三多三少的现象：外来学生多本地学生少，家长文化程度偏低的多高学历的少，忙于生计的家庭多支持关注孩子学习成长的少。学校课程建设立足于每一位同学，但学生具有个性和差异性，课程建设只能尽可能满足学生的需求，这种矛盾运动正是导致信息技术课程不断发展的动力之所在。

时代在发展，科技在进步，掌握一定的信息技术能力已成为常州新市民的必备技能。

3. 硬件设施分析

任何课程都无法离开课程资源的支持，而对于信息课程，尤为如此。本校具备一间信息技术专用教室，能够满足全校 12 个班级的信息技术教学需要。另外，学校还配备了 10 余套思泰姆公司生产的智慧电子套件，以满足学生创客教育的需求。

（二）学科培养目标

1. 常州市东方小学学生培养目标

常州市东方小学课程建设是基于学校的办学理念："快乐学习，健康成长"。我们认为：在小学校园里，学校生活是指师生开展的一切活动，对于儿童来说，基于儿童的生活才是快乐的，对于教师来说，能够体验职业幸福的生活是快乐的。我们追求让师生在生活中学习，用学习来提升生活的品位、生命的质量。

学校的育人目标是：培养"文明、强健、博学、笃行"的东方阳光少年。我们努力在"以学生的发展为本，为学生的终身发展服务"宗旨下，回答我们期望培养的理想学生所具备的以上基本素质。其中的核心关键词是：文明——语言、举止、仪表；强健——体质、兴趣、锻炼；博学——好奇、好学、好问；笃行——踏实、真实、坚实；各部分关系是：文明 + 强健 = 身心两健；博学 + 笃行 = 知行合一；文明 + 博学 = 德智双全；强健 + 笃行 = 学有特长。

2. 确立信息学科培养目标的几项原则

《江苏省义务教育信息技术课程指导纲要》（2013 年修订）确立了信息学科培养目标的 3 项原则。

（1）基础性。一是信息技术课程以培养学生的信息素养为目标，具有文化教育意义。二是在面向实际应用的过程中，要求学生掌握信息技术的基础知识与基本技能，为其未来持续发展打下基础。

（2）技术性。在义务教育阶段，信息技术课程具有较为突出的操作性和工具性，旨在使学生掌握常用的信息技术工具，在体验的基础上提高对不同操作系统及应用系统的适应性，适当关注前沿技术，提升技术应用的能力和利用信息技术解决实际问题的能力。

（3）综合性。义务教育阶段信息技术课程作为综合实践活动课程规定的学习领域之一，强调课程内容的综合性与实践性，超越封闭的单一学科知识体系和固定的课堂教学时空局限，将信息技术与研究性学习、社会实践与社区服务等其他部分结合起来，与其他学科课程结合起来，面向学生的整个生活世界，帮助学生建构对世界的完整认知。

（4）发展性。义务教育阶段的信息技术课程以技术工具的学习为主，但不是对工具的机械操作和简单模仿。信息技术活动面向学生发展，以学生的体验、理解、决策、评价等认知活动为基础，在信息活动过程中培养学生的交流与合作的能力、解决问题的能力、适应信息技术不断发展并进行创新思维的能力。

3. 常州市东方小学信息学科培养目标

小学阶段信息技术课程的目标在于让学生通过动手与动脑相结合的体验，初步掌握应用信息技术的基本技能，结合生活与学习实际理解信息技术的重要性，开始形成健康应用信息技术的习惯，勇于尝试应用信息技术富于个性地解决实际问题。基于以上分析，确立常州市东方小学信息学科培养目标（见表5-36）。

表 5-36

四个维度	具体要求
知识与技能	1. 感受生活中的信息，知道信息的常见表达形式，了解信息的意义和价值。 2. 认识常见的三种信息技术工具（台式电脑、笔记本、平板电脑），知道硬件及软件的名称和基本知识，了解它们的输入、处理、输出各个部分的基本功能，并根据需要进行基本的操作与简单应用。 3. 学会使用五种基本的信息加工工具与通讯工具（画图软件、WPS文字、WPS演示、QQ、论坛），并根据需要利用它们开展交流活动
过程与方法	1. 能针对具体任务需求综合地从两个渠道收集信息（本地资源、网络资源），并筛选和评价信息。 2. 根据解决生活中实际问题的需要，选择恰当的方法或技术对信息进行处理。 3. 能够围绕学校开展的主题活动，综合利用相关工具或材料设计并制作简单的作品。 4. 在展示与评议中认识作品，掌握优秀作品制作的技巧，并能积累利用信息技术解决问题的经验

续表

四个维度	具体要求
情感态度 与价值观	1. 在动手与动脑相结合的过程中感受信息对学校生活与学习的作用，产生并保持学习与使用信息技术的兴趣。 2. 初步形成有目的地选择、判断信息和有个性地表达信息的意识以及使用信息技术的责任意识，对网络虚拟世界中的人际关系有正确的认识。 3. 认识到当前是信息技术飞速发展的时代，在运用信息技术工具解决相关问题的同时领略到信息技术工具的强大
行为与创新	1. 能够规范、安全地使用信息技术工具（台式电脑、创客设备、相关软件），并注意维护与保养。 2. 形成健康地使用信息技术工具、合理地应用信息技术的行为习惯。 3. 能够主动思考和尝试将信息技术应用到生活实际中的方法，并能尝试利用信息技术富有创造性地解决日常生活和学习中的具体问题

（三）课程内容架构

1. 课程的总体结构

在课程内容上，小学阶段分为基础模块和拓展模块，分别为 68 学时。

（1）基础模块（见表 5 - 37）。

表 5 - 37

	信息识别与获取	信息存储与管理	信息加工与表达	信息发布与交流
三年级	信息的作用 信息渠道 数字化阅读	计算机的组成 键盘和鼠标器 文件和文件夹	文本输入 文字编辑 创意绘图	网络交流 网络文明礼仪
四年级	信息评价 搜索基础 网页信息下载 知识产权意识 信息安全	文件的分类管理 文件共享 文件查找 文件备份 信息安全 多操作系统	文档编辑 表格的插入与编辑 简单的多媒体作品 作品的展示与评议	网络工作机制 网络通讯工具 网站规划 网站制作 网络技术的价值

（2）拓展模块（程序设计）（见表 5 - 38）。

表 5 - 38

能力维度	年段	水平标准能力维度
算法思维	五年级	初步了解算法的概念，理解算法与数据结构是构成计算机程序的主要组成部分
	六年级	能够理解简单的算法结构（如顺序结构、选择分支、循环等），并尝试在解决问题中进行使用
抽象	五年级	理解抽象的概念，会对简单的问题进行抽象，形成解决问题的若干步骤，并尝试绘制流程图
	六年级	能够对现实中更加复杂的问题进行抽象，并将其模块化为经典的算法与数据结构（如顺序、分支、循环等），使用标准的流程图形式加以正确描述
分解	五年级	初步理解分解的概念，明确分解与重复执行是计算机解决一切复杂问题的基础
	六年级	能够将较为复杂的现实问题分解为简单的，适合使用已知算法的小模块问题
评估与概括	五年级	在确立算法解决方案的过程中，能够通过相互交流与借鉴，尝试对于各种算法进行评估，并且对已经解决的一类问题进行总结归纳，提炼一类问题的解决方法
	六年级	在完成过程中能够比较各种方案的优劣，选择相对高效的方案解决问题。能够将提炼出的问题解决方法迁移应用到类似问题中，开发可用于解决许多类似问题的解决方案

（四）教学实施方式

1. 主要原则

根据信息技术课程的教学内容和学科特点，信息技术课程的教学实施需要遵循一定的教学原则，以保证信息技术课程教学的顺利开展，达到预定的教学效果，最终实现信息技术课程的整体目标。

（1）基础性与发展性相结合。基础性与发展性相结合是针对学生信息素养的培养提出来的，它包括三个方面。第一，人类社会已经迈入信息社会，信息技术成为一种基础性工具，信息素养成为社会公民的一项基本素质。第二，信息技术以及信息社会是不断朝前发展的，但是这种发展又是依赖于一定基础的，是建立在一定基础之上的朝前发展。第三，学生的心智发展存在一个循序渐进、逐步成熟的客观规律。

（2）全面发展与个性发展相统一。全面发展不是平均发展，个性发展也不是自由无序，两者相辅相成。一方面，个性发展是全面发展的条件。另一方面，全面发展又是个性发展的基础，没有全面发展的基础，高层次的个性发展也无法实现。

（3）信息技术与日常生活和学习相整合。基础教育课程改革风起云涌，世界各国不断更新课程内容，加强学科知识与学生的学习和生活经验、当代社会发展的内在联系，强调以学习者的经验、社会需要和问题解决为核心的课程整合，有效地培养学生学会学习、解决问题和综合实践的能力。

2. 信息技术课程教与学的方式

以下信息技术教学方法已在中小学信息技术课程的教学实践中积累了一定的经验，所选方法的适用范围能覆盖各类信息技术教学内容和不同学段。

（1）讲授法。讲授法是教师通过语言系统向学生描绘情境、叙述事实、解释概念、论证原理和阐明规律的一种教学方法。

例如，《认识键盘》一课中，学校学生对电脑的认识和使用情况以及学生的家庭环境等诸多因素都不理想。特别是对于三年级的学生，教师要注意引导学生掌握知识方法，通过讲授的方法让学生对键盘有感性的认识。对于较少部分对键盘操作很熟悉的学生，教师先确定他们的操作正确的情况下，可以让他们在自由练习的时候充当教师的小助手，而不使学生失去学习的兴趣。

（2）讨论法。所谓讨论法，是指在教师组织和指导下，以小组或班级为单位，围绕一定的问题和内容各抒己见，展开讨论、对话或辩论等。在这个过程中，进行知识和思想的交流，互相启发，共同探讨、切磋，以求辨明是非，提高认识能力。

例如，给小学高年级的学生布置一个讨论题：当朋友发来的贺卡带有病毒时，你怎么做？本案例以一个两难故事（朋友发来的贺卡带有病毒）为讨论主题，让学生决定自己的行为并阐述决定行为的原因，目的是促进学生分析问题能力的提高，鼓励阐述意见，形成或改变看法。讨论可以贯穿在其他的教学方法中，也可以整堂课以讨论为主。

（3）任务驱动法。任务驱动法是信息技术教师常用的教学方法之一，这种教学方法主张教师将教学内容隐含在一个或几个有代表性的任务中，以完成任务作为教学活动的中心；学生在完成任务的动机驱动下，通过对任务进行分析、讨论，明确它大体涉及哪些知识，需要解决哪些问题，并找出哪些是旧知识，哪些是新知识，在老师的指导、帮助下，通过对学习资源的主动应用，在自主探索和互动协作的学习过程中，找出完成任务的方法，最后通过任务的完成实现意义的建构。主要教学步骤如下：呈现任务→分析任务→完成任务→总结评价。

还有比较常用的教学方法有：Webquest 教学法、基于问题的学习、范例教学法等。

（五）课程评价

1. 评价制定的依据

学习评价是根据教学目标来制定。新课程标准的教学目标是知识与技能，过程与方法，情感态度和价值观，以及创新能力四维目标。因此，评价不仅要覆盖知识与技能，而且要反映学生学习过程与方法、情感、态度、价值观、学生创新能力等目标。全方位汇集有利于激励学生发展的信息。

2. 评价的内容

《信息技术》课重点考核学生的课堂表现与学习态度、平时作业、期末上机考试，最终形成期末评价。其中包括信息技术认知能力评价和操作实践能力评价。

认知能力评价，是评价学生在小学信息技术课教学内容的要求范围内，对有关信息技术内容的认识和初步理解能力。各年级的考察范围，应根据教材所规定的内容和要求来确定。

操作实践能力评价，是评价学生在小学信息技术课教学内容的要求范围内，在认知基础上的操作能力和实践能力，并把信息技术的学习与其他学科的学习有机地结合起来。

3. 评分标准（见表 5 – 39）

采用百分制

课堂表现及学习态度　20%

表 5 – 39　课堂表现及学习态度评分表

班级：　　　　　姓名：　　　　　　　　　　　　　　　　日期：　　年　月　日

评价方式	评价内容	评分标准		满分	得分
学生自评 20	上机学习内容方面	□非常明确　　□比较明确 □有的明确　　□不明确		4	

评价方式	评价内容	评分标准		满分	得分
学生自评 20	体验成功方面	□经常有	□常有	4	
		□偶尔有	□从没有		
	自信心方面	□非常强	□强	4	
		□较强	□缺乏		
	情绪方面	□很好	□好	4	
		□一般	□不好		
	本节表现方面	□非常满意	□满意	4	
		□比较满意	□需努		
学生互评 30	合作团结方面	□积极合作	□能合作	10	
		□偶尔合作	□不合作		
	交流方面	□善于交流	□能够交流	10	
		□能力不强	□怕交流		
	本节表现方面	□非常好	□比较好	10	
		□有进步	□不好		
教师评分 60	课堂纪律方面	不大声喧哗、吃零食		10	
		不随意抽拉键盘抽屉、故意高频点击鼠标		10	
	课堂表现方面	积极发言，提出有价值的问题		10	
	课堂操作方面	按老师要求进行操作练习，不随意更改电脑中原有文件的位置，不复制其他人的作业或作品		10	
		文明使用网络，不玩游戏，不浏览不良信息		10	
总分					

平时作业（由教师评） 30%

表 5 - 40 平时作业评分表

班级： 姓名： 日期： 年 月 日

评价内容	评价指标	评分标准	满分	得分
内容表现 40	主题	观点正确，鲜明	4	
	内容	善于运用多种方式搜集资料，并进行筛选整理、初步概括	4	
		选材合理，与主题一致，突出主题	4	
		全面、准确、流畅、完整，无错字	4	
		思路清晰，逻辑性强，体现出对专题的理解、研究	4	
	版面	作品界面美观，布局合理，版面设计精美	4	
		色彩搭配得当，鲜明、清晰，背景、色调与主题一致	4	
		多种媒体与主题风格一致，加强表现力，图文并茂，疏密有致，具有较强的观赏性	4	
	创意	构思新颖、独特、巧妙，具有个性化	4	
		具有艺术性	4	
技术运用 60	技术应用	按要求综合运用所学的技术，技术运用准确、有效，如链接错用漏用扣 0.5 分	40	
	创造性	创新性的运用技术表现出意想不到的效果，扩展技术，能引起读者的探寻和思考，有创造意识，具有想象力和个性表现力	12	
	操作习惯	具有信息意识、信息技术学习能力	4	
		养成计算机操作的良好习惯	4	
总分				

期末上机考试 50%

由教师将本学期重要的知识点进行总结，并根据知识点出题，让学生解答。由此了解学生本学期的学习情况。

期末评价

最后得分 = 课堂表现及其他学习态度得分 × 20% + 平时作业得分 × 30% + 期末考试得分 × 50%

最后得分与期末评价对照表，如表 5 - 41 所示。

表 5 - 41

最后得分	期末评价
85 分 以上	优
75—85 分	良
60—75 分	及格
60 分以下	不及格

（六）保障

1. 充分的课内外课程资源

与传统教科书相比，信息课程资源是丰富的、大量的、开放的，如江苏省中小学信息技术网站，它以其具体形象、生动活泼和灵活弹性等特点，给学生多方面的信息刺激，调动学生多种感官参与，激发学生兴趣；与此同时，学校还引入各种创客教育硬件资源，使学生得到充分的动手动脑锻炼，在愉悦的学习氛围中增长知识、培养能力、陶冶情操。

2. 稳定的课时安排

课程开发和实施是一个持之以恒的过程，需要稳定的课时安排。按照教育部《义务教育课程设置实验方案》的规定，学校给三至六年级的学生安排每周1 课时（40 分钟）的学习时间。

3. 严谨的学业评价

目前，课程的学业评价基础薄弱，存在评价标准不高、评价过程不严密等问题。学校依据信息课程的特点，特制定了东方小学信息技术课程标准，能够如实反映学生真实的学习状况，正确判断学生的真实发展状态。

第三节 校本课程方案例举

一、常州市花园第二小学"金阳棒垒文化"课程建设实施方案

为认真落实常州市教育局关于中小学课程基地建设相关文件精神，在有效落实国定课程校本化实施基础上创建花园二小"金阳棒垒文化"课程基地，为

花园二小师生提供充满阳光、心智健康、自主创新的课程，同时促进学校和教师专业发展，提升学生的综合素养，特制定本实施方案。

（一）背景分析

在市教育局的领导下，我区组织辖区内各中小学，立足学校实际，和常州市体育局联合增设一些体育布点项目，如武术、排球、羽毛球、游泳等，作为阳光体育、实施素质教育的抓手，花园二小也抓住了这个契机，基于学校场地的有利条件，在钟楼教文局和常州市体育局的支持下确立了软式棒垒球这个体育布点项目。孩子有兴趣、学校有场地、安全有保障，集聚各方面有利条件，于是，2009年9月，软式棒垒球作为特色体育项目真正走进了全体花二学子的视野。

（二）学科培养目标

秉承"花儿朵朵向阳开，朵朵花开香满园"的办学理念，构建"金葵向阳、志高行实、根深叶畅、满园澄亮"的"金阳文化"，以学生喜爱的棒垒球为切入点，开发"金阳棒垒文化"课程激发教师专业成长，依托课程营造"金阳文化"，培育具有花二特质的学生。

（1）完善"金阳棒垒文化"课程基地建设，丰富课程基地建设经验，提升课程基地建设实践智慧。

（2）培育师生优良品质，丰富经历，凝练"金阳棒垒文化"精神，彰显"金阳棒垒文化"育人价值。

（3）促进"金阳棒垒文化"课程基地特色化，浸润渗透，积累课程基地研究成果，发挥示范和辐射作用。

（三）内容架构

1. 深入挖掘"金阳棒垒文化"课程内涵

（1）确立"金阳棒垒文化"的核心品质。学校在"金葵向阳、志高行实、根深叶畅、满园澄亮"的"金阳文化"的指引下，培育"文明、健康、快乐、自信、智慧"的"金阳少年"，努力挖掘棒垒球的独特育人价值。"棒"：好、很棒；"垒"：堆积、积累；"金"：金属、光泽；"阳"：光明、阳光。这四字凝练出"金阳棒垒文化"课程的核心育人价值：团队合作、文明阳光、自信智慧、勇敢坚强，提升"金阳棒垒文化"的课程内涵。

（2）细化课程核心品质年级培养目标。学校围绕"团队合作、文明阳光、自信智慧、勇敢坚强"核心品质，制定了各年级的递进性目标，并细化了各年级的具体培养目标，设置了评价要点，例举了评价方法（见表5-42）。

表5-42 "金阳棒垒文化"核心品质在各年级目标

品质 年级	团队合作	文明阳光	自信智慧	勇敢坚强
一年级	适应环境	关心爱护	积极体验	勇于尝试
二年级	融入集体	遵守规则	充满信心	主动完成
三年级	交流沟通	规范行为	认识差异	克服困难
四年级	默契合作	自我认知	自我反思	坚持不懈
五年级	角色扮演	学会尊重	灵活选择	知难而进
六年级	明确责任	关爱弱者	乐观进取	逆境成长

2. 整体架构"金阳棒垒文化"课程体系

（1）编制课程指导纲要。学校编制《"金阳棒垒文化"课程指导纲要》，明确课程目标、内容、实施和评价。

（2）立体架构课程体系。

①基础：进一步完善棒垒球"技术技能"教学指导纲要，体现年级递进目标，整合棒垒球课、体育课、大课间等内容，促进学生逐渐形成体育与健康的意识和品质。（详见：附表2——《棒垒球"技术技能"教学指导纲要（2015版)》）

课程内容在已有技术技能、赛场规则上增加历史发展、礼仪文化、安全知识等方面的内容，从技术技能转向关注文化发展（见表5-43）。

表5-43

内容 年级	技术技能	赛场规则	历史发展	礼仪文化	安全知识
一	自抛自接 直线跑垒	认识场上垒位	认识棒垒球	爱护维护器械	认识器械
二	掷远掷准 冲刺上垒	认识比赛场地	棒垒球起源	尊重伙伴老师	规避危险
三	正确传接 准确踏垒 正确挥棒	了解比赛规则	棒垒球特点	了解比赛着装	体验自护

续表

内容 年级	技术技能	赛场规则	历史发展	礼仪文化	安全知识
四	传接跑垒 连续上垒 协调击球	了解攻防规则	棒垒球在中国	了解场上礼仪	了解损伤
五	垫步传球 连续进垒 灵活击球	防守战术配合	棒垒球在世界	尊重教练裁判	预防发现
六	灵活传球 准确跑垒 多变击球	战术综合运用	棒垒球与奥运	尊重场上对手	自救互救

②拓展：对学生在校六年的棒垒球文化活动进行整体规划，拓展提升，包括学习参观类、活动体验类、游戏拓展类、岗位责任类、成果展示类五个方面（见表5-44）。

表5-44

年级 类型	学习参观类	活动体验类	游戏拓展类	岗位责任类	成果展示类
一年级	参观荣誉室和文化墙	"掷准王"挑战赛	"跳房子"游戏	文明小观众	棒垒球场绘画展
二年级	参观器材室和 社团训练	"棒垒小博士"游乐园	拼音墙游戏	棒垒小记者	棒垒卡通绘画展
三年级	观摩棒垒球比赛	"跑垒王"挑战赛	跑垒游戏	礼仪宣讲员	绘制棒垒海报
四年级	参观运动学校	亲子联谊赛	掷准游戏	器材发放员	绘制棒垒小报
五年级	参观北郊高中	年级联谊赛	攀岩游戏	规则宣讲员	棒垒电子小报
六年级	参观南京御道街小学	"本垒王"挑战	体感游戏	比赛志愿者	棒垒球文化衫

③精英：基于学生个体能力差异，既鼓励学生挑战自我，又为有特长的学生创设展示平台，参加校际交流、市级联谊赛、省级俱乐部、全国嘉年华等各级各类活动，勇敢坚强等核心品质进一步得到彰显。

3.开发利用"金阳棒垒文化"课程资源

整体规划，全方位设计，构建花园二小"金阳棒垒文化"课程"1235工程"。

（1）汇编"一套书"：一套棒垒球系列读本。

我们已经梳理了一些读本内容，《棒垒球啦啦队口号录》《棒垒球操汇编》

《棒垒球游戏指南》《"我爱棒垒球"系列活动研究报告》等，未来三年，我们将设计成型一套棒垒球系列读本：《棒垒球知识集锦》《棒垒球历史与明星》《棒垒球电影赏析》《棒垒球好书推荐》《棒垒球卡通动漫》，拓宽学生视野，丰富学生体验。

（2）创建"二室"：室内活动室和棒垒球器械室。

二室：指棒垒球器材室和室内活动室，场地与器材开放，在运动活动中，学生参与场地与器材的管理与使用，使学生在参与活动中，不仅育身，更加育心。

室内活动室：位于金葵楼楼下的地下活动室，近400平方米的面积，是学生参与运动，便于雨天进行棒垒球活动的一个很好的场所。

棒垒球器材室：每学期初，学校会分发一套棒垒球器材到每个班级，班级自理，便于各班开展活动，期末学校收回。在棒垒球器材室里，棒垒球的球、棒、球架、垒垫等器材分类整齐摆放，专人负责，做到借还有序，摆放到位。设置器材箱，大队部配合，从专人管理到放手学生自律管理，既保证器材的充分使用，让器材与学生亲密接触，让学生获得更多的活动体验，充分享受运动的快乐，又培养学生的责任感。

（3）建立"三区"：游戏区、学习区、互动区。

三区：按年级不同、功能不同，配合学校场地布置，将学生活动区域合理规划，有序开放，学生自主选择，充分享受"金阳棒垒文化"课程带来的乐趣。

游戏区：学校围墙的游戏区和教学楼前后两个大型游戏区构建了学校整体棒垒球游戏区域。

学校围墙游戏区：由南往北，一条长长的学校围墙是学生体验活动场所。按项目不同，分别设置不同的体验：有适合低年级的"投掷区"，有练习手臂力量的横向"攀岩区"，分别设置有活动项目的要求，也有安全活动的建议与提示。

教学楼前后游戏区：通过向学生征集棒垒球游戏，如跳房子游戏、跑垒游戏等；也有与学科相整合的游戏，如数字墙、拼音墙、字母墙等，将学生喜闻乐见的游戏，布置在游戏区域，成为学生参与棒垒球游戏的活动场所。

学习区：教室内外的文化布置是学生参与"金阳棒垒文化"课程学习与交流的场所。特别是教室门口的长廊文化，每班教室门口可跟进、可替换的文化布置，做到主题化、日常化、自主化。可以是宣传介绍棒垒球基本规则，普及棒垒球知识的"规则主题"；可以是介绍有关棒垒球小游戏，激发学生参与棒垒球兴趣、学生自己设计的"游戏主题"；可以是介绍学校历届参与棒垒球小明星，也有介绍中国籍和世界棒垒球明星的"明星主题"；可以是介绍棒垒球的发展历史，了解棒垒球运动的核心的"历史主题"等，更多的是"我与棒垒球"的学生作品，呈现学生参与"金阳棒垒文化"课程的丰富内容。

互动区：学校围网内的棒垒球场与篮球场、操场共同组建成花园二小棒垒球运动互动区。

学校棒垒球场：在设置围网的空地里，学生进行投球、传接球、挥棒的练习活动区域，布置有规范动作图解演示，便于学生进行技能训练。

学校操场：划分两个儿童棒垒球比赛场地，便于学生熟悉棒垒球赛场、了解棒垒球比赛规则，进行棒垒球互动学习。

篮球场：场地整齐划一、功能齐全的篮球场也是学生体验的场所。

学校就是一个"金阳棒垒文化"课程的体验乐园，学生在乐园中学习、游戏、互动，健康成长。

（4）构建"五平台"。荣誉室、校园网站、网博馆、微视频、体感中心将构成学校数字化平台，丰富课程资源，展示课程的精彩。

荣誉室：陈列学校历年的荣誉，并且呈现荣誉背后的感人故事，贴近学生生活实际，激发学生参与"金阳棒垒文化"课程的兴趣。

校园网站：搭建学校"金阳棒垒文化"网站，还原学校"金阳棒垒文化"课程的点点滴滴，记录学生童年的成长足迹，由身边的故事感染每一位学生，承载学校"金阳棒垒文化"课程的育人价值。

网博馆：建设棒垒球的网络博览馆，依托网博馆平台，展现棒垒球运动的发展历程，呈现棒垒球运动的礼仪文化，讲述棒垒球运动的明星故事，进一步感受"金阳棒垒文化"课程的独特魅力。

微视频：拍摄棒垒球文化微视频，普及棒垒球运动的基本规则、裁判规定、场地规定，明确投球、击球、跑垒和防守截杀的具体规则，初步了解棒垒球比赛的赛制，渗透进攻技术、防守技术、基本技术、攻防技术、防守战术，细化规范的技术动作，接触棒垒球运动的术语，为学生提供全面深入感受棒垒球运动的平台，让学生喜爱棒垒球运动，学会欣赏，勇于尝试，为"金阳棒垒文化"的浸润奠定基础。

体感中心：设立棒垒球体感中心。通过身体控制识别在电视上显示，体感中心能纠正学生在棒垒球运动投球、击球、跑垒过程中的错误和不到位动作，同时也极大减少了天气、场地要求的限制。此外，可以通过棒垒球体感运动会，组织学生间的互动交流，增加棒垒球运动的趣味性，鼓励学生参与"金阳棒垒文化"课程。

（四）实施方式

1. 课型探索创新

我们初步探究出了技能学习和游戏课型，课内指导和课外练习课型，还将对其他课型进一步探索。

2. 综合融通渗透

一方面，以棒垒球活动为载体，整合主题特色化、内容序列化、形式多元化的班队活动，开展主题活动，激发学生个人潜能，培养乐观的心态和坚强的意志，实现两类儿童的差异互补（见表 5 - 45）。

表 5 - 45

月份	主题	内涵	班队活动主题
九月	适应	全心投入，努力融入	棒垒球，你好
十月	自信	积极参与，信心满满	棒垒球，我来了
十一月	真诚	真心相处，诚以待人	岗位工作我来做
十二月	信任	开启心扉，彼此信赖	你的岗位我来做
一月	沟通	设身处地，有效交流	岗位工作齐分享
三月	尊重	尊重队友、尊重对手	对你说声谢谢
四月	友爱	互帮互助，情意满满	小小棒球情意多
五月	团结	团结一心，众志成城	快乐棒球齐努力
六月	责任	直面成败，勇于面对	快乐棒球齐拼搏

另一方面，基于棒垒球和学科间共同的研究内容，将语文、数学、英语、综合实践、品德等学科与"金阳棒垒文化"课程组建学科扩融组织，确立一至六年级的主题学习（见表 5 - 46）。

表 5 - 46

学科 \ 年级	一年级	二年级	三年级	四年级	五年级	六年级
语文	棒垒球拼音墙	运动中的礼貌	我会保护自己	棒垒的新发现	我想对你说	自教知识调查
数学	清点棒垒器材	球场中的方位	棒垒球的规律	棒垒球中的统计	棒垒球的反弹高度	棒垒球的普及率
英语	—	—	啦啦队口语	裁判口语学习	我是小裁判	奥运棒垒用语
综合实践	—	—	运动与着装	运动与明星	运动与饮食	运动与科学
品德	我的棒垒球场	棒垒文明观众	我的棒垒球伙伴	棒垒球场礼仪	世界的棒垒球	尊重对手

3. 社团自主实践

围绕"金阳棒垒文化"课程开展八大社团：新闻社团、动漫社团、志愿服务社团、礼仪展示社团、棒垒球小子社团、影视社团、啦啦队社团、文学社团，为学生提供了丰富的课外活动资源。

4. 特色活动推进

棒垒球文化节：每学期一次、每学年两次的棒垒球文化节各有侧重。上学期的棒垒球文化节重在体育竞技类比赛：如班级对抗赛、年级联谊赛、师生联谊赛、家校趣味赛、本垒王大赛、棒垒球闯关游戏等；下学期的棒垒球文化节重在综合类活动：如各班啦啦队大赛；动漫设计、海报设计、电子小报设计评比活动；棒垒球故事评比；电影赏析；"金阳"小记者评比；等等。

"一站到底"：对赛场规则、历史发展、礼仪文化和安全知识开展"一站到底"比赛。

5. 校际文化交流

学校已经有 5 个棒垒球校外基地，定期开展了参观交流、夏令营等活动，后续加强校级文化交流，在课程建设、课程评价、课程文化等方面进一步探讨。5 个棒垒球校外基地分别为常州市北郊高中——课程体系，常州市运动学校——课程资源，常州市棒垒球训练基地——教师发展，南京市御道街小学——机制建设，浙江北师大附属南湖小学——评价工程。

（五）评价

"金阳棒垒文化"课程在花二经历了"从同化到互补、从精英到全体、从项目到课程"的发展过程，评价也从关注棒垒运动技能的单一转向"金阳棒垒文化"对学生品性的整体浸润养成。学校逐渐确立评价是促进教师、学生共同成长的创新工程。

1. 创过程性评价手册

2012 年学校借鉴积分卡使用经验设立过程性评价手册。对学生参与游戏、创编游戏、技能考核、综合实践、参与活动等过程表现予以积分记载。同时编制学生问卷、家长问卷、班主任问卷、志愿者问卷，丰富手册内容、采用自评与他评相结合的办法，分别设置单项奖、综合类、志愿服务类等内容，通过购买小礼物、贴花换礼物等手段，不断完善《我爱棒垒评价手册》的设计和使用。

2. 增生成性评价项目

学生的需要是课程推进文化积累的源泉。"金阳棒垒文化"课程试图通过课程丰富学生活动经历，通过立体多元的评价促进学生"百花齐放、各有所长"。我们不仅设置单项奖项，还创生出符合学生需求的奖项设置。

2015 年采纳学生提议增设"跑垒王""棒垒小博士""文明小观众""最美志愿者""金牌小裁判"等奖项，开展"星级社团"和"金牌班级"的评比活动。

3. 拓立体性评价内涵

随着课程实施进展，下一阶段我们将基于"金阳棒垒文化"课程的核心目标，更加系统地拓宽评价的结构，构筑立体性评价体系。

在评价内容上，尝试在增效减负的背景下，针对"金阳棒垒文化"课程的核心品质，让家长和学生通过棒垒文化亲子活动，评选"团队合作之星、文明阳光之星、自信智慧之星、勇敢坚强之星"，一起关注学生品质养成。同时增设家长"棒垒影视我推荐""棒垒读物我赏析"等奖项，将"金阳棒垒文化"课程的时空由校内拓展到家庭、社区，促进课程评价的立体、丰富。

在评价主体上，将由校内延伸到家庭、社区，实现评价的交互主体。如邀请学生家长对学校开展课程建设实施效果进行评价，激励家长不仅参与棒垒文化活动，更加成为课程推进的评价者和智力资源。

（六）保障

1. 项目保障

（1）组织保障。健全课程创建以及实施的组织领导，实行校长负责制，凝聚广大教师共同参与，确保项目有力有序推进。聘请专家指导、论证课程设计，确保课程建设的科学性、可行性、必要性。

（2）经费保障。整个课程基地建设约投入80万，学校将为课程基地的建设提供充足的经费，充分发挥省体育俱乐部、市体育传统校、区教文局优秀项目的资金支持优势，确保过程资金的落实。

（3）师资保障。教师流动机制下的师资保障值得关注。同时学校通过三个层次获得师资保障：组建"金阳棒垒文化"课程基地工作室，成立"金阳棒垒文化"课程教练员成长营，创新学科整合融通研究培训全体教师。

2. 社会支持

（1）市区教育行政支持。学校"金阳棒垒文化"课程的建设得到了市体育局、区教文局的大力支持。他们为我们提供了人力、财力的保证。常州市体育运动学校、常州市棒垒球队的专业教练、专业运动员又为我们提供了智力、技术支持。常州市北郊高中开展的棒垒球运动为我们形成棒垒球人才培养的机制打下坚实的基础，优秀生源能够继续参加棒垒球运动。

（2）专家团队智力引领。课程的设置、过程的开展需要得到课程专家、体育教学专家的智力支持，我们将保持紧密联系使学校不走弯路、实施跨越式发展。

（3）社区家长支持。虽然本课程非考试科目，但是对学生品质的形成有很大的价值。现有流动儿童家长支持率较高，但是随着课程推进我们将寻求更广泛的家长在学生课外参与时间以及和学生活动经费等方面的支持。

二、常州市新闸中心小学创客校本课程开发方案

为认真落实教育部关于《教育信息化"十三五"规划》——有条件的地区要积极探索信息技术在"众创空间"、跨学科学习（STEAM 教育）、创客教育等新的教育模式中的应用。新闸中心小学切实推进小学创客校本课程建设，促进新闸中心小学创客校本课程自主创新、形成学科课程特色，特开发新闸中心小学创客课程方案。

（一）背景分析

创客教育的兴起，源自全球的创客运动热潮和"大众创业、万众创新"时代经济发展的大背景，也符合培养学生创新精神、创新能力、实践能力的现实需要。全球的创客运动发展势态为教育的创新改革特别是创客教育提供了新的契机，创客教育成为青少年创新能力培养的新模式，推动教育改革的新动力，并为中央加强"立德树人"教育战略提供了落地的抓手与途径。从国务院总理李克强 2015 年 1 月提出"大众创业，万众创新"开始，2015 年 9 月 2 日，教育部办公厅发布《关于"十三五"期间全面深入推进教育信息化工作的指导意见（征求意见稿）》，提出有效利用信息技术推进"众创空间"建设，探索 STEAM 教育、创客教育等新教育模式。这意味着由社会"创客运动"引发的"创客教育"热潮，正式进入国家层面的教育发展规划中。2017 年 2 月，教育部发布《教育部教育装备研究与发展中心 2017 年工作要点》，表明积极探索新理念新方式，持续关注 STEM 教育和创客等对中小学教育、课程发展的影响，开展移动学习、虚拟现实、3D 打印等技术在教育教学中的实践应用研究。2017 年 7 月，国务院印发《新一代人工智能发展规划》，提出利用智能技术加快推动人才培养模式、教学方法改革，构建包含智能学习、交互式学习的新型教育体系。要求我国中小学阶段设置人工智能、编程教育等课程，完善相关课程体系。

常州市新闸中心小学从 2011 年引入第一个创客教育课程"scratch 趣味编程课程"，成为全国第一批主动实施创客教育的实验学校。2014 年学校引进了比特物联网课程，创客教育优秀项目逐渐形成。2015 年学校在全市、全区第一批建立了"校园教育众创空间"，并成为钟楼区创客教育课程基地，学校创客教育形成了自己的特色。2016 年学校引入了 3D 打印和教育机器人项目，学校创客教育课程框架逐渐明晰。2017 年学校在暑期建设了创客一条街（新星创客教育课程中心）项目。新星众创空间结合新小实际，打造"新闸中心小学创客教育体系"

为亮点的创客教育课程中心。新星众创客空间包括：① 比特物联网众创教室。② 创客头脑风暴众创教室。③ 3D 打印数字化众创教室。④ 智慧编程众创教室。⑤ 教育机器人众创教室。⑥ 电路工程师众创教室。

新闸中心小学办学理念是"以星育星，璀璨群星"，学校近 2000 名学生中有 85% 是外来务工人员的孩子，怎样为新小的孩子提供优质而有特色的教育成为学校的办学思考。我们相信一千个孩子就会有一千种创造，更会有一千种精彩。每个孩子都会是天生的学习者和创造者，为了培养"诚实、结实、丰实、欢实"的"萝卜娃"，学校将创客教育作为学校特色和重点建设工作，创客教育课程建设是学校聚集优质的教育资源，提高课程教学质量，提升教师专业能力，让学生享受创新教育的途径和平台。创客教育校本课程建设成为学校主动发展和实施课程改革的发展需求。

（二）指导思想

以科学发展观为指导，坚持立德树人，以人为本，以培养学生的核心素养、实践能力、创新精神为切入点，从创客文化、创客课程、创客师资、创客空间、创客活动等方面推进创客教育，为培养"大众创业，万众创新"人才奠定基础。

（三）组织机构

校本课程总负责人：李华兴（新闸中心小学 校长）

校外顾问：管雪沨（天宁区教师发展中心 国内创客教育知名专家）

　　　　　李梦军（常州开放大学 国内创客教育知名专家）

　　　　　蒋　砾（钟楼区信息技术教研员）

课程开发负责人：李庆华

课程开发团队成员组：吕　娇　邵建峰　张敏敏　徐　沙　蒋　芸

　　　　　　　　　　朱婷玉　顾　皓　刘意行　田　杨　黄玉蓉

　　　　　　　　　　吴晓苏　凌　涛

（四）课程任务

通过创客教育课程的实施，大力推动创客教育探索。以创客活动为平台，以课程改革为载体，多形式常态化开展创客教育。以建设创客教育校本课程为抓手，发挥学校作为创客教育课程基地的示范引领及辐射作用，推进学校创客教育的全面发展。学校在空间建设、师资、课程、评价等方面做好规划，明确阶段建设任务，注重特色建设，开发具有新小特色的创客教育校本课程体系。

（1）以理念创新支撑学校的创新发展。清晰地认识到创客教育所带来的教育理念和教学模式的变化，即基于班级授课制和以教师为中心、教材为中心、教室为中心的知识传授模式，逐步让位于基于广泛学习资源和以学生为中心、问题为中心、活动为中心的能力培养模式。

（2）要充分发挥创客教育融汇创新教育、体验教育、项目学习的优势，以及其将混合学习、STEAM学习、合作学习变为可能的混合环境特征，尊重学生个性选择，激发学生创新潜能，让学生成为学习资源的创造者、建构者，成为知识的物化者，培养学生善于学习、勇于探索、敢于创新的时代精神，促进学生的全面发展。

（3）着力打造学校创客教育基地。按照科学规划、分步提升、兼顾特色的原则，建设学校创客教育课程中心、开设创客课程、培养一批有专业素养的专兼职创客指导教师。

（4）制定课程规划、加强课程研究、创新课堂形态。根据学校现有的硬件基础、学校文化、课程资源、学生需求等情况，科学合理地制定学校创客校本课程规划方案，形成包括课程主题、课程目标、课程内容、课程实施、课程评价在内的多元化创客教育课程体系。遵循不同年龄段的学生差异，为学生提供多样化的实践操作载体，以适应不同阶段学生的能力基础和成长需求。在学校创客课程体系中，创客课程既有面向全体学生的普适型课程，也有满足不同学生群体需求的提高型社团课程，要让每一个学生拥有一门属于自己的课程。

（五）工作举措

1. 项目分工（见表5-47）

表5-47

项目	主要内容	负责人	成员
核心项目 ——课程总体架构项目	1. 编制创客课程核心素养 2. 制定学生创客课程目标 3. 确立课程学习流程 4. 整体设计创客课程、竞赛活动"三位一体"模式	李庆华 吕娇	其余创客团队教师
重点子项目1 ——硬件资源建设项目	1. 创客一条街（课程中心）建设 2. 创客文化"大厅、连廊"建设	李华兴 李庆华	邵建峰、江伟
重点子项目2 ——课程学习资源项目	1. 开发"创客课程教师手册" 2. 研制"创客课程学生手册" 3. 建设"创客课程微视频" 4. 编制校本教材	李庆华 吕娇	其余创客团队教师

续表

项目	主要内容	负责人	成员
重点子项目3 ——课程学习共同体建设项目	1. 培养师资队伍 2. 各类创客社团 3. 学生创客夏令营活动	李庆华 吕娇	其余创客 团队教师
重点子项目4 ——创客教师专业成长平台建设	1. 成立创客导师工作室 2. 成立学校创客教师成长营 3. 提炼创客课程校本教研范式	李庆华 吕娇	其余创客 团队教师

2. 创客校本课程开发实践策略

（1）创客课程总体架构

新小创客校本课程核心素养构建。2016年9月23日，《中国学生发展核心素养》发布，对学生发展核心素养的内涵、表现、落实途径等做了详细阐释。教育基于课程，课程要落实到核心素养。创客教育课程建设从确定创客教育的核心素养开始。我们以《中国学生发展核心素养》为纲领，将"全面发展的人"所具备的核心素养置于创客教育的体系中进行解构与提炼，探索出了以"创客"的发展为核心的三个维度十项指标的创客教育核心素养（见表5-48、图5-34）。

表5-48

"全面发展的人"之	创客
"文化基础"领域之"人文底蕴、科学精神"	创客精神
"自主发展"领域之"学会学习、健康生活"	创客能力
"社会参与"领域之"责任担当、实践创新"	创客价值

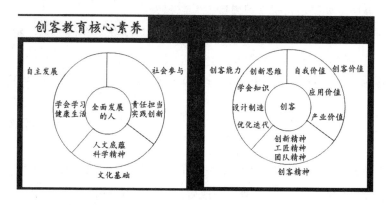

图5-34

在学校创客教育活动中，学生的创客核心素养，以创新性、科学性、实践性为基本原则，分为创客精神、创客能力、创客价值三个维度。综合表现为创新精神、工匠精神、团队精神、创新思维、学会知识、设计制造、优化迭代、自我价值、应用价值、产业价值十项素养。

创客校本课程"三维三级"课程目标的确立。三维：创客精神、创客能力、创客价值。三级：初级、中级、高级（见表5-49）。

表5-49

课程目标	初级	中级	高级
创客精神	学会分工　简单分享 直面困难　大胆实践 观察细节　尝试改变	学会交流　合作分享 刻苦钻研　锲而不舍 关注细节　创新设计	学会倾听　乐于分享 执着探究　精益求精 专注细节　迭代优化
创客能力	善于联想思考 会运用已学知识 学会使用简单工具 尝试改进作品	善于发散，求异思维 应用知识举一反三 合作加工所需物品 细节优化，改造更新	勇于挑战，逆向思维 多学科知识融会贯通 精细加工制造设计作品 产品优化，迭代创新
创客价值	我创造我快乐 实现自我价值—产生兴趣	造物为我所用，为他用 实现应用价值—变成乐趣	了解产业知识，力争实现 产业价值—形成志趣

创客课程模型之项目式学习流程的确定。我们开发的创客课程，基于创客教育的核心素养，基于生活中的真实情境（解决生活中的问题）、基于国家课程标准、基于学生技术能力的实际水平，基于学校现有基础设施和方便易得的制作材料，是渗透在学校课程体系之内的普适性课程模型。创客课程模型可以有很多种，其中主要是项目式学习模型，其流程为：

①情境问题：还原生活情境中的问题，引发好奇心和探究欲，提炼项目需求。

②知识建构：将问题情境与学科知识相联系，启发学生学会知识、迁移应用。

③设计方案：结合学习目标及评价任务，借助项目，开展对问题解决的方案设计。

④造物制作：把设计方案付诸实践，开展造物制作实践操作与创造活动。

⑤测试分析：模型（或原型）完成后，进行测试分析。

⑥优化迭代：基于不成熟的想法或灵感，经历多次循环的设计、制作、调

试、改进、修饰……最终完成作品，并不断测试改进，迭代优化。

⑦成果分享：对作品进行展示交流，并将成果分享作为学习自适应出口的一种方式。

⑧拓展创新：激发不断创作的热情。

整体设计创客课程、社团活动和竞赛活动"三位一体"模式。新闸中心小学创客课程将从学校育人的整体目标出发，整体考虑学校科技工作持续发展的需要，按照新小学生的身心发展规律，结合教学内容、学生兴趣、教师资源、场地器材等实际情况，构建全校整体化的创客课程、社团活动和竞赛活动体系，确保每个学生都能浸润到学校的创客教育课程和活动之中，从而形成"三位一体"模式。根据场地、器材和教师数量，创客校本课程基地将以六个年级同时开展创客课来整体设计课程方案。

（2）创客课程硬件资源建设

创客一条街（创客课程中心）建设。用创客教育培育面向未来的学生，这是学校创客教育的教育理念，为使新小的创客教育校本课程落地实施，新闸中心小学于 2017 年建设了创客一条街项目（创客教育课程中心）。创客一条街项目结合新小实际，打造"新闸中心小学创客教育体系"为亮点的教育众创空间，充分体现新小领先的创新教学办学愿景，拓展学校的教育教学理念，进一步丰富新小办学特色，让新小引领市、区的创客教育。

新闸中心小学创客一条街包括以下创客空间：①比特物联网众创教室；②创客头脑风暴众创教室；③3D 打印数字化众创教室；④智慧编程众创教室；⑤教育机器人众创教室；⑥电路工程师众创教室。

创客文化大厅和文化连廊建设。学校除了将打造别具特色的创客众创教室外，还将重点开展创客"大厅"与建设，"大厅"即"创客文化大厅""创客理念大厅""创客体验大厅"。"连廊"即主要是用图片、文字和作品装饰的连廊。通过创客"大厅"与建设营造浓郁的创客文化氛围。

创客课程学习资源建设。

①开发"创客课程教师手册"。创客课程教师手册是学习资源的重要组成部分，创客团队教师群策群力开发"创客课程教师手册"，为课程项目化学习提供必要支撑（见图 5 – 35 所示）。

②开发"创客课程学生手册"。创客课程学生手册是学习资源的重要组成部分，"创客课程学生手册"是学生进行创客课程项目化学习的学习支架（见图 5 – 36 所示）。

③共同研制"创客教学微视频"。创客教师团队将在校园网站上开辟"创客

图 5-35　教师手册案例

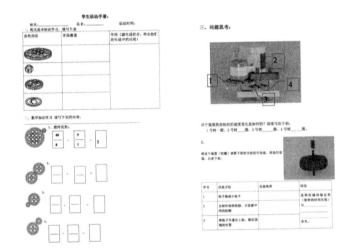

图 5-36　学生手册案例

教育微视频"栏目，由创客教师和学生拍摄教学类视频，学生离开课堂可以上网点击，有疑惑可以通过留言与创客老师互动交流，家长也可以对孩子参与的创客技能、创客制作方法有直观的了解，提高创客活动的有效性。以此突破创客教学的时空瓶颈，实现创客活动由课中练习到课外辐射的愿景，促进学生自主学习、快乐学习。

④创客校本课程体系的构建。课程是滋长学生创客精神的土壤。创客教育就要使学生具有创客精神：锲而不舍的执着精神——在遇到困难时要有面对困

难的勇气和克服困难的毅力；精益求精的工匠精神——精益创造、雕琢不辍，力求完美，专注创新；合作共进的团队精神——在小组创客活动过程中表现为团结合作解决问题、共同面对困难、乐于分享成果。

课程是培养学生创客能力的空间。培养学生的创客能力是创客教育的终极目标，重在强调学生在创客过程中应具备创新思维、设计制作、优化迭代等各种能力，让学生勇于实践、勇于创新，在做中学，在学中做，努力把自己的想法变成现实，在整个过程中提升创新能力。

课程是实现学生创客价值的舞台。尊重学生人格，关注学生个性发展，让每个学生都能体验到把自己的想法变成现实的喜悦，培养学生自我价值的认同；让学生自己创造自己能用，别人也能用的作品，体现创客的应用价值；让学生在实践中初步具备一些产业常识和基本的产业参与能力，为实现产业价值做好奠基准备，才是有未来的创客教育。

基于国家课程校本化实施，基于创客教育视野下的学生创客核心素养，基于项目学习形式，构建具有新小特色的创客教育课程体系（见表5-50）。

表5-50　新小创客教育课程体系图表

年级	创客课程内容	负责人	学科	课时
一年级	百变积木课程	朱婷玉	校本	12
二年级	太阳能机器人课程	顾　浩	科学	12
三年级	电子粘土导电面团课程	蒋　芸	校本	12
三年级	电路工程师课程	吕　娇	综合实践	6
三年级	神笔马良课程	黄玉蓉	美术	8
四年级	比特物联网课程	刘意行	综合实践	12
五年级	上学期　趣味编程	凌　涛	信息	16
五年级	下学期　S4A 硬件编程	凌　涛	信息	16
五年级	教育机器人课程	李庆华	校本	16
六年级	3D 天工开物课程	李庆华	信息	16
六年级	MIXLY 高级应用课程	李庆华	信息	16

（4）创客课程学习共同体建设

创客教育教师团队的创建。教师团队来自语文、数学、综合、校本、音乐、美术、科学、信息各个学科，众多学科老师为新小创客教育打破学科壁垒，实现学科共通融合打下了坚实的基础。

城市少年宫各类创客社团的建设。学校城市少年宫建设了众多的创客社团。通过各种宣传吸引更多的学生参与社团辅导，创造条件外出参观学习，参加省市各类比赛，取得佳绩，实现孩子的创客梦想（见表5－51）。

表5－51

社团名称	负责教师	面向学生
神笔马良社团	黄玉蓉	三至六年级学生
Mixly高级编程社团	吕娇	五、六年级学生
天工开物社团	邵建峰	六年级学生
教育机器人社团	张敏敏	四至六年级学生
智慧编程社团	徐沙	三至六年级学生

创客课程校本教材编写。全年级推进创客课程，在各年级的教学内容和学时上设置创客教学，编写创客教育校本教材。

（5）创客教师专业成长平台建设

名师工作室建设。名师工作室：学校已经启动创客名师工作室项目，成立"创客教育李庆华名师工作室"，该工作室也将围绕课程建设项目开展研究工作，从而为课程基地可持续健康发展提供学术和人力支持。

提炼创客课程校本教研范式。在创客教师团队定期沙龙的基础上，认真分析每一位团队教师的专长和技能特点，定人定项开发创客教育项目和教学研究，以提高创客教师教学设计和实施能力。

（五）评估机制

创客课程建设实行"项目式"管理，严格执行课程建设计划，强化"过程管理"。从评价主体、评价方式等多个方面入手，实施"多元评价"机制。整个项目的评估分为学生评价、教师评价和课程建设评价三种。

1. 课程建设评价

每学期一次，评价中，突出过程管理、着力效果评价。坚持评价的整体性、客观性、方向性、动态性、定性与定量相结合、形成性评价与终极性评价相结合。在操作方法上，注重评价结果的分析与运用，发挥评价的导向、监督、改进、鉴定、激励功能。

2. 学生评价

课程建设的目的就是为了更好地服务于学生的发展，充分尊重和满足学生差异性特点和多样化的需求，学生是否喜欢课程开发的教学内容。

3. 教师评价

重绩效评价,以实际承担基地建设工作的完成任务和指标、自身专业发展成果以及辅导学生所取得的成绩来进行评价,每年一次。

(六)保障措施

1. 项目保障

(1)组织保障。学校组建了由李华兴校长担任组长,任淑亚副校长担任副组长的课程建设领导小组,全面协调课程建设的保障工作,并建立各项工作的相关规章制度,确保创客校本课程建设工作有章有序地开展。

(2)监督保障。把创客校本课程建设列为学校未来三年主动发展规划的重要项目,坚持优先发展,并接受教代会的过程监督指导。

(3)经费保障。学校将进一步投资进行软硬件的建设,经费使用重点是与创客课程相关的场地、器材,课程需要的装备,创客名师工作室启动经费等。

(4)师资保障。学校创客团队师资雄厚,为课程基地建设提供了人才保证。

(5)聘请顾问。为确保课程基地建设的顺利进行,学校将聘请常州开放大学李梦军教授、天宁区教师发展中心管雪沨主任、钟楼区教师发展中心蒋砾老师为顾问,为课程基地建设提供学术指导。

2. 社会支持

(1)加强与各领域专家的沟通:保持理念和技术的领先,通过学习与本课程建设相关专家的讲座和报告,了解最新的课程方面的知识,随时调整不科学的方案。

(2)加强与市、区科技局和创客教育器材公司联系,争取赢得更大的支持。

第六章

我们的课程故事

第一节　聚焦学校的课程建设

玩转元宵佳节　课程活动喜乐汇

常州市东方小学　许红英

学校无小事，事事皆育人。东方小学德育课程坚持"立德树人"，通过丰富多彩的活动促进东方学子友爱、感恩（快乐阳光）、自律、担当（社会责任）；理解、包容（家国情怀）等优良品格的提升，以中华传统节日为契机开展课程活动，是学校有效推进活动育人的重要举措。

"正月十五闹元宵，红红火火过大年"，一年一度的元宵节带着几分春意来了。为了让学生体验、感受民族的传统节日，进而尊重我们的民间风俗习惯，热爱中华民族的传统文化，学校组织学生在新学期第一周开展了"元宵节"课程活动，树民族文化之根，让学生亲身体验中华民族文化的魅力所在。

课程先行：传承文化"知"元宵

为了让孩子对元宵节有更深入的了解，不同学科围绕主题进行研讨、整合，老师们结合课程内容带着孩子走进传统：综合实践组以"元宵节知多少"为主题，引导学生提出自己感兴趣的问题，了解元宵节的来历、讲元宵的故事传说，了解各地过节习俗；音乐组老师带着学生唱《卖汤圆》，感受元宵节热闹的氛围；语文组老师带着学生吟诵关于"元宵节"的诗词、写对联，感受中华古诗词之美；美术组老师指导学生剪窗花、制作花灯……心灵手巧的同学们兴趣盎然，瞧！精美的作品把东方校园装点得喜气洋洋。

课程进行：热火朝天"搓"元宵

元宵节怎能缺了元宵？六年级的教室里，孩子们个个笑靥如花，因为他们正在乐呵呵地包元宵呢。本次活动还邀请了家长进入课堂。孩子们模仿着家长的样子，撸起袖子加水、揉面、搓元宵，个个有模有样。一个个白的、粉的、紫的、圆形的、三角形的、椭圆形的元宵在孩子们的巧手下"问世"了，他们还摆出各种造型，送出祝福，他们边学边做，忙得不亦乐乎，教室里热火朝天，真是"和""乐"一家亲。

敬老分享"赠"元宵

2月26日，东方小学红十字社团的小志愿者们在团支部陆老师的带领下，前往工人新村二社区，给孤寡老人们献上自己亲手制作的元宵。

"太奶奶，新年好！祝您元宵节快乐，身体健康！我们来给您送汤圆啦，来尝尝，甜不甜？"

"真甜！"

期间老少同堂，欢声笑语，其乐融融，孩子用陪伴温暖着老人们的心，为老人们带去了一个团圆祥和的元宵节。

欢欢喜喜"庆"元宵

"元宵节又叫上元节，是中国传统节日之一。这个节日早在2000多年前的秦朝就有了，但那时候这个节日还没有被叫作元宵节，直到汉朝，才正式称为元宵节，这里面还有一个故事呢……"在"元宵节"课程汇报展演中，六年级同学自己创编情景剧，为大家介绍了"元宵节"的来历，他们的表演惟妙惟肖，给大家长了知识。五年级同学也是不甘示弱，创编三句半"夸夸东方人"。

四位同学大方诙谐的表演赢得了阵阵喝彩，赞美了东方老师的和蔼博学、东方学子的礼貌好学，并祝愿东方小学蒸蒸日上！

"春到人间人似玉，灯烧月下月如银"。元宵节当然少不了吟诗作乐。三年级的孩子们带着自己剪的窗花，摇头晃脑地用他们稚嫩的嗓音吟诵优美的元宵诗词，好不欢喜！"猜灯谜"是同学们最喜欢的庆祝方式了。一、二年级的小朋友们就为大家带来了两个有趣的灯谜，全场师生饶有兴趣地动脑猜谜，好不热闹！四年级的同学更是有备而来，他们带着自己写的"福"字和对联，用诗词赞美祖国大好河山，祝愿祖国繁荣昌盛！师生的同台歌曲联唱送祝福，更是把本次活动推向了高潮；三位校长提着红灯笼祝全校师生：2018好运"元元"不断，幸福"元元"不绝，快乐"元元"流长。此时的东方校园已是一片欢乐的海洋，我们就是相亲相爱的一家人！

课程导行：不忘初心在路上

东方小学的"元宵节"活动课程，满溢的是浓浓的民俗味，浸润的是珍贵的传统情。本次活动进一步弘扬了传统的乡土文化，拓宽了校园文化建设的教育阵地。新的起点，新的期待，东方学子将继承传统，在培育学生善思考、会合作、乐分享、有爱心的品格之路上勇往直前。

满载一船星辉，在星辉斑斓里放歌
——指向于学生发展的文明礼仪教育

常州市花园第二小学　　赵亚波

"老师！老师！"后面一阵急促的叫声使我停下了脚步，回头一看，是两位个子高大的男生。"怎么了？找我有什么事吗？"

"六（1）班有人买零食吃，还把零食袋丢在了我们六（2）班的包干区楼梯上，服务员刚刚检查就扣了我们班的分！"

"我们跟服务员讲了，可是服务员说没有证据，不能扣六（1）班的分，还说只能扣我们六（2）班的分！"

"这样太不公平了！"

瞧着眼前这两个气愤的孩子，我一时哑然。开学以来，校园里经常能见到各种随意丢弃的垃圾：水果皮、纸屑、各种零食袋……为了解决这个问题，我和我的30名学生红领巾服务员可谓是费尽了脑筋。但防不胜防，垃圾总是出其不意地"飞舞"在校园各处。

"这个事情我知道了，你们先回去上课吧！我会好好地调查一下的！"打发了两个似乎是打了胜仗一样雄赳赳的男生，我颓然了，怎么查呢？没有摄像头，光凭两张嘴，谁也不会承认啊！

回到办公室，我瘫坐在椅子上，心烦意乱地闭上眼睛。"能够激发学生进行自我教育的教育，才是最好的教育"苏霍姆林斯基的这句话突然跳入了我脑海。对啊！与其这样不停地"抓小偷"，还不如让孩子们进行自我教育。我兴奋地一拍大腿，立马跑出办公室，去找我的那30个红领巾服务员开会去啦！

经过一段时间的酝酿，"文明礼仪伴我行"活动红红火火地开始了！首先开展了"文明礼仪积分卡"设计大赛。在升旗仪式上，我向全校发出邀请，邀请每一个同学们设计属于自己的"文明礼仪积分卡"。听到我说可能会把自己设计的"文明礼仪"卡片当作奖品发放给全校学生时，中高年级的学生特别兴奋。短短两个礼拜，我就收到了由各班甄选出的两百多幅作品。接着，我又把这两百多幅作品布置在校园里进行投票盲选，最终确定了一幅作品作为学校"文明礼仪积分卡"的卡面。于是，每周一，我们都会用印刷好的"文明礼仪积分卡"奖励学生。活动期间我明显发现得到流动红旗的班级增多了，校园里的垃圾也很少见了。于是，"文明礼仪积分卡"每周一发成了常态。可是，仅仅两个月后，我又发现校园里的垃圾多了起来。因此，第二项活动又新鲜出炉了——"晒晒我的积分卡"。通过比比谁的积分卡多，评选出"好习惯之星""好习惯标兵"，每月进行一次表彰。

这样的文明礼仪教育活动又持续了三个月。可我逐渐发现，每次上台来接受表彰的孩子总是那么面熟，很少出现新鲜面孔。

"怎样才能使文明礼仪教育活动成为每一个孩子的活动？怎样才能使文明礼仪教育成为孩子们真正的自我教育呢？"

一次班主任研讨会上，我把我的疑问抛向了全体班主任。一时间，会议室里炸开了锅，大家你一言我一语地讨论开了："我觉得我们要把文明礼仪教育变成每一个孩子乐于参加的有趣的活动……"

"还要注意孩子们不同的需求啊！"

"咱们要站在孩子的角度去考虑，活动要好玩，而且一定要系列化、长程化……"

班主任老师的发言让我如坐针毡，汗一身又一身，脸也越来越红。是啊，我之前设计开展的评优活动简单又粗暴，根本就没有面向每一个学生。听取了班主任老师们的意见后，学校很快成立了"文明礼仪教育"项目组，我们系统规划和整体架构了"文明礼仪教育"项目的内容和实施方式，新学期一开始，活动便红红火火地开始了。

首先，体验式的开学日活动兼顾每一个。开学初，我们精心打造了期初活动——"文明礼仪我争章"，各班选取不同的文明礼仪项目，设计有趣的体验活动，孩子们走班体验。有趣的互动游戏一下子吸引了全校的学生，他们手拿争章本，走班参加活动，一会儿在这个班看看电视辨一辨文明的行为，一会儿在那个班找一找文明的同伴，一会儿又做一做文明的行为示范……这时，枯燥的文明礼仪教育变成了学生喜爱的实践活动，他们主动参与，比拼争章本，在这些活动中，一个个"文明礼仪行为"深化到了孩子们的内心。

其次，实践式的学期中活动激发每一个。学期中，学生参与"文明礼仪"活动的兴趣有所下降，因此，学校又开展了丰富的"金阳娃岗位成长营"四级小岗位创新活动。

"金阳娃岗位成长营"中的四级小岗位分别是：班级、校级、家庭和社区。孩子们人人有岗位，天天要上岗，周周有评价，月月有总结，持续的岗位活动不仅让孩子在学习生活中主动参与岗位实践活动，认真履行职责，培养了每一个孩子的责任心，更让孩子们在与家人、同学、朋友的相处中懂得了谦让，学会了尊重他人，能够遵守规则，养成良好的语言与行为文明习惯。每年6月开展的"金阳娃岗位成长营"校级岗位招聘活动尤其受到了学校每一个孩子的热烈追捧。招聘日这天，各个小主考官选择在平时岗位服务中遇到的问题来进行情景模拟，让竞聘者现场解答或表演，考查小小应聘者对所聘岗位的了解和应变能力。"我来应聘眼操管理员这个岗位，我觉得我非常适合这个岗位，你看我，我戴着400度的近视眼镜，我就想用现身说法告诉同学们，不认真做眼保健操，不养成正确的读书写字姿势，就会像我一样戴上厚厚的眼镜。我会去监督他们，使他们能好好保护眼睛，拥有一双明亮的眼睛。"这个孩子的应聘介绍让我们有理由相信他能胜任这个岗位，有理由相信他能从自我出发，由己及人，关爱他人，主动自律。

"金阳娃岗位成长营"活动开展了一段时间以后，学校班主任老师们纷纷说：这样的岗位活动为花园二小的孩子们搭建了一个施展才能、展示自己的舞台，同时也督促了其他同学养成良好的行为习惯，提升了全体同学的道德素养。

最后，主题式的学期末活动成就每一个。根据学生的年龄特点，我们形成了不同的期末年级主题活动。一年级以"我是一棵小青松"为主题，重点关注"仪表之礼"；二年级的主题是"礼仪伴我成长"，养成学生良好的观赏之礼；"我是社区好伙伴"是三年级的礼仪主题，培养学生具有优雅的待人之礼；四年级开展"我是交往小能手"主题活动，重点打造学生的"言谈之礼"；五年级以"我是出游小达人"为主题，开展"游览之礼"教育活动；"我是典礼小标兵"是六年级的礼仪主题，教会学生文明的游览之礼。

围绕这些主题，各班采取了诵一诵、画一画、讲一讲、找一找、读一读、晒一晒等策略化开展活动。晨会课上诵一诵，班主任老师带领学生一起诵读"文明礼仪"；美术课上画一画，美术老师让学生动笔来描绘心中的"礼仪"，描绘中华礼仪之邦的宏伟蓝图，并把这些画报张贴在班级、学校的展板，营造良好的氛围；思品课上讲一讲，学生们结合自身经历和感受，一个个走上讲台来谈谈"学礼仪"活动，畅谈对"八礼四仪"的认识和感触，能够将礼仪的行动深入生活的每个角落；综合实践活动课中找一找，任课老师带着学生寻找、发现身边"不文明"现象加以改正，找到身边的好榜样进行学习，学生在寻找的过程中进行反思，阻止校园不文明现象，提升了孩子解决问题的能力；语文课上读一读，绘本教学是我们学校语文教研组的研究内容，因此语文课上老师带着学生读具有礼仪教育意义的绘本故事，借故事中的人和事给予学生启发和引领；班队课上晒一晒，班主任组织学生开展"礼仪伴我成长"班队活动，总结文明礼仪系列活动过程，展示每个孩子的"文明礼仪"争章本，使学生自然而然地规范自己的言行，自觉做到文明守纪，主动养成文明习惯。

　　教育，就是撑一支长篙，向青草更青处漫溯。无意间，孩子们便如那一船星辉，在星辉斑斓里放歌。

工作坊，学校课程建设的助推器

常州市清潭实验小学　蔡淳之

　　"清韵课程"是常州市清潭实验小学学校课程的总称。"清韵课程"包括"海洋课程"（校本化实施的国家课程）、"湖泊课程"（具有清潭实小鲜明特征的学生必修课程，包括"翰墨清韵书法课程"、体育舞蹈课程、水与水文化课程）、"溪流课程"（指向学生个性发展，供学生选修的多种多样的拓展性课程）。

　　课程的名称好起，课程的目标好拟，课程的内容好定……但真正能体现课程育人价值的，是课程的实施。2016 年起，清潭实验小学围绕"清韵课程"的实施，成立了七个教师工作坊，以一个研究项目，作为课程建设的突破口，开展了卓有成效的活动。

一、基本情况

　　围绕"清韵课程"成立的七个工作坊分别是：

工作坊名称	所属领域	领衔人	工作目标
语文主题学习工作坊	海洋课程—清韵语文课程	蔡淳之	以"语文主题学习"实验作为语文课程建设的突破口，再一步明确"清韵语文课程"的目标，重新架构课程内容，寻找课程实施的策略与评价方式
数字化学习研究工作坊	海洋课程—清韵数学课程	曾亚红、汪明	以"数字化学习研究"作为数学课程建设的一种手段，制作教师讲解数学知识点的小视频，为学生的个体学习提供帮助。推动教师运用各种 App，为数学学习添翼
英语教学评一体化研究工作坊	海洋课程—清韵英语课程	胡维明	以英语学科课堂中教学、学习、评价的一体化研究为突破口，重构英语课堂的教学模式

续表

工作坊名称	所属领域	领衔人	工作目标
体育舞蹈工作坊	湖泊课程—体育舞蹈课程	倪雷雨	作为一项引进的课程，学校教师用周一下午的工作坊活动时间，学习体育舞蹈的技能技巧；成立体育舞蹈课程建设项目组，探索课程的目标、内容、实施及评价的手段
书法工作坊	湖泊课程—书法课程	汤志惠	明确书法课程的目标，确定书法课程的内容，编写书法课程的教材，制订书法课程实施的教师指导手册，培训书法教师
水与水文化课程建设工作坊	湖泊课程—水与水文化课程	冯洁、阮琪	依据多方面的内容，明确"水与水文化"课程的目标，在此基础上，确立不同年级的课程内容，编写课程的实施手册和评价建议
选择性课程建设工作坊	溪流课程	朱旗	从学校教师、社区热心人士、学生家长、江苏理工学院师生等多方资源入手，开发适合不同学生的选择性课程。架构课程的模式，探索课程实施的方式

这七个工作坊，针对"清韵课程"中的重点环节开展攻坚。

二、运作特点

清韵课程建设工作坊的特点有两个。

一是全员参与。清潭实验小学中所有教师（包括校长、总务、会计）都必须参加一个工作坊。虽然有人混迹其中，出工不出力，但此举旨在告诉清潭实小的每一位老师：大家都是课程的开发建设者，都需要为清韵课程建设而努力。工作坊以副校长领衔，选取一批能干的精兵强将担任中坚力量，带动其他老师共同进步。

二是时空固定。工作坊每两周集中活动一次，双周一的下午4—5点，是工作坊交流学习的时间，所有老师必须参加，因病因事请假的，要在绩效奖励扣除相应的金额。活动的地点也相对固定，所有的老师均集中到第一校区的各专用教室参加活动。当然，仅凭两周一次一小时的活动是不够的，所以，各学科组在自身教研活动的时间里，同样进行着课程实施的探索与实验。

三、活动开展

工作坊活动形式有"规定动作"和"自选动作"两种。下面以"语文主题学习工作坊"为例，介绍一下活动的开展情况。

1. 规定动作

所谓"规定动作"，是指双周一下午的固定时间、固定地点、固定人员参加的集中学习活动。在七个工作坊中，数学、英语、体育、音乐、信息等学科的人员相对集中在某一工作坊，语文、美术、科学等学科的人员则分散至各工作坊中。少数"精兵强将"，是各工作坊争抢的对象，所以"语文主题学习工作坊"中的人员大多为普通老师，有的老师甚至不参与"语文主题学习"实验。

针对这样的状况，工作坊集中活动的时间，主要做三件事。

一是"吹风"，领衔人不断地把"语文主题学习"的思想理念介绍给各位老师，介绍外出听课的经验，介绍本校在实验过程中取得的认识和进展。

二是"备课"。传统的教材如何教，大家都会备课。但一下子把这么多的《语文主题学习》丛书送至各班教室，老师们还有些不适应。用学校生活的时间来读这么多的书，怎么读？于是工作坊的老师们针对二年级的丛书阅读进行了集体备课。备课的工作也相当艰巨，因为对教材不熟悉（很多老师并非教二年级的，有的老师任教的年级也不参与实验），所以老师们首先要读一个单元的若干篇文章，然后再根据单元的主题寻找一些合适的"点"，把几篇文章"串"起来。备课之后的重要工作是交流。每个小组都用实物投影展示自己的备课的成果，讲出自己这样备课的想法。因为老师们对其他小组备课时使用的教材也不熟悉，所以展示时很少有共鸣。

三是"命题"。在语文主题学习实验之初，学校就计划将其与数字化学习的研究整合在一起。因此，清潭小学想到了"网络阅读"的方法——根据每篇文章的内容，出两道题目（均为选择题）。学校与网络公司合作，开发一个 App，学生们在线下阅读，在线上答题。老师可以根据学生答题中的情况，进行有针对性的交流学习。后来，我们发现"语文主题学习"实验组织方，已开发了"一米阅读"的 App，所以学校放弃了自主命题工作，开始使用"一米阅读"。但这项工作做得很有必要。2017 年 11 月，"一米阅读"官方，邀请我校老师对三年级的两本丛书和五年级的三本丛书进行命题，因此，我们前期的练习就为后来的实战打下了基础。

2. 自选动作

所谓"自选动作"，就是学校整个语文组针对"语文主题学习"开展卓有成效的探索与研究。因其不限时空，不限人员，所以这样称呼它。在不到两年的时间里，清潭实小语文组（虽然没有工作坊的名称，却是真正的研究实体），经历了三个版本的实验过程：

版别	实验时间	实验内容
1.0 版	2016 年春学期	1＋1 的实践探索（教材中的一篇，加丛书中的一篇，一起开始阅读）
2.0 版	2016 年秋学期	单元整组阅读的实践研究（用一节课的时间，读丛书一个单元的文章，并从中提炼出"主题"）
3.0 版	2017 年全年	单元主题学习整合研究（是包括了阅读、实践、习作，三位一体的单元整体设计研究）

四、活动成效

一年多的时间中，清潭实小的七个工作坊的工作成效非常显著。

1. 完成了一套内容

清韵课程建设工作坊是推进课程建设的一项重要举措。在实践过程中，它使全体老师牢固树立了"教师是课程的建设者"的意识。其中，"水与水文化课程"经历了从无到有、从有到优的历程。在领衔人的带领下，全体工作坊成员集中智慧，从"水之形""水之韵""水之德"和"水之艺"四个方面搜集与"水"有关的材料，将其分别落实到六个年级的不同阶段之中。既有与水有关的诗文诵读，也有"我心中的小水滴卡通形象"设计，还有认识水的不同形态、学习制作冰棍等有趣的活动。在不同的年级，感受着水的多样（一年级）、顽强（二年级）、宽容（三年级）、持之以恒（四年级）、奉献（五年级）、坚守与变通（六年级）。一年来，课程的内容基本草就，当然还需要在实践过程中不断地调整与寻找更合适的实施方式。

选择性课程工作坊、体育舞蹈课程工作坊、书法教育工作坊等，也经历了从无到有的过程，所有的成员，都努力地为课程的实施准备着自己的预案。

2. 准备了丰富资源

数字化学习工作坊在一年多的时间里，以微视频制作为主要工作内容，每位老师都在电脑前努力地学习着制作微视频的技能方法。老师们一边学，一边用录音、文字、动画等方式，针对数学学习中的难点制作了大量的微视频，上传到网络中，供课堂中听不懂的学生在课后再次学习。从这个意义上来看，数字化学习工作坊，不仅准备了丰富的资源，更多的为学习方式的转变而时刻准备着。

3. 学习了一些本领

体育舞蹈课程建设工作坊，在规定的时间里由校外辅导员指导学习体育舞蹈。对于一些中老年教师来说，学习柔韧的动作是很有难度的，但每位老师都在汗流浃背地练习着。

4. 提出了一些主张

英语教学评一体研究工作坊、语文主题学习工作坊等，面对的是一些新的事物，工作坊在领衔人的带领下，不断地建构着新的课堂形态，提出自己的主张。以英语教学评一体化为例，学校建构了五年级英语课堂的新模型。在新模型的指导下，清潭实小的英语课堂发生着明显的变化。

有种幸福叫野炊

常州市泰村实验学校 贺泰青

引子

学校自 2016 年"水木清华"课程构建及论证以来，秉着"让学生站在课程中央"的理念，从渗透型课程（国定课程的校本化实施）、润泽型课程（校本课程）、补给型课程（活动课程）三个层面展开实施，着力培养学生学会生活、学会学习、学会明礼，进而使学生生命得到精彩绽放。在实施过程中，我们强调让学生经历，在经历中体验和感悟。丰富的经历衍生出许多精彩的故事，"学生野炊"活动就是众多故事中一颗璀璨的明珠。

踩点

阳春三月，草长莺飞，大地万物焕发出勃勃的生机。美好的春光吸引着学生渴望拥抱的目光，也搔动着他们痒痒的脚丫。学校德育处发出的"野炊"集结号，犹如投石击破水中天，全校学生立刻沸腾起来。这不，中午学校三楼会议室热火朝天，五至九年级各班班长在少先队大队部总辅导员和共青团书记的召集下正在热议野炊选址的问题："应选择一片开阔地，要容得下五六百人。""野炊地点应风景优美，春光烂漫。""野炊地点周围要有清洁的水源，便于洗漱。""野炊之地一定要有高低起伏，便于挖灶架锅。""野炊地点离学校不能太远，否则会影响野炊工具的搬运。"……大队辅导员杨志光从座位上站起来说："心动不如行动，踩点去。"迎着习习的春风，一行十数人骑车考察了杏塘河滩、夏溪林场、殷村塘圩三处地方。回来后，分别就地理位置、环境、水源、道路、安全系数、关系沟通六个方面设计了统计图表。通过填写、分析、汇总、表决，大家一致认为夏溪林场是最佳的野炊地点。

准备

又是一个周二下午的第三节班会课，五至九年级各班班主任围绕"野炊的准备工作"这个主题发动学生献计献策。各班学生各抒己见，畅所欲言。看！五（1）班学生，人小鬼精，一个个建议都在理路上：本次活动需要一个响亮的主题；活动前要分好组，男女搭配，干活不累；活动前要向父母请教一些野炊的常识，学会煮饭烧菜的技能；每组都要考虑带哪些野炊器具、食物，并要分配到每个组员身上；全程要摄像，要留下美好的印记；能否考虑将三八妇女节、植树节与野炊活动整合；我想邀请父母一起参加；我想给我班制作一个响亮的班牌——大无畏中队；能否带些熟菜，全是生的可能来不及烧，也为野炊失败留条退路……班主任将学生的建议一一记录下来，整理好后交给了德育处。德育处汇总各班的建议，出炉了野炊整体方案。

一、活动主题：

与爱同行、感恩生命、自信成长（徒步植树野炊联欢活动）

二、具体安排：

1. 活动时间：3月8日（周四），上午7：30在学校广场集合出发，下午2：00集合回校。

2. 活动对象：5—9年级全体学生、学生的妈妈及部分老师。

3. 活动地点：夏溪林场。

4. 活动内容及具体要求：

（1）各班制作一个有班级特色的班牌。

（2）上午植树、野炊，下午联欢。

（3）植树活动安排：各班级以小组为单位每组准备2棵树苗，学校也会适量提供一些。各班可以简单制作以班级命名的标牌，挂在所植的树上。

（4）野炊部分：

A. 活动前，要求学生在家学会一两道菜肴的制作及野外生火做饭的技术。在家上好卫生间、早餐干一些为主。鞋、服装要合身、轻便。

B. 活动前，每个班级的班主任要分好组（8—10人为一组，男女生搭配好，力大力小搭配好）。每组要带好必备的野炊器具，以一个小组为例：每人要带好一只碗、一只盘、一双筷子、一包餐巾纸、一瓶矿泉水；每组要带好一把镰刀、一把锹、四块砖、一张大桌布、三把太阳伞、一大捆柴火及引火的纸、一个大的垃圾袋、一只塑料桶、一个炒锅、一个饭锅、调料、米（在家淘干净）、菜肴（生菜在家洗干净）、一架数码相机、一块表。每班安排3—5辆自行车、1—2辆三轮车、一桶纯净水（学校安排）。

C. 活动前，班主任要引导学生不要全部带生菜，烧3—4个简单的菜，其余带熟菜（家境好的适当为家境差的做些分担），饭一定要自己烧。

D. 正式野炊前每班集中进行活动宣誓（围绕"感恩生命、自信成长"方面，每班事先写好简洁的书面宣誓稿，要求短词短句，朗朗上口，安排好领读人。方式为一人领着宣誓、全班同学跟着宣誓）组织学生为"妈妈"烧个菜，表达感恩之情。

E. 饭后，明火要全部踩熄灭、用水浇灭（防止复燃），坑洞全部填好、垃圾全部放在垃圾袋内放在指定区域。

（5）联欢以班为单位进行，可结合"学雷锋""三八妇女节"等开展相关主题活动，如"妈妈，我想对您说……"进行访谈、交流等。

（6）活动器具：相机、高音喇叭、大队旗、中队旗、班级标志牌、录音机、文娱表演器具、横幅标语等。

（7）配班老师：由年级组长配备，每个班级除班主任，再配备一个配班老师。

（8）摄影：王栋、章飞云、张建平。

（9）录像：曹青峰、杨志光。

备注：1. 各班主任和配班老师要切实负责好所带班级学生活动过程中的纪律和安全，特别是来回途中的交通安全，要求学生靠右侧行走，注意避让车辆。

2. 学生邀请妈妈参加，如实在有特殊情况不能来，不强求。

启程

3月8日，阳光普照，暖风习习，学校广场上队旗招展，队列整肃，一支妈妈级纵队风采照人。站在队伍前面往后看，一块块班牌阳光帅气："天使中队""向日葵中队""阳光中队"——学生个个背着挎肩包，手拎野炊器具。每班队伍后面，自行车、三轮车一字排开。最后面"与爱同行、感恩生命、自信成长——泰村实验学校徒步植树野炊联欢活动"的横幅在艳阳下熠熠生辉。德育处做了一番动员后，全体师生家长踏上了野炊的征程。鸟在唱，风在笑，蓬蓬勃勃的一支队伍引得行人驻足观看。一开始孩子们有说有笑，好像全身都是劲。走完两三公里后，有的孩子脸涨红了，头上渗出密密的汗珠，被手上、背上的物件压得气喘吁吁。为了不让一人掉队，身强力壮的男生伸出了友爱之手。你看，六（1）的贺涛背上驮了三个背包，两手还分别拎着两只铁锅子，脸红得像番茄，头上汗如雨下。班主任让他把一些东西放在后面的三轮车上，他坚决摇了摇头，又大踏步前行了。七（4）的谢涵鑫一边用力地蹬着三轮车，一边吆喝："有谁背不动啦，可把一些野炊器具放到我车上。"大多数同学笑着摇摇头，只有个别同学偷偷地把器具甩在车上，赶紧又回到队伍中，生怕被别人发现耻笑。忽看到队伍前面欢呼雀跃起来，原来已经到达野炊目的地，于是整支大军欢呼起来，声震林梢。五公里的负重徒步，在大家的努力下变成了光辉的印记。

植树

　　夏溪林场占地500多亩，场内杉树林立，直插云霄。林内绿草如茵，野花遍地。清澈的夏溪河和人工开挖的灌溉渠在林场的东、南方向缓缓流淌。我们选择了林场南边的一块空地，开始了热火朝天的植树活动。三个人为一个植树小组，一人挖坑，一人扶树培土，一人提水浇水。挥锹铲土、放树填土、浇水提树，一番辛勤的劳作，空地上矗立起一棵棵迎风摇曳的小树苗，向学生点头致敬。同学们把亲手设计制作的标牌庄重地系在树干上，寄托自己的愿望和念想。"我与小树共成长""不经历风雨，怎能长成参天大树""斗转星移，你将成为大地的栋梁，我将成为祖国的栋梁"……与其说学生植下的是棵棵树苗，不如说植下的是一个个绿色的梦想。

野炊

　　最激动人心的时刻到来了。全体师生聚集在林间空地上进行野炊前的集体宣誓。"与爱同行，感恩生命，自信成长"的铮铮誓言在树林间回响。宣誓完毕，同学们急不可待地冲向林间一条干涸的水渠边，按事先分好的小组开始选址、挖灶、架锅、生火、煮饭、烧菜。不远处炊烟袅袅，伴随着阵阵剧烈的咳嗽声和嚷嚷声，指导老师近前一看，原来生火冒出来的浓烟扑面而来，把人给呛着了。"我叫你选址前要测一下风向，你偏不听，逆风挖灶架锅是野炊大忌。""别嚷了，吵嘴解决不了问题。""我就是心急嘛，现在改不行吗？"指导老师微笑不语。这边嚷声刚平息，那边争吵声又传来："这是盐，不是味精。""用舌头舔舔辨别一下不就行了吗。"活动负责人上前一看，原来是一组同学在烧红烧鲫鱼，放作料时盐和味精分不清楚了。再看锅中两条红烧鲫鱼，色泽红润，鱼香扑鼻，几只"小馋猫"围在锅边团团转。这边"火夫""大厨"忙得热火朝天，那边后勤人员也不甘示弱，在林间摊桌布、摆碗筷，准备着"饕餮盛宴"的到来。妈妈团这边走走，那边看看，不时指导表扬两句，同学们的干劲更足了。开饭的时候到了，每个小组都围在桌布边，将第一碗喷香的米饭和最可口的菜肴先给老师、妈妈尝尝，而后一双双清澈明亮的眼睛盯着她们，这是在等待着点赞。看着这些可爱的天使，好多妈妈眼含热泪，一边点头，一边翘出大拇指。和着这种发酵的情绪，鸟叫声更欢了，花儿更艳了，春风更柔和了。饭后，每一小组的"排雷"人员细致排除各项隐患，将垃圾收齐送到附近的垃圾房。

联欢

吃完饭，大家来个联欢怎么样？林中草地是个天然的舞台，棵棵矗立的水杉成为舞台最好的背景，绑在两颗大树之间的横幅俨然就是舞台幕布和联欢主题。一声哨响，队伍集合完毕。这边，小指挥员双手节拍一拉开，《世上只有妈妈好》深情的旋律便在林间荡漾开来，稚嫩而又真情的童声再一次打湿了妈妈的眼眶。这边刚停，那边金石之声又冲霄直上，一首《男儿当自强》酣畅淋漓地道出了在场每个人的心声。每曲唱罢，掌声雷动，经久不息。忽然，舞台边录音机又传来轻快的曲调，和着节奏，六（1）班的金晶疾步入场，双手各顶一块红色大手帕，表演起顶手帕绝活。随着明快的节奏，手帕在她手里上下翻飞，配合着脚步与腰肢的扭动，那真是眼花缭乱，让人拍案叫绝。一个接一个的表演，将联欢的气氛推向高潮，同学们唱啊、跳啊、笑啊，释放的是酣畅的激情，留下的是永恒的回忆。

尾声

春天在哪里？春天在这里！课程在哪里？课程在这里！教育在哪里？教育在这里！幸福在哪里？幸福也在这里！

同样的秋天　不同的收获
——记 2017 年秋天课程语文组研究

常州市西新桥小学　陈媛

时光把仲夏深黛的绿色原野，由一个浓妆素抹的妙龄少女，变成一个雍容华贵的妇人。2017 年的秋如约而至，在金风的吹拂下，舞姿妩媚，撩人欲醉；

粉黛飘香，散发诱人的芬芳；色彩斑斓，惹人眼花缭乱。

犹记得2016年的秋天，我们将教材与生活融通，创生课程资源，关注自然，1—6年级围绕课本上的秋天元素形成了"秋菊绽放、秋果累累、一叶知秋、秋桂飘香、秋虫唧唧、秋日私语"的结构性板块，让西小不同年级的孩子经历6个不同的秋天。但是，研究后我们也意识到每个年级只围绕一个主题进行研究，人为窄化了学生的视野，难道秋天就只有菊花？只有秋叶？只有秋虫吗？

今年的秋天课程，我们以备课组为单位在去年研究内容的基础上进行改变，几经修改，拓展内容，丰富资源，同时又遵循孩子身心发展规律与认知水平，符合学科的特性。如语文低年级注重个人感受，文本选择以童谣、童诗为主，中高年级则更加注重文化的维度，以古诗文、现代名篇为主，使所有学生对秋天的感知更加多元和丰富。

一年级：童谣与绘本中初探秋天

写落叶、写菊花、写果实的童谣，让孩子们的早读充满秋天的味道；跟着14只老鼠去秋游，发现大自然无穷的新鲜和奇妙；周末去公园赏赏菊花、捡捡树叶，与秋天亲密接触，孩子们在秋天的怀抱里快乐所长。

二年级：科普绘本与买菜实践中增长知识

《秋天，苹果熟了》《这就是二十四节气——秋》《小瓢虫讲述的秋天菜园的故事》3本科普绘本，图文并茂，从气候、节气、植物、动物等不同的方面向孩子们介绍了秋天，不光增长知识，也逐步培养孩子们的阅读热情，让阅读深入童心。实践活动为购买秋天的蔬菜和水果，绿叶蔬菜青菜、菠菜、白菜认一认，藏在地里的土豆、山芋、萝卜、藕仔细瞧一瞧，彩色蔬菜茄子、西红柿、辣椒也不可错过，还有苹果、橘子、柿子、橙子等水果，既饱眼福又饱口福。活动后的感受真实灵动，小报制作虽略显稚嫩却可圈可点，二年级小朋友的这个秋天非常开心。

三年级：秋诗和童话中滋养心灵

从教材中的秋诗《山行》《枫桥夜泊》，到拓展的《秋夕》《宿建德江》还有范成大的《四时田园杂兴》秋日篇三首，学生一步一步稳稳地前行。悲秋还是爱秋？学生们在语文老师的带领下展开了研究。一片片随风飘落的秋叶，是秋天的使者，它给予我们太多的遐想。学生们捡拾秋叶，制作叶贴画。一幅叶贴画，就是一篇童话故事，童话与秋天奇妙地融合在了一起。

四年级：桂花与丝瓜筋的美丽相遇

秋桂的诗词美文、秋桂的看闻做尝，一道道香气扑鼻的美食、一张张满足的笑脸深深印在了大家的脑海中。还有城市中鲜少见到的丝瓜筋，在这个秋天着实风光了一把，看看、摸摸、猜猜、用用、写写，顶好的秋天标本再次展现了它的价值。

五年级：诗经聊斋和世界名著中且行且思

结合教材中的几篇课文，将孩子们领进大自然，与大自然的秋虫做一次近距离的接触，向读学写。"秋虫形态大汇报"，结合教材和亲自实践记录下了昆虫的外形特征及生活习性，寓乐于读："昆虫名片我来做"，从名著《昆虫记》的整本书阅读中找到乐趣，模仿者法布尔的笔触，撰写昆虫调查研究报告，设计制作昆虫名片。品读体会，"虫的魅力我来悟"，在经典文学作品中，感悟蟋蟀在古人心中的形象。

六年级：宋词元曲中悲秋，现代诗歌里畅想

以教材中沙白的《秋》作为切入口，再拓展欧阳修的《秋声赋》、马致远的《天净沙·秋思》等，在宋词元曲的赏析中，体悟作者的心境，在情景交融中发现"秋""心"造出了"愁"。欣赏了徐志摩的现代诗《秋月》，学生更愿意用诗去描绘秋天，不乏金玉良句，有思维逻辑的体现，有丰富想象力的展示，还有异于课堂或教材中的句式用语。

生活是最好的教材，季节变迁从来都是文化生成的重要素材。借助这个儿童务必熟悉的主题，我们试图让学习内容与实践经验相关，更好地让孩子从简单的生理感受迈向一种文化程度的学习。2017 年秋天，西小的学生在秋天课程丰富的活动中静静地生长着、变化着，从一棵只有单片叶子的幼苗长出了枝枝蔓蔓，伸出了敏锐鲜活的触角，抚摸那个熟悉的季节，聆听那些熟悉的声音，嗅闻那些熟悉的气息，从而孕育滋养出绮丽的花朵，让你始料不及，为之动容。

是否，现在，就可以构思 2018 年的秋天了呢？

孝德领航　德育有方

——钟楼实验小学"孝德课程故事"

钟实小的春华路，凝聚着这座现代化校园最独特的景致——"高远石刻"立意深远、"红领巾国"朝气蓬勃、"月季园"清香盎然、"杏李园"雅致洒脱……在春华路的尽头，矗立着"2009 常州教育年度人物"宋玉芳老人捐献给家乡孩子们的礼物——雕塑《爱的心语》，上有题词——忠心献给祖国、爱心献给社会、关心献给他人、孝心献给父母、信心留给自己，指引着钟实小人用心生活、诚心感恩、热心回报。

2009 年 11 月 3 日，"宋玉芳教育助学基金"在钟实小正式成立。80 岁高龄的农村老太太宋玉芳向学校捐资 20 万元，用以奖励品学兼优的学生以及帮助家

庭遭遇意外的困难学生完成学业。望着静立在校园里的"爱的心语"雕塑，老人深有感慨："我是从苦日子过来的人，晓得钱很重要。有钱了，不能瞎吃瞎用，也不能一毛不拔，一定要把钱花在有意义的地方，我的心才能安。"而孩子们也纷纷表示——要在宋奶奶的榜样下努力学习，做一个有爱心的人。一方美玉送温馨，一片芳华满人间，那日冬阳送暖、橙橘飘香，"爱"——在钟实小播撒下了第一颗种子。

"予人玫瑰，手有余香"一直是我们所心仪的爱的世界，但孩子的爱心不是与生俱来的，而要通过后天习得。现在的小学生基本上都是独生子女，容易以自我为中心，情感淡漠、没有追求、合作精神差，遇到任何事都认为别人应该让着自己，却甚少设身处地地站在他人的角度思考问题。在培养孩子爱心的过程中，学校是最大的体验场，我们选择从培养"孝道"做起，带领孩子们开启品格提升的成长之旅。

2010年5月，钟楼区中华孝道学堂活动正式启动。同年9月，我校启动了孝德教育工程，拉开了常州市弘扬传统孝文化的序幕。谢俊莹校长向新龙老年公寓授牌"常州钟楼实验小学孝德教育基地"。常州商隆产业用纺织品有限公司向学校捐赠了10万多元的"二十四孝图文石景"，画面人物生动、形象逼真，故事耐人寻味、情意绵长，让孩子们在潜移默化中沐浴着孝德教育的暖阳。

2011年3月8日，我校"道德讲堂"活动首次拉开帷幕。古色古香的教室里传出了孩子们琅琅的诵读声——"父母呼，应勿缓；父母命，行勿懒；父母教，须敬听；父母责，须顺承。"师生齐诵《弟子规》，向经典的古训学习"百善孝为先"的孝德教育理念。

为拓展孝德教育空间，学校组建了孝德故事演讲团，鼓励孩子们带着感人的故事走进金玉苑社区。《义女董丽》《李寄斩蛇》……这些流传千古的孝德故事从孩子们的嘴里娓娓道来，受到了小区居民的广泛好评。工会主席金冬娣校长还特别带领八年内青年教师，一起走进位于钟楼开发区星港苑内的新龙老年公寓传递新时代的孝德之风，用行动为学生们树立榜样的力量。

从2009年到2011年，青枫湖畔的枫叶一层更比一层红，在这片土地上生长起来的钟实小孩子，渐渐将"孝德"绽放成了一朵花，花香四溢，格外醉人。两年来，钟实小接待了全国各地道德教育参观考察团二十多批。2012年6月18日下午，来自全国道德领域突出问题专项教育和治理活动现场推进会的代表们走进钟实小，考察主题鲜明的"孝德教育"校园文化，观摩"孝德教育"课堂。现全国政协文化文史和学习委员会副主任王世明走进钟楼实小道德讲堂，勉励孩子们从小要学会做人，善行要从孝德开始，并欣然题词"孝者子承老也"。在同年的党建品牌评比中，学校的"孝德教育"被评为钟楼区"十佳党建品牌"。

2013年3月28日，在课程领衔人金冬娣校长的带领下，10位班主任为着共同的目标聚到了一起，成立了校级孝德教育校本课程开发工作室。金校长解读了课程建设需要明确的"课程目标，课程内容，实施策略，课程评价"四大问题，确定了孝德课程目标，成员们对孝德课程体系逐步理清思路，对课程的内容、策略、评价的构建逐步清晰。

2014年3月27日，江苏省教育科学"十二五"规划立项课题《小学孝德教育的困境及其对策研究》开题活动在钟实小报告厅举行。在课题的研究过程中，成员们紧抓"解析路径"四字，为课题拓展了"道德讲堂、学科渗透、多方合力、管理评价"等多种不同的教学实施方式，紧抓学生发展的核心目标，更有条理地进行课程推进。"孝德"，作为学校的特色课程，在长期的活动实践中不断被丰富拓展。2017年6月，该课题顺利结题，"孝德教育"在系列活动中扎实地持续推进并取得了丰硕的荣誉——学校被评为"常州市道德讲堂优秀示范点""江苏省文明校园""江苏省优秀少先队大队"，还承办了"常州市未成年人文明礼仪养成教育现场会"。悠悠《跪羊图》响起，我们在孩子们一年年逐渐成长的活动身影中感受到了孝德花开的幸福。

2018年3月，在专家们的指导下，课题组成员们又发现了许多孝德课题深入推进的切入点，主题为《基于孝德文化的小学生特质培养研究》的"江苏省十三五课题"拉开帷幕。围绕学生"人文发展"目标下的研究不会止步，我们会在未来更敏锐地发现问题，更积极地解决问题，依托"孝德课程"，将德育落实到学生成长更细致的地方。

第二节 丰富教师的课程实践

"三册，我终于编好了！"

常州市实验小学 赵艳红

一直听闻实小的老师个个身怀绝技，哪一位拎出来都是神话。我怀着这样的崇敬之心进入这所学校当老师，想向各位老师学习，努力提升自己。实小老师的确名不虚传，一言一行都成了我学习的榜样。

适逢学校开展林树课程的研究，我非常激动。这可真是太好了！孩子们可以浸润在这片广袤飘香的林中，得到最好的滋养。在学校领导的带领下，我跟着骨干教师一起全情投入林树课程的研究和实践。没有现成的教材，没有现成的教案，也没有现成的经验……有的是我们满腔的热情与信心，还有我们那一步一个脚印的坚定步伐。

万事开头难，虽然我们走得并不容易，但是经过不断的实践和探索、无数次的反思和探讨，林树课程的步伐越走越稳健。面对累累硕果，学校领导开始安排骨干教师根据自己研发和参与的课程写好"三册"——课程建设手册、教师指导手册、学生学习手册。以便后续研究的老师参考实施。我看了耿银辉老师和周奕老师最先编写的三册，真是叹为观止——专业、精湛、凝练、清晰，令人为之折服！

当我还沉浸在赞叹中时，却接到了陆心梅校长让我写我们一年级林树课程三册的消息。不会吧？我可是一位普通的老师，平时的工作都是在努力学习中，怎能担此"大任"？这消息实在是出乎我的意料，令我压力山大。我能行吗？可是害怕有用吗？到底怎么写呢？一连串的问题涌向我。

害怕，退缩，都没有用，只有脚踏实地，迎难而上了。我暗暗下了决心，一定要把三册编好，让后续研究的老师和学生都受益！

我编写的三册内容是一年级的《和弗洛格交朋友》。一年级刚入学的孩子普遍存在一些心理上的不适应，他们紧张、焦虑，对陌生的环境充满了恐惧。通过课程的实施，我们不仅希望能提升他们的语文素养，还要让孩子学会交朋友、学会分享、互助、谦让，学会合作，获得自信和快乐。希望这一群六七岁的孩子在一个全新的环境中喜欢新学校、喜欢新朋友，能和新同学和谐快乐地相识、相处、相融，健康快乐地成长。

我们把实施过程分成了相识、相处、相融三个阶段，逐步推进。

目标和板块清晰了，接下来的内容筛选尤为重要。一个个活动的画面像电影一般闪过我的脑海——

我们一起表演《特别的日子》，孩子们穿上精心准备的服装，像参加盛宴一样进入课堂，他们绘声绘色地表演，精彩纷呈。

我们一起读绘本《做朋友吧》，那些下课爱捣蛋、交不到朋友的孩子们一下子变得那么乖巧，帮着捡球，拍手唱儿歌，喜滋滋地交上了朋友，玩在了一起，还写了一篇篇充满童趣的小诗，神气地读给大家听。

我们一起读《弗洛格去旅行》，制作了第一本绘本，当上了小作家；读了《冬天里的弗洛格》，制作互赠圣诞礼物；我们学习弗洛格的勇敢尝试，妈妈们给了大家大大的"赞"！

我们一起读游戏歌谣，创编歌谣，撒开腿奔向操场和同学一起合作玩游戏。

……

一场场，一幕幕，留下的都是孩子们成长的快乐。我一件件罗列、整理，哪些该留，哪些该删，哪些要进行修改，哪些需要查当时的资料和反思记录，哪些还要和级部的同事进行商榷……在学校的时间总是不够用的，每次都是带回家字斟句酌地往后编写，在时钟的滴答声中度过一个又一个的夜晚。

三册，终于在最后一晚的夜色中编写好了，我的心中充满喜悦。编写三册，让我对林树课程的认识更深入、更清晰了，对课程更有信心，自己也更加自信了。此时，万籁俱寂，儿子早已熟睡。我想：林树课程滋养的，不仅仅是这些孩子，还有我们这群参与林树课程的广大教师。

"表演"：让儿童亲近英语学习

常州市东方小学　蒋维

当我们在课堂上努力想把知识"教"给孩子时，孩子们却往往不领情。是什么让儿童不那么喜欢学习？如何激发儿童自我学习的兴趣？我的教学又将能给予儿童些什么呢？带着思考，我尝试打破单一的学科教学，从英语课程实施的视角丰富儿童的英语学习。一系列的课程活动，使我看到了不一样的风景。

我的剧场我做主

开设《英语剧场》这一课程，我最初的想法很简单，就是在课内学习与课外表演之间架起一座桥梁，选用教材上的故事情境，以戏剧表演的形式组织学生开展更为丰富的英语对话活动，让学生在表演和对话中提高英语学习能力和会话能力。但在一次与学生的对话交流中，我听到了学生"我的剧场我做主"的呼声，引起了我的思考：我们开发实施的校本课程，应该给学生怎样的学习内容？

第一次上校本课，毫无头绪，回想在平时的课堂教学中，孩子们总是嫌表演时间不够多，机会太少，现在有了《英语剧场》，正好让学生继续尽情地表演书本上的故事。我将这一计划告诉孩子们，本以为他们会很兴奋，可恰恰相反，不少学生毫无喜色并开始议论纷纷。

班里的小周说："蒋老师，书上的故事，我们不都在课堂上表演过了吗？一直重复表演相同的故事又有什么意思呢？"

"那你们想表演什么呢？"

小杭"坏坏"地说："我想扮演《小红帽》里的狼！"

"那我就做猎人!"小邵带着正义感挑战。

傲气的小周又举手说:"蒋老师,我不想表演,我想配音。"的确,小周是我们这个年级里语感最好的,语音语调也最棒的学生。

此时,全班学生在这几个活跃分子带动下热闹起来,个个都在思考着适合自己的角色。有些胆大的选择表演故事,有些英语底子弱且腼腆的男孩,就组团表演木偶剧,文静的女生们则选择演唱英文歌曲。

经过两节课的讨论,全班35位同学为一学期的《英语剧场》敲定了6个节目,也初步分成了6个小团队。每个孩子都选定了自己喜欢的表演主题,对自己小组的表演充满了期待,也对自己的表现充满了自信。

第一节课,让我真切感受到了学生对英语学习的兴趣,这个兴趣百分百来源于他们自身对英语学习的需要。这一课程的内容安排完全从学生中来,从他们的现有基础、学习兴趣和学习需求出发,教师只是有针对性地进行适度精细加工,由于内容适合学生,且由学生自主讨论确定,因此这门课程是"接地气"又富有创新的课程,能够引领全班学生在活动中不断创造,展现才能,提高英语语言水平。

我的角色我争取

当课程定位与目标逐步清晰,课程内容逐步明确,我的"英语剧场"也逐步走上了正轨。在定好表演内容后,从第三节课开始,学生就进入了角色分配、脚本学习以及排演环节。在整个课程实施过程中,孩子们在表演的准备、排演、合作、汇报中出现了很多的问题,作为指导老师,我扮演了老娘舅、合作人的角色。在这个过程中,我也对课程的实施方式有了许多新的认识。

让学生用"表演"的形式认识自己,在合作中找到自己的"角色"。一开始定节目的时候,《拔萝卜》和《小红帽》就是最热门的两个节目,大多数孩子都向往能成为其中的一分子。没想到在小组里分配角色时出现了争抢角色的情况。小凌是班里最让老师省心,也最能让同学们信服的男生。小王成绩也不错,但是经常自由散漫,不容易接受别人的意见,他俩为了"农夫"的角色争抢了起来。我没有直接介入,而是建议两人通过人物角色的展示表演,由全班裁决。这样既可让两个人心平气和地积极准备,又能拉长表演准备的过程,让每个人在"表演"准备中都能获得丰富的体验。在几次表演赛中,小凌都以绝对的优势成功获得了"农夫"的角色,小王心服口服。但同时小组里许多同学觉得小王的表现也不错,觉得可以把男2号"小男孩"的角色交给他,相信他能演好,为此小王很激动,也很有信心。

类似这样争抢角色的现象,是《英语剧场》课程实施中经常遇到的问题,这同样引发我深入的思考。此课程不仅仅是拓宽学生英语学习的平台，使学生习得更多的英语知识与技能，更重要的是通过"表演"这一载体，激发了学生英语学习的兴趣、克服困难挑战自己的勇气，更能在交流和分享中学会合作、学会相互欣赏。

我的表演我努力

课程评价作为一种过程指导和干预的方式，能有效地服务和促进课程活动。对学生的学习和活动予以积极的评价，给孩子以很好地引领和激励。特别是活动过程的评价，将每个环节记录下来，有助于学生在总结反思、自我评价中形成积极的情感，提升课程实施的效能。

《英语剧场》课程实施不到两个月，确定的 6 个节目有 5 个已表演得有模有样，每个小组的阶段汇报让我刮目相看，但唯独《木偶剧》有点让人担心。这一幕剧是让孩子们模仿书本 Project 2，以木偶剧形式创作完成短剧并表演。可是《木偶剧》组的成员都是一群表现平平的男生，而且缺乏"领军人物"。他们创作了 1 个月，最终的稿子还没有成形。不光他们急，我更急。

对这个小组的学习活动该如何评价？我没有因为他们没有达成预期目标而批评他们，也没有因为浪费了时间而要求他们结束活动，而是参与到他们的创作活动中，帮他们想点子、出主意，引导他们打开思路，激发创作灵感。从简单模仿到想象创编，我与他们共同经历了几次创编过程，并及时帮助孩子们总结每一次创作的经验，用照片记录下他们的每一点进步。最终《木偶剧》的精彩表演获得了全班热烈的掌声。事后，我与 8 个孩子交流"是什么让你成功？"

"是坚持!"

"是努力!"

孩子们的笑声和自信让每个人欣喜。我时常在想：如果只是传统英语课堂的听、说、读、写，还能达到这种自然的学习状态吗？到底又是什么唤发起了孩子们的学习兴趣与发展可能？或许学科核心素养的发展不单从课堂中来，它更应该是丰富的课程生活挑起的学习与思维的体验，助推每一位儿童的真实成长。

退一步，海阔天空

常州师范园第二小学　程钰

自从得知本学期我们要开展绘本课，且在课上学生要当堂写剧本并表演，我们班就开启了疯狂的剧本创作绘本表演训练。剧本怎么写呢？10 分钟的剧本创作加 20 分钟的表演排练怎么安排？我自己心里也没有底。不过时间仓促，我们只能在摸索中前行。

记得第一次排练的是"小兔子和小熊在玩跷跷板。"排练开始了，孩子们都在七嘴八舌地讨论，你演什么，我演什么，你要说什么，我要说什么，动作怎样，表情怎样。整个教室乱七八糟，教室被瓜分了，走廊被占用了，连楼梯的拐角都被占领了。每个组都演得忘乎所以。看到这样热热闹闹的场景，我心里还暗自高兴，原来这对于他们来说并不难啊。不过30分钟之后，学生的表现却给了我沉重地一击。没有一个组能按照我给他们设定的场景和内容表演，没有一个组能完成剧本的创作，有的只是混乱的走位，相互的指责，彼此的攻击。只有一个组能比较顺利的表演出来，但是语言磕磕巴巴，动作不到位，表情僵硬。

为什么会这样？我进行了反思。也许是因为自己接到任务时的无所适从，也许是因为自己对班内学生能力的不自信，这一切，让我恨不能每一步都帮学生安排好。学生累，他们从未接触过剧本，尽管看了几个范例，但新接触的事物尚在摸索咀嚼中，还没有消化理解，他们不仅要表演，还要边演边揣摩老师的心意，施展不开手脚，表演中如履薄冰；我累，因为他们总是达不到我的要求，出不来我要的效果，愤怒油然而生。

痛定思痛，改变迫在眉睫。

1. 分组选择"全自由"

在和学生的交流中，很多人都提出希望能够自己选组。于是，我们打破了以往安排小组时，通常是优等生、学困生合理搭配、互帮互助的模式，在班内开展了一次自由分组的活动。他们有的三五成群，立马就围聚在一起；有的四处观望，估计是在思考进哪个组更好；有的还四处拉人，游说那些观望者。10分钟不到，新的绘本表演小组就诞生了。他们人数不一，有的组有12人，有的组只有4人；他们水平不一，有一组大部分是通常认定的"精英"，而有的组里有好多所谓的"费费"。看到这样的情况，我有些为他们担心，于是就很委婉地给他们做思想工作，劝他们慎重考虑。结果除了有两个组因为原本全是男生，后来考虑到万一表演中需要女孩子他们没有人愿意反串，从而进行了人员微调外，其他组立场都很坚定。这次，我决定尊重学生自己的选择。

2. 剧本撰写"全灵活"

原本，我要求先订剧本，再表演。不过，学生纷纷表示他们觉得这样难度太大。于是，有的小组表演后围在一起，你一言我一语地还原场景，还原对话，还原动作表情，回忆内容，再写成剧本。有的小组专门安排了一个记录者，同学演的时候，他在疯狂地记录；有的组是边演边记边修改。神奇的是，尽管他们的编写方式各不相同，但最后呈现时，都是有剧本的演出。虽然这个过程是反向的，但这也许是学生在创作剧本过程中必须要走的。

3. 排练活动"全自主"

既然要"退"，我想就要"退"个彻底。演什么？怎么演？学生对此有着绝对的话语权。而我对自己的定位是一个"帮助者"。剧本的创作、动作的设计和台词的确定都由学生做主。我仅仅是在学生遇到困难时扶一扶，在学生欲而不达时托一托。"海阔凭鱼跃，天高任鸟飞。"学生的生活经历不同，生活经验不同，对绘本的理解不同，对角色的塑造也不同。适度地"放纵"学生，把自主权还给他们，他们也会交给我别样的答卷。

再次排练，20分钟后，他们的表演给了我很大的惊喜。虽然是同一个主题，但他们呈现的表演各不相同。4个人的小组，角色最简单：一只兔子、一只熊，两个人演跷跷板，剧情简单而清晰；12个人的组，出现了大量的背景人物，他们设置了游乐场的背景，一部分演在游乐场玩耍的其他小动物及游乐设施，兔子和熊一边玩跷跷板，一边朝着其他动物开心地聊天，场面丰满而有趣；最有意思的一个组增加了兔弟弟、兔哥哥、兔妹妹等角色，兔姐姐太轻了，熊太重，两个人翘不起来，于是兔子一家来帮忙。说实在的，这种生动的情节设计我都没有想到。在道具的演绎上，他们也是五花八门：有的两人手拉手半蹲，有的趴在地上，不怕脏不怕累，而我们班的最大个儿，半蹲在地，双手伸开，一个像模像样的跷跷板就出现在眼前。

一个人的智慧火花小，52个人的智慧火花大。和自己志同道合，哪怕是臭味相投的人一起去做自己喜欢的事情，这就是一种快乐。

老师退一步，为的是给学生留出更广阔的舞台。这种"退"并不是完全放手，而是要用更好的方法引领，做好充足的背后支持。我想我们绘本表演的目的，不是为了培养优秀的演员，而是为了给学生们那份简简单单的快乐！

相识、相知、相爱

——勤业小学数字化课程故事 黄进峰

一个平常的学期已经接近尾声，在数字化研究的道路上，我有着不平凡的经历。有付出，也有很丰厚的收获，一路过关斩将，最终获得常州市数字化课堂教学比赛一等奖。现在想来都那样地令人激动，品一品这其中的味道，只有自己最清楚。

课题立项，初次相识

学期初，学校确立了数字化研究小组，确定了以课例研究为主的数字化研究方向。课题小组带领大家先从理论学习开始，深入学习朱志平的《信息技术支持教学变革的生态意蕴》等数字化学习文章，进行了珠峰平台学案的制作培训，并布置每人做一个学案。在开始制作学案的过程中，我从每一个菜单、每一个功能开始学习，知道了互助、聚焦、指南、锦囊等。同时，学校组织数字化小组外出听课，观看别人的数字化课堂。慢慢地，自己对数字化课堂有了浅显的认识，就这样，我和数字化有了初次的相识。

比赛驱动，逐渐相知

为了选拔选手参加常州市信息化教学比赛，钟楼区于11月初组织了选拔赛，非常幸运，我校推荐我报名参赛。此前的我对数字化虽然有了浅显的认识，可真正让自己来上一节课，我不禁开始思考起三个问题：课堂的设计跟平常课有什么区别？数字化平台上的哪些功能可以使用？数字化的课需要有网络环境，真正上课的时候又会碰到哪些情况？

不管怎样，我要先备课，尽可能地想象成数字化环境下的课的教案，然后根据教案制作学案。第一次试上，由于我对平台不熟练，既要顾及自己的操作，又要顾及学生的情况，所以严重拖课。课后数字化小组进行了激烈的研讨，我也进行了认真的反思：要熟练操作平台，学生也要进行有效的课前准备，课堂的一些环节还要进行调整，如这节课的第一个例题，开始是全部放了下去，导致错误资源太多。我进行了这样调整：先讨论根据题中的条件和问题，学生能想到什么呢？从而解决了长加宽的和是周长的一半这个问题。

考虑到第一次试上出现断网的情况，第二次试上只用了一半学生进行上课。课堂中在讲第一个例题时，几个用小棒摆长方形的学生操作非常困难。确实，在数字化课堂上，可以在平板电脑上画一画，也可以写一写。为了让能力较弱的学生更好理解一些，还特别在数字化平台制作了小棒素材库，用小棒来摆一摆，确实呈现出各种资源的情况。但是数字化课堂不应该是展示技术的课堂，而应该是应用数字化技术实现课堂的有效和高效。五年级的学生能力完全没有必要使用小棒来围，因此在后面的设计中，我决定舍弃小棒素材。这次试上网络还是出现了问题，中途还是断网了。

在后面几次试上时，在全班交流环节，学生进行比较后优选出了好的方法。在后来的研讨过程中，对教案进行了修改，大家认为在学生进行平台互助时就可以通过点赞送问对好的做法进行点赞，直接优选出好的方法，提高课堂的效率，实现过程中的评价。互助和点赞送问的功能，这是平时课堂无法实现的，我决定用好这些功能，发挥出更大的功效。

一次一次磨课，一次一次地修改教案和学案，区赛前夕，网络也终于得到了保障。区赛当天，课堂一切都很顺利，自己发挥也很出色，最终获得了区赛第一名的好成绩，我将有资格代表钟楼区参加常州市信息化教学能手比赛。得知消息的我，心情既激动又紧张。我想既然去市里比赛，一定要把这节课上得更精彩，学校还特别邀请区教师发展中心的吕震波老师和蒋砾老师来为这节课把脉诊断，学校数字化团队将一起继续通力合作，用心打磨好这节课。

在备战市赛的过程中，我每天都在认真琢磨着每一个环节、每一句提问，思考着学生可能出现的回答。比如，例题让学生根据题中的条件和问题回答会想到什么。多次试上下来，学生会出现4种可能的回答。根据这样的预设，我认真想好每种回答的回应语和过渡语。在一句句的语言磨炼中，我的课堂提问能力在提高，语言更加精炼，回应更加及时。就这样我在紧张而兴奋的状态中等待着市赛那天的到来。

市赛那天，我抽中了1号签，第一个上课，一切正常，各个环节发挥也比较出色。功夫不负有心人，最终斩获一等奖。

其实上好这节课，仅仅靠我一个人的力量是不够的，除了教案和学案的设计，还有很多方面的挑战：整班的平板电脑调试搬运工作；课前准备课，要数字化团队通力合作；网络不稳定，要邀请专业人员进行调试……就是在这样的磨砺过程中，我和数字化课堂由相识，走向了相知。

畅想未来，最终相爱

回顾这节数字化课的过程，经历了一次次的试课和一次次的教案学案的调整，每一次都经历着不平常的过程。我逐渐看到数字化课堂比传统课堂的优势：数字化平台的"互助"功能、数字化平台的"点赞送问"功能、数字化平台的"实时统计"功能、数字化平台的"聚焦"功能……这些功能是传统课堂完全实现不了的，教师的教学方式正在发生着改变，学生的学习方式也在发生着改变，课堂变得更加高效，真正做到了关注每一个孩子，不同的人在数学上得到了不同的发展。

我畅想未来课堂的模样：每个教室都是数字化的，网络环境非常稳定的，学生人手一台平板电脑，不需要把电脑搬来搬去。以后像这样的数字化的课堂，将存在于我们学生每天的日常的课堂中，随时可以上数字化的课。相信在未来，我一定会跟数字化最终走在相爱的道路上。

爱玩数学的毛老师

常州市清潭实验小学 汪明

清潭实验小学的毛芳芳老师是六年级的数学备课组长。她憨态可掬，平易近人，说话风趣幽默，性格直爽，深受孩子们的喜欢。就是这样一位数学老师，执教以来始终抱着"玩"数学的心态，带着各种各样的数学游戏和孩子们一起玩、一起欢乐。清潭实验小学的数学主题综合实践课程，正是因为有了像她这样的老师的热情投入，才发展成为具有特色的湖泊课程。

早在多年前的一次教研活动的时候，毛老师就提出了"数学好玩"的理念。这一想法一经提出，就给了教研组以很大的启迪。确实，成功的教学需要的不是强制，而是激发学生的学习兴趣。

毛老师在激发学生的兴趣方面很有自己的想法，她认为激发学生的学习兴趣，是促进学生勤奋学习的一个重要的动力因素。因此，毛老师的课总能使她的学生在愉悦的气氛中学习。在她的课堂上，她班里的学生可以持久地集中注意力，保持清晰的感知，学生上课时的想象力和积极思维的频率，都高于其他班级。最关键的是你能体会到，孩子们在上他的课时所产生的愉快的情绪体验。学生评价："听毛老师的课，不需要用意志去克服走神发木。因为听她的课，不会感到疲倦。"用游戏教学来刺激学生，吸引学生的注意力，是毛老师的拿手好戏。她的游戏教学能让学生以一种积极的心态参加数学学习，利用游戏无意注意的特征，激发学生的学习动机，培养学生的兴趣，使学生积极参与课堂教学活动，并有利于化难为易，这就使得她班级里的学生数学学习变得轻松、容易。

一个爱"玩"游戏的老师，带出了一个会"玩"游戏的班级

毛老师说她带着孩子"玩"数学，不仅是为了提高学习数学的兴趣，而且是因为她自己爱"玩"，所以带着孩子一起"玩"。每个学期，毛老师都会给自己班级的孩子，推荐一些比较有趣的数学游戏，如"智力魔珠"游戏。这个智力魔珠一共有12种颜色，不同的形状，总计可以有39000余种千变万化的玩法。刚开始，毛老师自己也不太会玩，她就琢磨，在网上找视频，玩着玩着自己都上瘾了，于是毛老师跟献宝似的在学生面前玩。结果学生一下课就围着她，跟着她摆弄智力魔珠，玩得不亦乐乎。刚开始只是一些简单的组合，先是拼三角形，然后把盒子反过来又可以拼长方形，然后数一数一共有几个小圆球，还能不能拼成其他规格的长方形？毛老师在学生面前就这么一遍遍地玩。结果一下午，他所执教的班级下课时看不到男生打闹，也不见女生嬉戏，只见到孩子们都围着她问东问西，讨要游戏的玩法。时间久了，孩子们便自己开始上手了，互相切磋技艺，pk、游戏擂台，孩子们将学习以外的精力都集中到了这个游戏中，在游戏中锻炼着手脑眼的配合能力，锻炼着观察力、记忆力，在游戏中磨炼着自己的计算推演能力。

毛老师不光让孩子玩游戏，还结合数学教学，让孩子找找其中的数学知识，说说有什么收获。

逐渐地，她执教的两个班级的期末检测的平均分，竟然提高了。就连家长也觉得很惊奇，孩子到家，不是书包一甩跑出去玩儿，而是一头就扎进了房间，做完作业就开始摆弄这些玩意儿，玩到不肯撒手。

第二学期，毛老师又倒腾出了新的玩具在学生面前显摆。她班里的孩子就天天这样，在数学游戏中快乐地度过每一天。去年，在小学的数学主题综合实践活动的过程中，以毛老师为首的六年级备课组，还专门组织了一次数学游戏竞赛。在她的影响下，整个六年级备课组的老师，都爱上了数学游戏，在数学老师的感染下，全年级十个班的孩子，也都爱上了这些游戏：一分钟魔方还原比赛、三分钟汉诺塔比赛、九连环竞速赛……一项项数学游戏竞赛，在六年级孩子的心里落地、生根、发芽。在这些高年级孩子的眼里，逐渐散发出像刚入学的那些儿童一样的光芒，再一次焕发出了天真快乐的精神风貌。毛老师认为，数学游戏不能浮于表面的"玩"和简单的"玩"，而要挖掘游戏背后的快乐学习的教学理念，要把学习的兴趣性、知识性及学生个性化成长等在学科教学中渗透进去，表现出来。

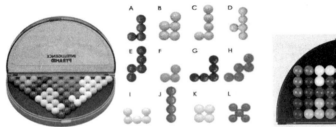 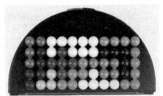

毛老师带着孩子们一起玩的数学游戏之一——《智力魔珠》

毛老师给孩子们设定的挑战的最高难度：拼立体金字塔。

毛老师说，这样的游戏还有很多，如立体多米诺、魔方、华容道、汉诺塔、九连环、孔明锁……学生喜闻乐见，积极主动地参与其中，并能探索其中的数学知识，写出了多篇有质量的数学小论文，发表在《小学生数学报》和班级网站上。

一个爱看"最强大脑"的老师，带出了一个聪明、智慧的班级。

"哈哈哈哈哈哈……"从四（2）班传来了一阵阵欢笑声，这是一堂有趣的班队课，四（2）班的学生们正在收看电视节目——"最强大脑"。

"最强大脑"这档节目是江苏卫视的一档大型科学竞技真人秀节目。早在几年前，节目一播出，毛老师就一直关注。她跟备课组里的老师说，这个节目是用来传播脑科学和脑力竞技的，全程邀请科学家从科学角度探索天才的世界，收看这个节目，既能够刺激孩子们学会用脑，又能够帮助他们树立正确的偶像观念……

结果，在她的影响下，孩子们一下课在聊什么？

"昨天的最强大脑，你看了吗？"

"那个魔方还原比赛嘛，我看了，我的速度其实也可以，说不定我也有机会上电视呢！"

"你不行，我上次竞赛比你快了三秒……"

"你那是运气好？我们下节课下课再比比呗……"

孩子们的争论，焦点都围绕着最强大脑的比赛项目。

毛老师不仅将《最强大脑》作为数学课程的一种资源，还将它扩展到了班级管理和德育工作，她在向孩子们灌输这样一种理念：媒体里的明星，颜值高的只能算表面偶像，脑力值高的才是同学们真正的偶像。

当中国战队迎战世界级战队时，她带领孩子们为中国喝彩；当中国战队遭遇挫败时，她教会孩子们学会宽容；当选手们挑战失败时，她告诉孩子们，失败是成功之母；当选手们说出成功背后付出的艰辛故事时，她说你们静静地看，耐心地学，将来也会有成功的一天……

在 2015 年，学校提出要开始着手建设清潭实验小学的主题数学综合实践课程，毛老师第一个站了起来。综合实践不仅要动手，也要动脑。小球如何管得快？学校的平面图怎么画？毛老师觉得这些综合实践课程太对她的胃口了。她总是觉得，现阶段的小学数学教学效果在很大程度上受到学生智力发育的影响，由于注意力稳定性较差，面对一些抽象的公式、定义及单调刻板的计算题时，学生的注意力很容易分散，而灵活设计的一些具体的、活动的教学情境以及具有可操作性的教学游戏可以激发学生的学习兴趣。清潭的数学课程，正是有了这样一位优秀的数学老师，才会变得如此丰富和灵动！

"粽情飘香闹端午"

常州市西新桥小学 唐文婷

这学期，音乐组在尝试进行《小学音乐主题探究式音乐课型》的研究与实践，凌老师的一节示范研讨课给我很大的震撼，突破传统音乐课堂的模式，学生的学习积极性和小组合作意识都超乎了我们的想象，音乐课变得生动有趣……恰逢端午节，我也开始跃跃欲试。

当我告知学生们要进行一次《粽情飘香闹端午》音乐综合学习活动时，他们没有什么感觉，一副无所谓的样子。可当我说要以"端午节"为学习主题的小组探究式音乐学习，邀请学生设计活动方案的时候，有一些比较活跃的学生感兴趣了。

一周过后，近 30 份方案交上来了，其实也谈不上什么方案，仅仅是一些活动好点子。正是这些好点子做参考，让我们共同制定出了这次活动方案，学生根据自己感兴趣的点进行自由分组，每组不超过 8 人，并推选出组长，根据小组成员的特长进行了分工、管理。

场景一：用音乐情景剧的形式了解屈原

有学生说，过端午节不能不提屈原，有必要了解一下屈原这个人的精神、人格，建议用音乐情景剧的形式来表现这位三闾大夫。小组展示时，虽然学生们的表演略显稚嫩，但是我从他们脸上看到了一种快乐，一种自信和满足。

场景二：用音乐歌唱的方式走进端午

有的学生说，这活动得有音乐课的特质，可以"唱端午"。依托五年级语文课堂进行的小古文研究，学生们很快选定了合适的曲目，有刘禹锡《竞渡曲》、苏轼《屈原塔》、文秀《端午》、刘克庄《贺新郎·端午》……通过歌唱的方式，大家走进端午，了解了端午的一些习俗文化，感受了人们端午节的心情。小组展示时，那一举手一投足还真有点儿古韵，着实精彩。

场景三：用击鼓、模拟划龙舟表现端午特色活动

划龙舟是端午特有的活动，有的学生便抓住了端午龙舟赛时的击鼓鼓点这一特色，和小组成员们一起设计音乐活动。从鼓点到划龙舟的律动动作创编全部由他们自主设计，难度非常大。期间，他们两次邀请我一起参与，给予建议。最终呈现了四个八拍的鼓点节奏——2 位同学击鼓、6 位同学横坐在音乐凳上，跟着节奏律动表现赛龙舟奋起拼搏、努力坚持的情景。他们的表现深深地感染了其他组同学，博得了阵阵掌声。

这次活动过后，我特意表扬了各班的小组长，因为他们在整个过程中发挥了很多的组织协调作用。有的学生课后问我："老师，下一次小组合作探究音乐课主题是什么？我们好提前准备起来。"这样的音乐课给学生带来了欢乐，也使我感触良多。"上山千条路，同仰一月高"，音乐课不仅是生动的、活泼的，也可以是开放的、灵动的。也许教师改变了传统的授课方式，大胆地尝试新的教学方式，尝试符合学生年龄特点和时代特征的教学方式，会给自己和学生带来更多的惊喜。

作为教师，我们与学生共同思考。让我们的音乐课堂更有活力，这样的音乐课将更受学生的欢迎。为了让我们的学生更有收获，加油！

创客小故事之"神奇的面团"

新闸中心小学 蒋芸

创客，来源于生活，起源于创造，集思维、想象、实践于一体，在培养动手操作能力的同时，充分启发小朋友们的想象力和创造力，借由小组合作的方式，制作具有创意的作品，鼓励语言表达，学会分享作品，从中体验成功的满足感，激发学习兴趣，培养良好的审美情趣及积极向上的人生态度。

我负责二年级的校本创客课程——"神奇的面团"（导电面团）。这是一门源于stem的课程。我们在不断探索中寻找适合二年级孩子学习的教学内容与方式。导电面团是什么？其实就是会导电的面团，它可以充当导体，制成百变造型。它和橡皮泥相似，鲜艳、柔软、好玩。对于学生的吸引力还是不错的。

为使这门课程贴近学生生活，激发学习兴趣，我首先调查了学生喜爱的动画人物形象，如熊大、熊二、猪猪侠……于是，我就把做卡通人物造型定为教学内容。接着，我给学生布置"学前"任务——向大人学习揉面团。再次，吩咐学生准备材料。导电面团由面粉、盐、油、食用色素、塔塔粉做成，需学生准备小盆用来盛放面粉，准备保鲜盒用来保存做成的导电面团。

前期准备工作完成，课程正式开展。教学伊始，我引导学生思考："为什么面团能导电呢？是什么神奇的材料让它导电呢？"机灵的学生马上就发现是盐。我追问："你怎么知道是盐呢？""因为我看妈妈揉面团的时候不放那么多盐的。"导电的秘密就在于盐基。但少量的盐是无法导电的，所以制作过程要注意面粉和盐的比例。接着，我请学生分享他们学到的面团制作方法。有生说道：先放面粉再加水，把它们混合均匀，慢慢揉成团。我相机启发："如果发现面团一直揉不成团怎么办？""看情况'加水'或是'加面粉'。""对，干加水，湿加粉，要记住。"

明确了制作方法，大家撸起袖子做起来，个个斗志昂扬。不过一会儿，叽叽喳喳的声音出现了。有的做起来有模有样，按照"要领"做，三下五除二就做成了一个可爱的小白团。可"欠火候"的孩子却乱了套，不知干还是湿，不知加水还是加粉。该加水的加了面粉，就是揉不成面团。于是，我提出建议：看看周围的人，互相帮助吧！同伴力量很快发挥了作用，"导电面团"半成品做成了，该给它们上色了。我提出要求：你想做什么角色？需要什么颜色？思考清楚后再给你的面团"化妆"吧，注意四人一组完成一件作品。经过"热烈"

讨论，霎时间，五颜六色的面团诞生了！一双双小手在合作的过程中做出了各种各样的造型：有可爱的小猪佩奇、神气的米瑞尔、傻傻的熊大和熊二……由于二年级的孩子能力有限，有些作品还只是神似，不过，相信经过不断地修改，会做得更加具象。造型完成，该发挥其神奇的导电功能了。简要讲解连接电源、发光二极管和蜂鸣器的方法后，学生开始动手连接电路。

优秀的作品是在分享与修改中完善的，创客教育要让学生学会分享。小组中完成的作品会轮流派组员上台分享介绍，其他人评价，提出修改意见，再将作品进一步完善。只见会"发声"的米瑞尔上台向大家打招呼，眼中"亮亮"，交替闪烁着红绿光的佩奇来了，还有肚子会叫的熊大，直惹人发笑。每到此时，我总会问上一句：大家学到了什么？学得开心吗？想不想把这有趣的学习记录下来？那就让我们来写写创客小日记吧！"兴趣是最好的老师"，学生特别愿意做自己喜欢的事。或许在不知不觉中，学生语言表达能力和写话能力也能得到提升。

低年级的创客教育的目的主要是让学生进行体验，激发对创客的兴趣。他们大都喜欢动手做做"小东西"。"神奇的面团"大大满足了他们的需求，还能在轻松愉快的气氛中学习基本的电路知识，为中年级电子电路学习打下基础。

创客，maker。人类在创造中前行，在前行中探索，时至今日，我们即将进入人工智能社会。科技创新日新月异，新颖创意此起彼伏，智能创造不断更新。在这样的环境下，如何让我们的孩子更具竞争力，让我们的孩子生活更具幸福感呢？从小培养他们的创造能力不失为一种好方法。创客教育不仅让学生受益，也让我们从事创客教育的教师们体验"创新""创造"的乐趣。相信在今后的创客教育中，师生必将共同成长，营造美好未来！

这些年　乡美教学那些事儿

常州市钟楼实验小学　朱佳燕

非常喜欢当年明月的《明朝那些事儿》，能把历史写得脍炙人口，这是当年明月的魅力。今天我只想跟大家分享这些年乡美教学的那些事儿。

时常在梦里出现这样的情景，儿时外婆家门前的小河里一尾乌篷船摇进烟波浩渺的太湖，归来便丰富了柴米油盐的生活，或是雨天依墙看老房子屋檐下一帘雨珠，江南老房子与我便是血脉中与生带来的眷恋。而对于从小生活在城市钢筋混凝土丛林中的孩子或是从别处迁徙来刚入住公寓的孩子来说，对此是陌生的，甚至认为老房子是破旧的丑陋的抑或是不太卫生的。常州是一座具有三千多年历史的古城，地处长江三角苏南地区，吴文化底蕴深厚。随着社会的进步与发展，不同地域之间信息交流日趋便利和频繁，我们生活的方方面面都在迅速地走向融合，许多珍贵的传统地域文化正在消逝：常州有很多民居小巷随着城市改造渐渐退出历史，湮没在钢筋水泥的丛林中；传统文化建设的不足，人们的担忧和建议对我们的教育敲响了警钟。对此，作为具有人文性质的艺术课程——美术学科，作为文化传播工作者的教师，有着极其重要的职责。

三年前，庄栋青校长刚到钟楼实验小学时就为我们准确把脉，把钟实小美术教育特色定位为乡土美术，那么我们能为引导学生参与文化的传承与交流实实在在做些什么？作为一线的美术教师，我的做法是，从踏实的乡美课堂开始。

片段：《老房子——忆江南》

苏少版美术第七册有《老房子》一课。课前，我曾做过一个调查：你们喜欢老房子还是现在的高楼大厦？很多孩子的回答想必大家都能猜到，理由是老房子太破旧，没有城市公寓气派、便捷！孩子这么回答的原因是没能切身感悟老房子的建筑之美，那要从哪里打开一条通道，让孩子切身体验老房子独特的美呢？思量片刻，我决定从《忆江南》这一首词开始！

课始，伴着吴侬软语的小曲水墨动画《忆江南》，把学生带入江南诗书画意的意境中，吟唱唐代诗人白居易的《忆江南》，到底是什么让诗人对江南念念不忘？你想去了解发现江南的美吗？接着让学生欣赏四季江南的图片，引导学生发现："中式对称之美"，美在中式院子，一步一景，移步换景；让家的气息变得祥和温馨，给人一种岁月静好的感觉。园中月洞门有着浑然天成的意境之美，或是闲庭花开，或是叠石疏泉，或是一池春水，或是几片落叶。学生们还发现院中的垂花门，下有一垂珠，雕刻的花纹也各不相同，纷纷开始猜测：牡丹喻为富贵，菊花喻为长寿，莲花喻为高贵，莲蓬喻为多子……以花卉隐喻花开富贵、官运亨通，以果实隐喻多子多福、后孙兴旺。进而体味到传统建筑中每一个精心雕刻的图案，都代表了屋主人对美好生活的憧憬。

中国古人素来喜爱运用雕刻，将对美好生活的期盼与祝福，通过每一处细致深入的刻画，把它们恰到好处地展现出来。

老房子的屋檐都自成一道风景。屋檐最前端的一片瓦当，多刻有图案，既能保护木制飞檐，也能美化屋面轮廓。其造型千姿百态，它不但是绘画、工艺和雕刻相结合的艺术，通过细致的观察，孩子们还发现瓦当上的花纹除了有吉祥的寓意之外，还适合纹样。

通过老师收集的图片的分类欣赏，学生自行总结出了江南老房子：逐河而居、粉墙黛瓦、漏窗木门、四季易景的特征。

在对中式古建筑尤其是江南民居进行了系统了解和赏析后，孩子们对老房子有了更深的感情，而不仅仅停留在《忆江南》这首词的意境中。于是创作也就水到渠成了，这时老师再引导学生利用废旧报纸撕出老房子的墙、黑色卡纸撕出屋顶，再添画门窗、周围的景色，四季江南的韵味美就跃然纸上了！

这个小案例中我们反思：美从来都是在细致的观察后才被发现的。给孩子一个观察的机会，多一些审美的引导，多挖掘国定教材中乡美元素，会让学生切切实实感受到身边的美。

两年多的时间，我们钟实小的每个美术老师都在努力，依托国定教材，开发校本教材，以本土乡美资源为主，辐射到民间美术资源，努力为钟实小的孩子在传统与现代中架起创作美的桥梁，学习经典、品味经典、提升素养。

学生作品展示：

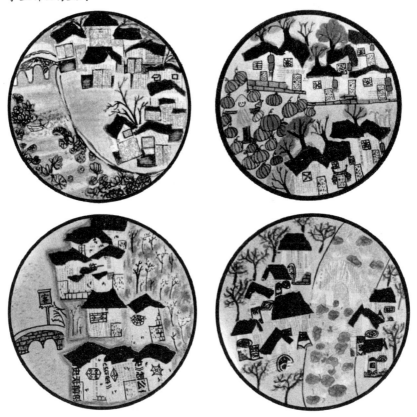

聆听二十四节气

邹区实验小学　姚琪

"春雨惊春清谷天，夏满芒夏暑相连……"每当耳边响起轻快流畅的《二十四节气歌》时，内心深处就不禁深深折服于古人的智慧。通过这首节气歌，我仿佛触摸到了中华文化的底蕴，感受到了生活的趣味和自然风物的至真至美。于是当学校要求单周一下午的最后一节课开展全校性的选修课程，我毫不犹豫地选择了二十四节气。但由于选修课的时间间隔长，次数少，所以对二十四节气的研究也显得蜻蜓点水，对学生的帮助不是特别大。去年，学校在综合实践活动这门课程的安排上进行了较大的改动，我任教四个班级的综实课。于是，我在这四个班级里，根据每个班级的特点，结合相应的节气，开展了以秋季、冬季为主的节气课程。

节气内容包罗万象，但无外乎"三候"、农谚、习俗、诗词等方面。为了较为清晰地呈现节气的相关内容，我选择了层次清晰、图文并茂的思维导图。在课堂上我引导学生确定主题，搜集资料，分类整理，绘制上色，最后分组汇报。短短的几节课，六年级（6）班的孩子们就通过这样的方式打开了思路，不仅了解了秋季的6个节气，更锻炼了团结协作与语言表达的能力！

除了利用思维导图了解各个节气之外，我还带领学生们走进自然，去触摸大自然的醉人风景。记得开始授课时已经步入秋季，随着时间的慢慢推移，桂香弥漫整个校园，闻之令人心醉。于是，在一次综合实践活动课上，我带领六年级（3）班的学生走进校园，来到几株大的桂花树前，让他们近距离接触桂花。来到桂花树前的一刹那，之前的拘谨约束全被抛之脑后，他们仿佛被桂香吸引着，纷纷来到树前寻找着最醒目的一枝，有的学生闭眼深深地嗅上一口，嘴里不时地啧啧赞叹："真香啊！"；有的小心地挨近桂花，仔细辨认花瓣的模样；有个别调皮的趁我不注意，采了一把桂花装在小袋子里，说是要回家泡茶喝；更有甚者在赏桂间隙，居然找到了蝉壳……看着孩子们欢天喜地的模样，我也陶醉在了这浓郁的桂香之中。

"待到重阳日，还来就菊花。"不知不觉间，秋已加深。到了赏菊的时节，由于条件的限制，我让学生利用双休日去附近的公园赏菊。从之后学生的小作中，我欣喜地看到学生感知自然的能力和感知美的能力在日积月累中得到了一定的提升！

斗转星移，一转眼姹紫嫣红的秋天转瞬即逝，孩子们迎来了萧瑟恬淡的冬季。冬季的6个节气中，我比较喜欢冬至，因为古时有"冬至大如年"的说法。因此，我在六年级（5）班开展了名为"情暖冬至"的语文综合性学习。学生们根据研究的内容，分为5个小组，有介绍来历，有介绍"三候"的，有研究农谚、习俗的，也有搜集相关诗词的。而汇报的方式也是八仙过海各显神通，或播放采访科学老师的视频，或绘制手抄报制作PPT，或朗诵诗词。学生们在课堂上的表现是那么落落大方、气定神闲。但我知道背后他们其实付出了许多心血。

印象最深的就是汇报冬至习俗的那组学生。根据我的要求，这组学生利用极快的速度通过上网搜集资料的方式，筛选整理并制作了一份精美的PPT。图文并茂的形式让我眼前一亮，整整15页的内容，他们做到了配色合理、详略得当。但制作只是前期准备，最关键的是汇报时的脱稿。因为内容较多，其间的起承转合要求他们对课件做到烂熟于心。短短的时间，除了完成平时的学习任务之外，他们把大部分的时间都放在了熟悉课件上。经过几节课的磨合，他们由最初的慌乱紧张，到最后的大方自然，巨大的进步让我看到了活动课的价值。我相信，再有几次这样的机会，他们肯定能更自信勇敢地在众人面前表达自己的想法！

二十四节气是中华民族古老农耕文明的"时间智慧"。走近节气，我们知道了"一年之计在于春"的春种细语；走近节气，我们知道了"立夏三天遍地锄"的夏长欢歌；走近节气，我们知道了"一场秋雨一场寒"的秋收乐曲；走近节气，我们也知道了"瑞雪兆丰年"的冬藏箴言。如果说二十四节气是自然母亲的语言，那么就让我们成为她最真诚的聆听者吧！

后　记

　　钟楼，位于江南历史文化名城常州市中心城区。聚江南水乡之灵气，得先人前辈之风骨，孕育了"钟灵毓秀、楼观天下"的精神文化特质。

　　钟楼教育，近年来以"优质教育长出来"为核心发展理念，以深化区域教育课程改革、提升区域素质教育实施品质为目标，以坚守儿童立场、促进儿童全面健康发展为基本价值追求，聚焦"课程建设与学校主动发展"，以每3年一轮的《钟楼区推进课程建设三年行动计划》为推进策略，引领区域学校进行课程体系的优化、课程内容的重构与丰富、课程实施方式改善与创新，走出一条独具特色的内涵发展之路。

　　作为一本全面反映区域高质量实施学校课程建设的著作，这本书的"出炉"，与其说是"写"出来的，不如说是"做"出来的，是"做中学""做中思""做中提炼"出来的。研究团队在阅读大量文献资料的基础上，通过对比分析，结合区域实际，选择以施瓦布实践性课程理论作为区域学校课程建设的理论引领，同时生成了我们的学校课程建设体系："我们的课程理解""我们的课程实践""我们的管理变革""我们的资源建设""我们的课程案例""我们的课程故事"。这一系列"我们的……"，呈现的是仰望理论星空、扎根实践土壤后区域课程教学改革的成果。这些成果真实地发生在钟楼区域的每一所学校中，成为促进每一个钟楼儿童全面健康成长的有效载体。

　　在本书的撰写过程中，我们得到了常州市教育科学研究院副院长潘小福先生的前瞻引领与高位指导。潘院长帮助我们架构了整本书的框架，进行了两次辅导讲座，特别在书稿撰写过程中给予了方向引领，并提出了重要的修改建议。在潘院长的带领下，本书的成型分成了三个阶段：第一阶段是学习梳理阶段，我们围绕"学校课程建设"这一核心概念进行了大量深入学习，形成"我们的课程理解"，同时反思梳理区域各校学校课程建设的具体情况。第二阶段是确定写作框架阶段，根据前期的学习反思梳理，写作组召开了两次研讨会，就写作提纲进行了反复论证，确定了"理论篇"与"实践篇"相结合的写作体例，并进行了写作任务分工，各学校根据实际申领了写作任务。第三阶段是撰写书稿、反复修改阶段，在初稿完成的基础上，潘院长进行了全面审核，就部分章节提出翔实全面的修改意见，写作组成员进行了细致的重建与调整。

本书的出版还凝聚着常州市钟楼区委教育工委书记、教育局局长杨文娟女士的智慧心血，杨局长既是引领钟楼区高质量实施学校课程建设实践的设计师、引路人，还是本书的统稿者。杨局长在百忙中利用休息时间完成了全书的统稿工作，最后确立了全书七个章节的布局，并为全书作序。

参与本书组织工作的还有我和花园小学朱新颜校长。常州市钟楼区教师发展中心、常州市实验小学教育集团、常州市觅渡桥小学教育集团、常州市西新桥小学、常州市花园小学、常州市花园第二小学、常州市清潭实验小学、常州市怀德苑小学教育集团、常州市勤业小学、常州市钟楼实验小学、常州市泰村实验学校、常州市东方小学、常州市邹区实验小学、常州市新闸中心小学等学校参与了本书的撰写与案例提供。在此表示衷心感谢！

在此，也一并感谢一直以来关心、支持钟楼学校课程规划、实施的省、市、区各级教育专家以及钟楼区积极投身课程改革洪流的全体一线教师、教研人员。

"优质教育长出来"是钟楼教育人秉持的教育理念、遵循的价值主张。"高质量实施学校课程建设"是钟楼教育人在行知路上促进儿童全面健康成长的有效载体。本书全面反映了我们真实的研究实践状态。我想说，投身学校课程建设，全体钟楼教育人是积极认真的，但因为理论学习不深、实践探索不够等因素，可能还显得稚嫩，存在一些不尽完善之处，期待各位读者予以批评指正。

徐志彤

2019 年 5 月 1 日